21世纪 国际经济与贸易系列

国际商务争议解决

孟 琪 主编 李荷华 副主编

International
Business
Disputes
Resolution

复旦大学出版社

内容简介

近年来，我国国际经济贸易取得了飞跃性的发展，国际商务法律关系急剧增加，大量复杂的国际商务争议随之而来。国际商务争议是指含有国际因素或涉外因素的商务案件，其在实践中常用的解决方法有两大类：司法途径（诉讼）和非司法途径。在司法解决方法和非司法解决方法中，仲裁和诉讼是独立的争议解决程序。本教材立足于国际商务争议解决中的基本问题，深入探讨了国际商务争议解决中所涉及的理论问题，同时结合中国改革开放涉外司法实践，从以下几个方面加以论述：首先，在首章中对国际商务争议加以界定，分别论述了四种国际商务争议的解决途径；其次，在后续章节中从理论和实务两个角度全面探讨了国际贸易合同争议、国际物流争议、国际投资争议的解决；同时，对WTO法律制度与争端解决机制进行了内容和实践两方面的详细论述。

扫一扫，获取配套教学资源

在全球化浪潮的推动下，国际商务活动日益频繁，跨国企业间的合作与竞争构成了世界经济版图的重要经纬。然而，随着商业交往的深化，国际商务争议也随之增多，这些争议不仅涉及复杂的法律问题，还跨越了国界、文化和制度的鸿沟，对企业的运营、市场的稳定乃至国家的外交关系都产生深远影响。在此背景下，《国际商务争议解决》一书应运而生，旨在为从事国际商务活动的专业人士、国际商务相关专业学者提供一套全面、系统的争议解决指南。

本书旨在构建一个理论与实践并重的知识体系，既深入剖析国际商务争议的本质与根源，又详细介绍各类争议解决机制的具体操作与应用。我们相信，通过本书的学习，读者将能够更有效地识别、预防并妥善处理国际商务中的各类争议，从而保障企业的合法权益，促进国际商业环境的和谐与繁荣。

本书由上海第二工业大学孟琪教授担任主编、李荷华教授担任副主编，23级国际商务专业硕士研究生马佳敏、田宇、李婉琦、张紫萱、董芳、宋嘉莹同学参与，在此特别感谢。同时，本书在编写时参阅了大量同行专家的有关著作、教材及案例，在此表示感谢。当前，国际商务争议解决领域的理论知识与实践方法正处于持续的发展与探索阶段。我们在编纂《国际商务争议解决》一书的过程中，虽已竭尽所能、倾注心血，但鉴于自身学识和能力之局限，书中或许存有某些疏忽与不完善之处。因此，我们诚挚地邀请读者慷慨分享真知灼见。

第一章　国际商务争议解决概述 ……………………………………………………… 1
- 第一节　国际商务争议 ……………………………………………………………… 1
- 第二节　国际商务争议解决 ………………………………………………………… 7
- 学习重点与难点 …………………………………………………………………… 41
- 练习与思考 ………………………………………………………………………… 41
- 实践活动：案例分析与讨论 ……………………………………………………… 42

第二章　国际贸易合同争议解决理论与实务 ……………………………………… 45
- 第一节　国际贸易合同 …………………………………………………………… 45
- 第二节　国际贸易合同的争议 …………………………………………………… 49
- 第三节　国际贸易合同争议解决的实践 ………………………………………… 73
- 学习重点与难点 …………………………………………………………………… 81
- 练习与思考 ………………………………………………………………………… 81
- 实践活动：阅读以下销售合同书,简要谈谈在签订合同时要注意哪些问题? ……… 82

第三章　WTO 法律制度与争端解决机制 …………………………………………… 86
- 第一节　世界贸易组织 …………………………………………………………… 86
- 第二节　WTO 争端解决机制的主要内容 ………………………………………… 93
- 第三节　WTO 争端解决机制实践 ………………………………………………… 106
- 学习重点与难点 …………………………………………………………………… 115
- 练习与思考 ………………………………………………………………………… 115
- 实践活动：模拟法庭 ……………………………………………………………… 116

第四章　国际物流争议解决理论与实务 …………………………………………… 119
- 第一节　国际物流 ………………………………………………………………… 119

第二节　国际物流争议解决 …………………………………………………… 127
第三节　国际海上货物运输规则 …………………………………………… 134
第四节　其他国际货物运输方式的法律规则 ……………………………… 151
学习重点与难点 ………………………………………………………………… 161
练习与思考 ……………………………………………………………………… 161
实践活动：案例分析与讨论 …………………………………………………… 162

第五章　国际投资争议解决理论与实务 ……………………………………… 164
第一节　国际投资争议 ………………………………………………………… 164
第二节　国际投资争议的解决 ………………………………………………… 169
第三节　中国与外国投资者争议的解决 ……………………………………… 184
学习重点与难点 ………………………………………………………………… 194
练习与思考 ……………………………………………………………………… 194
实践活动：主题讨论与模拟仲裁庭 …………………………………………… 195

第一章 国际商务争议解决概述

■ 知识目标 ■

1. 国际商务争议的基本概念及产生原因
2. 国际商务争议解决的主要方式及其比较

■ 能力目标 ■

1. 分析案件的国际商务争议适用的解决方式
2. 结合学习的知识点进行案例分析
3. 引导学生积极参与实践活动,提高学生的思辨能力、表达能力和团队合作能力

■ 思政目标 ■

1. 维护国家主权、经济主体的权益
2. 履行法律义务和承担责任
3. 提升中国在涉外法治中的话语权

■ 基本概念 ■

国际商务争议　协商　调解　仲裁　诉讼

第一节　国际商务争议

一、国际商务的内涵

国际商务是指跨越国境的商务活动。国际商务有广义、狭义之分。一般说来,把一国政府、企业、个人与其他国家政府、企业、个人,以及国际组织与企业之间发生的跨国经济活动引起的所有营利性质的业务行为统称为广义的国际商务,包括日常合法的跨国商务活动、跨国的商业交易行为等;由于这些营利性质的业务行为通常由各类企业具体实施,所以把所有企业的跨国经营行为(尤其是跨国公司的经营管理业务活动)称为狭义的国际商务。

国际商务争议解决

国际商务是人类社会生产力发展到一定历史阶段,在世界经济日趋全球化和企业生产经营管理活动日益国际化的背景下产生和发展起来的,是以生产的国际化、交换的国际化以及消费的国际化为特征,并分别通过产品流动和要素流动来实现的。它是根据每个国家、政府、企业各自不同的战略目标、资源条件,以及外部环境提供的可能性,进行多种选择和组合的结果。

国际商务活动的主要内容包括:

(1) 以商品进出口为中心的国际贸易即国际货物贸易;

(2) 以国际资本移动(包括国际直接投资和国际间接投资)为核心的国际经济合作;

(3) 以国际技术转让为主的特许或授权,包括商标、专利权、制造程序或有价的知识技能的国际化,即国际知识产权贸易;

(4) 以国际服务贸易为核心的国际人力资源和服务的提供,包括由市场、金融、法律、财务、保险、广告、运输、会计、管理顾问咨询等构成的国际商务运营保障体系;

(5) 以国际资讯提供为核心的国际信息资源共享和信息产品的交流与传递,包括通信、互联网(Internet)、电台、电视、电影、电话、电报、书籍、报刊、新闻等。

综上所述,国际商务是指跨越国境的任何形式的有偿经济活动。几乎任何形式的经济物品的流动(如商品、资本、劳务、技术、信息等的国际转移)都会诱发国际商务。

二、国际商务争议的概念和特点

人类社会的形成和发展,就是人与人之间的交往由简入繁的过程。有交往就会有争议。在社会学意义上,争议,或称纠纷、分歧、争端,是指特定主体之间基于权益冲突而产生的对抗行为。争议的发生意味着一定范围内的均衡状态或秩序被打破,因此,争议不仅仅是特定个体之间的行为,也是一种社会现象。不同社会在不同时期有自己独特的争议解决机制,特定社会特定历史时期的争议解决机制无疑反映了该社会的协调能力和程度。

依照不同的标准,广泛存在的争议可以分为不同的类型,如宗教纠纷、政治纠纷、法律纠纷等。以争议是否跨越国界而言,如果争议仅局限于一国之内,没有涉外因素或国际性因素,就是国内争议;反之,则为涉外争议或国际争议。国家形成之前,自然无国际争议与国内争议之分。国家的产生以及国际社会的形成使得国际争议依其产生的领域有了进一步分类,如国际法中涉及的国际法主体之间发生的争议即国际争端、国际民商事争议等。

国际商务争议产生于国际商务交往。在国际商务交往中,各方当事人要获取的利益各不相同,而且他们往往具有不同的国籍,或者分处不同的国家或地区,文化传统、法律观念、价值观念乃至语言、交流方式差异极大。另外,由于国际商务交往跨越一国国境,有关国家不尽相同的政治、经济、文化、法律背景也会对当事人的利益造成影响。凡此种种,均导致当事人对同一事项有不同认识,从而形成对抗。因此,需要由法律政策加以调整,以权利义务为基本内容,即国际商务争议解决。

综上所述,国际商务争议就是指国际法律主体之间在跨国商务交往中所发生的涉及财产关系的权利与义务纠纷。

与国际争端、国内民商事争议相比,国际商务争议具有三个方面的特点。

（一）国际商务争议是一种国际争议

这里的"国际"，取其广义，即跨越一国国境，具有跨国性；从一国的角度看，就是具有涉外因素。在国际私法上，对于如何界定"国际"一词，做法不尽一致。比如，1980年《联合国国际货物销售合同公约》第1条规定："本公约适用于营业地在不同国家的当事人之间所订立的货物销售合同：（a）如果这些国家是缔约国；或（b）如果国际私法规则导致适用某一缔约国的法律。"1985年《国际商事仲裁示范法》第1条对"国际仲裁"适用范围的确定则除了考虑当事人的营业地、仲裁地以外，还要考虑履行商事关系的大部分义务的任何地点或与争议标的关系最密切的地点，并且有以当事人的意思表示作为标准的倾向。同为联合国国际贸易法委员会制定的示范法，2002年通过的《国际商事调解示范法》第1条所指的"国际调解"为订立调解协议时，调解协议各方当事人的营业地处于不同的国家，或者各方当事人营业地所在国并非：（a）履行商业关系中大部分义务的所在国；（b）与纠纷标的事项关系最密切的国家。同时，当事人的同意也构成判断"国际调解"的标准或适用该示范法的依据。显然，这三个规则中，对"国际"的内涵与外延的确定是有差异的。

《中国国际私法通论》认为，民商事法律关系的涉外或国际性应作广义理解，即民商事关系的主体、客体或内容这三个要素中至少有一个与外国相关联，就是涉外或国际民商事关系。司法实践亦采用这一说法。据此，由这种商务关系引发的争议即国际商务争议。国际商务争议的这一特点使其同纯粹的国内商务争议区别开来。

（二）国际商务争议是一种国际性的商务争议

与国际公法上所讲的国际争端不同，国际商务争议是当事人在从事国际民商事活动时发生的权利义务纠纷，不直接涉及有关国家的政治、军事、外交关系，其解决一般无须当事人所属国行使外交保护权。国际商务争议的内容大多涉及的是个人、企业和组织的财产关系，从实体到程序，当事人均依法享有充分的处分权和自治权。

（三）国际商务争议是一种广义的商事争议

各国对"民商事"的理解有所不同，在立法体例与法律意识中，有民商合一与民商分立之别。国际私法上，对民事、民商事、商事三个术语的使用并未严格区分，事实上也无法给出一个各国都认可的定义。比如，联合国国际贸易法委员会在制定《国际商事仲裁示范法》和《国际商事调解示范法》时，主张对"商事"一词作广义解释，认为其包含不论契约性还是非契约性的一切商事性质的关系所引起的种种事情。商事性质的关系包括但不限于下列交易：供应或交换货物或服务的任何贸易交易；销售协议；商事代表或代理；代理；租赁；建造工厂；咨询；工程；许可证；投资；筹资；银行；保险；开发协议或特许；合营和其他形式工业或商业合作，货物或旅客的天空、海上、铁路或公路的载运等。一般来说，国际私法上所谓的民商事关系包括人身关系和财产关系，意指平等主体之间的物权关系、知识产权关系、婚姻家庭和继承关系、公司法关系、票据关系、海商法关系、破产法关系等，乃至包括劳动关系，显然超越了各国民法所指的民事关系。人们常将国际私法主体之间的人身关系及附属于人身关系的财产关系称为国际民事关系，这符合"民事"一词传统上或严格意义上的含义，如夫妻财产制和继承虽涉及财产,但以身份关系为主,与商业交易无关;与人身关系不直接相关的财产关系,常常产生于商业过程中,称为商事关系。以上论述足以表明,产生于国际商事关系的国际商务争议是一种广义的商事争议。

三、国际商务争议产生的原因

具体来说,国际商务争议产生的原因可以分为三大类:市场进入误区(具体包括四种)、商务技术问题(具体包括两种)及不可抗力。

（一）市场进入误区

1. 对文化的同质性误区

中国有五千年的灿烂文化,很多国家特别是日本、新加坡、韩国等国的企业基本上被认为保留了与中国文化的相似性,因而在商务往来过程中常常会误认为对方在商务惯例上与自己持有相同的观点,而在进入彼此市场的时候相对放松警惕,由此引发矛盾。总体来说,中国也不是很熟悉欧美特别是拉丁美洲、非洲企业的商务惯例,对其他国家制度方面存在的差异没有进行充分的理解。特别是专营商务企业不够专业的商务运营导致两国发生的各种问题不能以国际标准来判断是非,由此引起商务纠纷。

2. 经营理念上存在误区

不同的企业有不同的经营理念,许多进入中国的外国企业对中国的"关系"存在错误的理解,无视和忽视了基本的中国法治及市场情况,或只依靠关系经营进入市场,成为商务纠纷的又一原因。商务危机的爆发会使世界经济急剧下滑,危机影响到实体经济,各国都难以幸免。为此,在新的世界经济形势下,共同面对问题并寻求突破危机之道、达到双赢就显得非常的紧迫而重要。

3. 市场信息的误区

由于地区不同级别的财政体系,中国企业事实上还没有形成统一市场,各地区都有着不同的重点产业,市场比较分散,因而企业过于集中所引起的竞争过度成了纠纷的原因。中国缺少国外消费市场的正确信息,大部分商品都以低价战略进入国外市场。这是对国外企业和最终消费者的购买兴趣或市场情报的认识不足,是没有考虑到产品的质量、合同和售后服务等的一次性商务来往,因而会在信用方面产生纠纷。

4. 忽视国际商务原则的误区(诚信的原则及禁止滥用职权原则)

仔细了解近年来发生最多的中美商务摩擦就可以看出这一点。中美两国的商务纠纷大部分是因为产品质量不合格、未结算货款、未发货以及不履行合同等。这违反了两国商务基本原则中的诚信原则和禁止滥用职权的原则,这种冒险的商务往来的结果是商务纠纷不断发生。

市场进入之所以存在误区,是因为对各国习惯性商务惯例差异的理解不足。此处对各国习惯性商务惯例差异作如下五个方面的说明。

（1）进出口合同相关误区。在商务交流中,如果产品质量、数量等有问题,在有些国家的商务习惯中责任自动由生产者承担;但是在中国的商务习惯中,除非合同上有详细注明,否则由谁承担就是个很模糊的问题。所以,如果合同中详细说明关于附属文件的要求及承兑者的责任,就有助于减少纠纷的发生。另外,在签订商务合同时,中国的合同有订单的作用。而有些国家则认为商务担保人是必备条件,只有合同中注明了商务担保人等条件之后,他们才会签订合同,然后发出订单。所以在签订合同时需要相互了解对方的商务习惯。

(2)运输及保险误区。如果合同中卖方责任不包括保证货物安全到达买方的话,那么陆上运输过程中发生的危险就由买方承担。中国商务习惯中没有关于陆上运输保险的要求,而在有些国家的商务习惯中,对运输保险有强制性的规定,这对进口商不利。所以,国际商务合同中一定要注明陆上运输保险问题,否则就会发生商务纠纷。

(3)结算方式误区。从两国结算方式差异来看,发达国家的企业通过政府或者银行来进行商务支持,并且考虑外国企业的情况来选择商务结算方式;但是,中国企业在和外国企业的商务交流中希望从商务效果中受益,所以一般偏好以信用证结算。但是在商务额很少的时候,中国的进口商又偏好风险较小的电汇、跟单托收或者现金结算,但这对卖方来说风险很大。

(4)信用证的独立性原则误区。信用证的独立性原则为国际商务交流提供了很大的便利,是国际商务各方都必须遵循的原则。所谓信用证的独立性原则,是指信用证与据以开立信用证的基础合同(即进出口商的买卖合同)互相独立。信用证一经开出即一份独立的合约,不受原基础合同的约束。

在信用证独立性中也有例外,即因基础合同的违法性而导致信用证本身的支付功能受到限制,也就是说如果可以确定为买方信用证欺诈,那么卖方就可以要求买方国家法院判定开证银行开出的信用证也不合法,即便具备符合信用证要求的全部单据,仍可以拒绝承兑。但是,中国的进口商有时候滥用信用证独立性例外原则,他们有时以商品数量短缺或者质量不符合要求等为由请求法院要求开证银行对卖方拒付。

(5)担保惯例误区。开出信用证(特别是远期信用证)时,各国的信用证担保比例是不一样的,有些国家的信用证担保比例为100%,但是中国的信用证担保比例为30%,这样在信用证到期时,经常发生进口商无力偿还的情况,从而银行会拒绝付款。

(二)商务技术问题

1. 技术标准差异

不同国家和地区在技术标准、规范和认证体系上往往存在差异,这使得跨国企业在开展业务时面临诸多挑战。例如,一种在某国符合技术标准的产品,可能在另一国就因标准不符被拒绝进口。这种技术标准的不统一不仅增加了企业的运营成本,还可能导致国际贸易中的摩擦和争议。

2. 技术转移与知识产权保护

在跨国合作和技术转让过程中,知识产权归属、使用和收益分配等问题往往成为双方争议的焦点。一方面,技术输出方可能担心技术泄露和侵权,导致其在国际市场上的竞争优势丧失;另一方面,技术接收方则可能希望获得更先进的技术支持,以提高自身的生产效率和产品质量。

（三）不可抗力

不可抗力条款是指在合同订立后发生当事人在订立合同时不能预见、不能避免、不可控制的意外事故，以致不能履行合同或不能如期履行合同，遭受不可抗力的一方可以免除履行合同的责任的条款。

关于不可抗力的范围，国际上并无统一的解释，当事人在合同订立时可自行商定。一般有概括式、列举式和综合式三种规定方法。概括式对不可抗力范围只作笼统规定；列举式是将不可抗力事件逐一列出；综合式即列举式与综合式相结合，列出常见的不可抗力事件（如战争、地震、水灾、火灾、暴风雨、雪灾等）的同时，再加上"以及双方同意的其他不可抗力事件"的文句。综合式的规定方法既明确、具体，又有一定的灵活性。目前，在中国进出口贸易合同中一般都采用综合式。

在国际商务活动中，特别是国际货物买卖和国际运输的司法实践中，因不可抗力导致整个合同无法履行或无法较好履行而引发当事人之间争议的案件屡见不鲜。原因主要是，既存在法律和司法实践对不可抗力内涵界定不清的问题，也存在对不可抗力事件判定标准模糊的问题，同时还存在合同当事人自身对合同中不可抗力条款缺乏足够理解及未能加以合理应用的问题。

总体来说，国际商务纠纷的原因主要包括对文化、经营、市场信息的误会和成见，对国际商务原则的无视，商务技术问题等，以及不可抗力。这一结论的可信性可以通过对各国商务纠纷的统计或商务纠纷及反倾销案例来证明。各国应当克服市场进入方式和商务技术问题上存在的障碍，通过解决这些问题来防止商务纠纷，使之成为加深对双方争议解决机制差异理解的契机，以此实现商务关系的健康发展，建立将商务纠纷防患于未然的制度。

四、国际商务争议的类型

国际商务争议的分类涉及对其解决方式的确定，值得注意。比如，各国一般规定，仅商务争议才可提交仲裁，而人身关系引起的争议不能提交仲裁。

从不同的角度，依据不同的标准，可对国际商务争议进行不同的分类。

（一）根据争议的主体分类

根据争议的主体，国际商务争议可以分为个人（自然人和法人及其他社团组织）之间的争议、国家或政府间国际组织和个人之间的争议、国家之间的争议、国际组织之间的争议，以及国家与国际组织之间的争议。其中，第一类争议较为普遍，后四种争议比较少见，只有在特定情况下才可能发生。国际商务争议的主体都是平等的，但为了维护国家主权，或者为了保障国际组织顺利实现其宗旨和目的，国家及国际组织参与国际商事交往时依照国际法享有必要的豁免权。争议主体的不同对争议解决方式及法律适用等都有影响。

（二）根据争议的起因分类

根据争议的起因，国际商务争议可分为契约性争议和非契约性争议。前者基于合同产生,后者的产生与当事人的意思表示无关,如侵权纠纷。争议起因的不同可能导致争议解决方式、管辖权、法律适用等的不同,争议解决程序的价值取向也可能有所不同。

第二节　国际商务争议解决

常见的争议解决方式有协商、调解、国际仲裁、国际诉讼等。

根据国际商务争议是否通过有强制约束力的司法途径解决,国际商务争议的解决方式可以分为司法方式(诉讼)和非司法方式(协商、调解和仲裁),后者又被称为替代性争议解决方式(alternative dispute resolution,ADR)。根据争议是否通过裁判解决,又可分为非裁判性解决方式(协商和调解)和裁判性解决方式(仲裁和诉讼)。

一、协商

（一）协商的概念和特点

协商是指国际商务争议发生后,在没有第三方参加的情况下,当事人双方基于平等、善意、信任,互谅互让地直接谈判商讨,就争议事项达成和解的方式。应该说,在解决国际商务争议的所有方式中,协商是最简便易行、效果最为理想的方式。当然,采用这种方式,首先要求当事人双方具有平等对待对方的基本观念,具有与人为善、真心诚意解决问题的愿望,信任自己,也信任对方,这是协商的基础。有了这样的基础,然后双方采取互相体谅、互相礼让的态度,心平气和地直接面对面进行谈判和商讨,才能就所争议的事项达成和解,实现协商解决。协商有如下三个主要特点。

1. 没有第三方参加

要在当事人双方之间协商解决国际商务争议,只能由当事人双方直接进行,没有其他第三方的参加。也就是说,除非第三方也是当事人,否则,无利害关系的第三方是不能参加协商的。倘若有无利害关系的第三方参加,那种解决国际商务争议的方式就不能称为协商。由此不难看出,这里讲的第三方实际上指的是与该纠纷无利害关系的主体。

2. 双方必须自愿

由于协商是当事人双方自己解决自己的争议,没有第三方参加,故而双方都必须自愿才行。只要有一方不愿意,就不能采用协商解决的方式,因为双方地位平等,哪一方也不能将自己的意志强加于对方;即使试图将自己的意志强加于对方,对方也不会接受,反而可能增加新的争议。

3. 和解协议对双方都没有强制力

一方面,协商是当事人双方自愿实施的行为,协商成功后达成的和解协议,任何一方当然可以履行,也可以不履行,哪一方都无权强迫另一方非履行不可。另一方面,协商没有法律规定的、具有法律效力的执行方式和程序,也不是执法机关的执法行为,故而协商成功后达成的和解协议没有强制力。

（二）协商的基本原则

1. 平等、自愿、互利原则

在协商解决争议时，当事人双方的地位是完全平等的，没有高低、贵贱之分，没有强弱、大小之别。要坚持自愿协商，不能由一方对另一方通过各种手段实行强制或者胁迫。要坚持共赢互利，不能由一方对另一方实行盘剥。只有严格遵循这项原则，才能采用协商的方式来解决国际商务争议，协商解决才会有成功的希望。

2. 合理原则

协商不但要求互利，而且要求合理。经济权利的享有和行使要合理，经济义务的承担和履行要合理，协商的时间、地点、内容要合理，参加协商的人数及其级别要合理，和解协议的形式、具体内容、写法、措辞以及履行要合理，总之，凡涉及协商的一切，均应合理。不管哪个地方、哪个环节上出现不合理的情况，协商成功的可能性都会不同程度地降低，直至消失。

3. 不损害他人与国家利益原则

采用协商方式解决国际商务争议的当事人，如果协商结果对双方互利，且对双方也都合理，却损害了他人的利益或者国家的利益，这当然是不行的。如果协商结果直接或间接侵犯了他人的合法权益，或者损害了国家利益，无疑是违法行为，当事人必须承担相应的法律责任，这种协商结果显然不能成立。故通过协商来解决国际商务争议，必须以不损害他人利益、国家利益为前提及原则，并且必须认真坚持。

（三）协商的优缺点

1. 优点：体现了"以和为贵"的精神内核

（1）程序简便、形式灵活。各方可以通过往来传真、电话、当面磋商、举行会议等方式来协商。

（2）商业效率高。避免商业中断的损失或影响，加深了解合作。

（3）更易获得自动履行。各方一般能自动履行通过协商得出的解决争议的和解方案。

2. 缺点：完全依赖自动履行，不具有法律强制执行力

经协商达成一致而订立的和解协议，不像仲裁书或判决书那样在对方不自动履行时可以申请法院强制执行。

二、调解

（一）调解的概念和特点

调解作为解决国际商务争议的方式之一，是指国际商务争议发生后，由第三方居中调停，使当事人双方互相信任、互相谅解，从而就争议事项达成和解的方式。调解是化解矛盾、处理争议、维护正常的社会经济秩序的有效方式。调解有如下三个主要特点。

1. 有第三方参加

有没有第三方参加是区别调解与协商的重要标志：有第三方参加的是调解；没有第三

方参加的则是协商。在调解中,参加进来的第三方(与该争议无利害关系的人或者组织)处于调解人的地位,其任务是居中对当事人双方进行调停,努力使双方互相信任、互相谅解,以达到最终就争议事项达成和解的目的。

2. 当事人双方必须自愿

采用调解的方式解决国际商务争议,无论哪方当事人都必须自愿,不能强迫。强迫进行的调解违背当事人的意志,势必有损当事人的合法权益,在法律上是无效的。

3. 调解协议(调解书)不一定具有法律效力

调解协议有的具有法律效力,有的则不具有法律效力。它是否具有法律效力不取决于调解本身,而主要取决于调解人的情况和双方当事人承认并签收的情况。例如,由法院主持进行的调解,调解书经双方当事人签收之后,依法便有了法律效力,当事人必须履行。任何一方当事人拒绝履行,对方当事人均可向法院申请执行。而由非执法单位或者个人主持进行的调解,达成的协议一般均不具有法律效力,当事人可以履行,也可以不履行。

案例讨论:宁波某进出口公司与立陶宛某公司
国际货物买卖合同纠纷案

一、基本案情

2020年11月,立陶宛某公司与宁波某外贸公司签订合同。合同内容:经前期磋商,立陶宛某公司向宁波某公司采购了包括梯子、心率监测器、电子秤、理发器等多种商品在内的34款产品,一共七个集装箱。合同总金额约30万美元。付款方式为即期不可撤销信用证。宁波公司收到立陶宛公司开来的信用证后,马上给工厂下采购订单并支付定金让工厂迅速备货生产。但是,春节前宁波公司收到立陶宛公司负责该订单的采购员离职的消息,同时立陶宛公司发邮件表示怀疑宁波公司贿赂该采购员,并要求宁波公司提供相关证据,否则将不履行该订单。宁波公司表示从未贿赂过该采购员,甚至连面都未见过,根本就提供不出立陶宛公司要求的所谓证据。面对突如其来的变化,宁波公司发出数十封邮件想要澄清事实,但是立陶宛公司就是不回复邮件。因货物已备好待运,宁波公司遂联系对方货代,货代表示立陶宛公司指示不从宁波公司出货了,这票订舱要取消。因此,宁波公司找到了宁波调解中心对纠纷进行调解。

宁波调解中心受理调解申请后,认真梳理了案件材料,并约见了宁波公司负责人,详细分析了案情,认为目前情势下,凭信用证条款发货,较易出现不符点,最有效的解决途径应该是为双方搭建起沟通的桥梁,让双方消除误解,保持有效沟通。

确定调解思路后,宁波调解中心联系立陶宛公司,征询调解意见。起初,立陶宛公司并未理会调解中心的邮件,经宁波调解中心再次去函耐心解释后,立陶宛公司正式回函,主要表达了质疑宁波公司与前采购员有不正当交易的理由:一是受舱位紧张和航运价格影响,该公司同中国其他采购商都有要求推迟发货的情形,但宁波公司却异常着急,频繁催促;二是宁波公司之前提供的货物有质量问题,但前任采购员向公司隐瞒了该情形;三是立陶宛公司要求采购员从工厂直接进货,不要走外贸公司,但前采购员通过宁波公司竟然采购了34种产品,且产品价格偏高,金额较大。立陶宛公司同时表示,其已向当地公安机关报案,并质疑若继续履行合同,调解中心是否能为宁波公司的产品质量提供担保,同时提出就以前的产品质量问题向宁波公司索赔。

根据立陶宛公司的回复意见,宁波调解中心重点就对方新提出来的产品质量问题同宁波公司进行沟通。宁波公司表示该订单涉及的货物基本上都是立陶宛公司以前采购过的产品,对方从未提出过质量异议,且在立陶宛的销量还可以,认为这是对方为不想履行合同寻找的借口。

根据已掌握的案件事实,宁波调解中心向立陶宛公司回函,重点解释了三个问题。

(1) 宁波公司如此着急发货的原因。宁波公司为准备该订单,向多家工厂进行采购并支付了定金,现货均已生产完毕,各工厂催促宁波公司提货,否则将按宁波公司违约处理,宁波公司受到来自工厂的巨大压力。另外,立陶宛公司迟迟不回应宁波公司的邮件,宁波公司无法确认立陶宛公司对该笔订单的最终态度,担心信用证过期,面临向立陶宛公司违约的风险。

(2) 宁波公司与前采购员的关系。调解中心表示,目前无证据证明两者之间有任何不正当交易,立陶宛公司以此作为拒绝履行合同的抗辩理由不成立。

(3) 产品质量问题。调解中心表示,请立陶宛公司提供相关证据,调解中心愿意就该问题进一步协调。

二、案件结果

根据前期协调情况,宁波调解中心提出了两个解决方案。

(1) 如果立陶宛公司愿意继续履行合同,宁波公司愿意在运费、产品数量、价格上适当调整。

(2) 如果立陶宛公司不愿意继续履行合同,调解中心将协调双方合同解除事宜,但更希望双方能增强互信、沟通和理解,维系已建立的良好合作关系。

调解结果:立陶宛公司经考虑表示愿意继续履行合同,并主动与宁波公司联系,协商履行细节。最终,立陶宛公司修改了信用证,确定了新的交货期,并安排了装船前验货,双方业务往来恢复正常。

三、案件总结与反思

商事调解不仅要解决具体的纠纷,还要积极为双方当事人架设一座沟通的桥梁,在沟通中促进双方当事人消除误会、增强互信。很多时候,只要桥搭好了,问题自然就解决了。在整个调解过程中,调解组织必须保持中立的立场,并根据案件实际情况把握好参与度,既不任由当事人自由角力,也不剥夺当事人意思自治。

四、思考题

1. 通过本案,你认为中国企业在对外贸易中应该注意哪些问题?
2. 如果遇到类似的问题,中国企业可以采取哪些救济手段维护自身利益?

五、案例来源

宁波贸促之窗.以案说法|宁波某进出口公司与立陶宛某公司国际货物买卖合同纠纷案[EB/OL].https://mp.weixin.qq.com/s/drYTLFZS3MlFT2cs6QI1UQ,2022-10-20.

六、实践活动

针对本案,开展国际商务争议调解实践活动。

调解活动流程指引:

第一步,分组与角色分配:班级成员根据实际人数分成若干小组,每组选出1~3名调解员(每组至少5人,调解员中包含一名组长);

第二步,制定调解规则:组长们共同制定调解规则,如尊重他人、积极倾听、保持冷静等;

第三步,小组内讨论:各小组内部讨论可能的解决方案,调解员负责记录并整理小组意见;

第四步,模拟调解:每个小组内分成两队,分别作为冲突双方进行模拟调解,调解员主持调解过程;

第五步,提出解决方案:调解员引导冲突双方提出并讨论解决方案,鼓励双方寻找共同点;

第六步,达成协议:如双方达成和解,调解员协助记录调解结果,并简要向全班汇报;

第七步,全班分享与讨论:邀请组长或组员代表分享他们在调解过程中的经验和感受,全班共同讨论在调解过程中哪些技巧是有效的,哪些需要改进;

第八步,老师对同学们的表现进行总结。

(二)调解的基本原则

采用调解的方式解决国际商务争议,应当遵循下述三大原则。

1. 自愿原则

《中华人民共和国民事诉讼法》(以下简称《民事诉讼法》)第96条和第99条对这项原则作了明确的规定,必须严格遵照执行。第96条规定:"人民法院审理民事案件,根据当事人自愿的原则,在事实清楚的基础上,分清是非,进行调解。"第99条规定:"调解达成协议,必须双方自愿,不得强迫。调解协议的内容不得违反法律规定。"

2. 合法原则

调解是法律规定的解决经济争议(含国际商务争议)和民事纠纷的一种方式和制度。《民事诉讼法》第八章对调解作了专门规定。即使是由非执法单位或者个人主持进行的调解,也不能违法,不能损害他人利益和国家利益。故此,调解必须遵守合法原则。外方当事人在调解全过程中,有关行为也必须符合中国法律的规定,这是维护中国法律尊严和国家主权的必然要求。

3. 公正原则

这项原则主要是对调解人的要求。当事人双方请求进行调解,当然希望调解主持人能够根据该争议的事实和有关的法律和政策,公正地进行调解,解决该争议。调解主持人也应当居中公平地进行调解,不偏不倚,在查清该纠纷事实的基础上,分清是非,明确责任,依照有关法律和政策的规定妥善地解决该争议。如果调解主持人偏听偏信,袒护和迁就一方,压

制和损害另一方,那就有失公正,违反公正原则。不管袒护和迁就的一方是中方还是外方,也不管压制和损害的另一方是外方还是中方,一概都是错误的。遵守公正原则不仅关乎调解人的形象,有时甚至关乎国家的声望,不应漠视或者忽视。

(三) 调解的种类

在对国际商务争议的调解中,可以根据调解人的不同情况对调解进行分类。

1. 法院内调解

法院内调解简称院内调解,亦称诉讼内调解,指由有管辖权的法院主持进行的调解。国际商务争议案件由法院受理后,经审查,认为法律关系明确、事实清楚,在征得当事人双方同意之后,可以依法进行调解。调解在诉讼整个过程的任何阶段(判决或者裁定作出之前)均可酌情进行。法院进行调解,可以依法邀请有关单位和个人协助。倘若当事人一方或者双方坚持不愿调解,或者调解无效,法院应当及时判决,不应当久调不决。当事人一方拒绝签收调解书,则该调解书不发生法律效力。在调解书不能当庭送达双方当事人时,依法按照后收到调解书的当事人的接收日期为调解书生效日期。

2. 法院外调解

法院外调解简称院外调解,亦称诉讼外调解,指由法院以外的其他有关单位或个人主持进行的调解。此类调解又可以分为仲裁调解、行政调解和群众调解。

(1) 仲裁调解。仲裁调解是指由国际仲裁机构(国际仲裁委员会)主持进行的调解。《中华人民共和国仲裁法》第51条规定:"仲裁庭在作出裁决前,可以先行调解。当事人自愿调解的,仲裁庭应当调解。调解不成的,应当及时作出裁决。调解达成协议的,仲裁庭应当制作调解书或者根据协议的结果制作裁决书。调解书与裁决书具有同等法律效力。"调解书经双方当事人签收后,即发生法律效力,双方当事人均须履行。倘若一方当事人不履行已发生法律效力的调解书,另一方当事人可以依法向法院申请执行。特别值得注意的是,中国国际仲裁机构在解决国际商务争议中,首创了一种"联合调解"的新方式。这种"联合调解",就是在双方当事人发生商务争议时,由双方国家有关仲裁机构根据对等原则,派出同等数量人员充当调解员,共同进行调解。调解成功,争议结束;调解无效,再行仲裁。这种"联合调解"的新方式受到了世界各国的特别关注,得到了许多国家当事人的高度赞赏和热烈欢迎。例如,《关于解决中法工业产权贸易争议议定书》中便规定了可由中方和法方联合调解解决有关工业产权的争议。

(2) 行政调解。行政调解是指由法律规定有职权的国家行政机关主持进行的调解。实践中,最常见的是由当事人双方共同的上级行政主管部门出面主持的调解。有时调解是应当事人双方的请求出面进行主持;有时调解是上级行政主管部门认为非常有必要,在征得当事人双方的同意后进行主持。但不论属于哪一种,都必须遵循前面所述的调解的基本原则。

(3) 群众调解。群众调解是指在解决国际商务争议时,由特定的个人主持进行的调解。特定的个人,实践中以律师最多见。律师主持进行调解,是根据当事人双方共同请求而为,效果往往非常好:一是律师既熟悉有关法律和政策,又具有丰富的实践经验;二是当事人对律师比较信任,容易听从律师的劝解、采纳律师的建议。但是,有一点必须着重说明,律师在国际商务争议的群众调解中,所处的地位是居中主持的调解人,而不是任何一方当事人的代理人。

中国的人民调解制度是很有名的,人民调解委员会等群众性调解组织在调解国内的民间纠纷工作中作出了巨大的贡献。由于国际商务争议具有显而易见的特殊性(有涉外因素,即国际因素,不是国内的一般民间纠纷),所以不能实行这一制度,不能由人民调解委员会等群众性调解组织充当国际商务争议的调解人。

(四) 调解的优缺点

1. 优点

(1) 调解程序具有灵活性,无须像诉讼或仲裁那样遵守严格的程序。

(2) 有法律机构介入,处理结果可能会更加合理合法,与诉讼相比,费用、程序都会减少很多。

(3) 可以具有强制执行效力。可以将调解协议内容做成仲裁裁决书,从而将其转变为具有强制执行力的法律文件。

2. 缺点

(1) 涉及第三方,可能会增加双方解决争议的成本。

(2) 外来人员或机构参与,可能会影响争议双方以往的良好信任。

(3) 民间调解不具法律效力。

(五) 有关调解的国际公约——《新加坡调解公约》

1.《新加坡调解公约》

《联合国关于调解所产生的国际和解协议公约》(又称《新加坡调解公约》,Singapore Convention on Mediation)是由联合国国际贸易法委员会历时四年研究拟订的,并经联合国大会于2018年12月审议通过的国际公约。该公约于2019年8月7日,在新加坡举行签署仪式,67个国家和地区的代表团参加了签署仪式和相关会议,其中包括中国、美国、印度、韩国以及多个东盟国家,目前《新加坡调解公约》的签署方已达46个。该公约旨在解决国际商事调解达成的和解协议的跨境执行问题,在诉讼、仲裁之外进一步健全了国际商事争议解决的调解制度。《新加坡调解公约》被称为"商事调解的《纽约公约》"[1],是国际商事争议解决制度历史上的又一座里程碑,其诞生标志着国际调解协议可跨国执行,使得国际商事调解制度成为国际商事仲裁之外具有独立救济功能的国际商事争议解决方式。《新加坡调解公约》以及《纽约公约》和海牙《选择法院协议公约》,三项公约将形成完整的国际争议解决执行框架。

2.《新加坡调解公约》的主要内容

(1)《新加坡调解公约》的适用范围。《新加坡调解公约》第1条就适用范围进行了规定:"本公约适用于调解所产生的、当事人为解决商事争议而以书面形式订立的协议('和解协议')"。《新加坡调解公约》的适用范围必须同时符合以下四个条件。

---

[1] 《纽约公约》指《承认及执行外国仲裁裁决公约》,是1958年在联合国国际商业仲裁会议上签署的重要公约。

① 基于"调解"而产生。《新加坡调解公约》第2条第3款对调解进行了定义:"不论使用何种称谓或者进行过程以何为依据,指由一名或者几名第三人('调解员')协助,在其无权对争议当事人强加解决办法的情况下,当事人设法友好解决其争议的过程。"由此看来,达成该和解协议必须经过其他第三方的外部介入,并且通过当事人自愿、友好的方式进行,且调解员不得强加个人意志,强行解决争议。

② 解决的是"商事争议"。虽然《新加坡调解公约》并未就"商事"的概念进行定义,但《新加坡调解公约》第1条第2款和第3款对和解协议的适用范围进行了排除限制,即该公约不适用于:为解决其中一方当事人(消费者)为个人、家庭或者家居目的进行交易所产生的争议而订立的协议;与家庭法、继承法或者就业法有关的协议;经由法院批准或者系在法院相关程序过程中订立的协议;可在该法院所在国作为判决执行的协议;已记录在案并可作为仲裁裁决执行的协议。

然而现实中,某些当事人会通过构建虚假的"争议"进行"虚假和解""虚假调解""虚假仲裁"甚至"虚假诉讼"等,从而达到洗钱、避税、不法转移资产或者侵害第三人等目的,因此,调解员如何在司法审查过程中核实法律基础关系,和解协议在认可与执行过程中又需要经过哪些程序从而规避上述风险等,都是值得商榷的话题。

③ 采用"书面形式"。《新加坡调解公约》第2条第2款规定,满足"电子通信所含信息可调取以备日后查用"这一条件,即视为形成了有效的书面形式,即时通信或电子邮件所记录的数据皆可成为和解协议的书面记录形式。

④ 具有"国际性"。调解协议应当具有"国际性"。该"国际性"更多以营业地为标准,《新加坡调解公约》第1条第1款指出:必须至少有两方当事人在不同国家设有营业地;或者虽然协议各方当事人所涉营业地为同一国家,但其中一方的义务履行地不在该营业地国,或该营业地国并非与和解协议所涉事项关系最密切的国家。

此外,《新加坡调解公约》第2条第1款进一步指出"营业地"的概念:一方当事人有不止一个营业地的,相关营业地是与和解协议所解决的争议关系最密切的营业地,同时考虑到订立和解协议时已为各方当事人知道或者预期的情形;一方当事人无营业地的,以其惯常居住地为准。该条"营业地"的概念与《国际商事调解示范法》中"营业地"的概念类似,唯一区别是,一方当事人有不止一个营业地的,在《新加坡调解公约》中将订立和解协议时已为各方当事人知道或者预期的情形也纳入了营业地的概念,而《国际商事调解示范法》仅限于将与仲裁协议关系最密切的营业地点作为营业地。

(2) 和解协议强制执行的总体原则及形式审查要求。《新加坡调解公约》就国家执行和解协议应满足的条件提供了指导,特意避免了规定具体的执行方式。其在第3条第1款"一般原则"中载明:"本公约每一当事方应按照本国程序规则并根据本公约规定的条件执行和解协议。"这意味着《新加坡调解公约》的适用仍然遵循各国程序法上的规定。同时第3条第2款也提出,"如果就一方当事人声称已由和解协议解决的事项发生争议,公约当事方应允许该当事人按照其本国程序规则并根据本公约规定的条件援用和解协议,以证明该事项已得到解决。"

根据《新加坡调解公约》第1条及第4条,形式审查中主要应向主管机关提供:由各方当事人签署的和解协议;显示和解协议产生于调解的证据;证明符合《新加坡调解公约》适用范围及不存在排除适用的情形。

（3）拒绝强制执行的理由。在许多国家的仲裁和司法实践中,无论是否有第三方实际主持或参与调解,往往只要法院或仲裁庭对争议方的和解协议进行了确认,即可将和解协议"转换"成具有强制执行力的裁决或和解书,除非能证明有明确的予以"拒绝准予救济的理由"方可拒绝执行。《新加坡调解公约》第5条列举了当事人举证证明和法院依职权审查两种情形下的"拒绝准予救济的理由"。

① 当事人举证证明：一方当事人处于某种无行为能力状况；和解协议无效、失效或者无法履行；根据和解协议条款,和解协议不具约束力或者不是终局的；和解协议随后被修改或已经履行；和解协议中的义务不清楚或者无法理解；准予救济将有悖和解协议条款；调解员严重违反适用于调解员或者调解的准则；调解员未向各方当事人披露可能对调解员公正性或者独立性产生正当怀疑的情形。

② 主管机关依职权审查：准予救济将违反公约该当事方的公共政策；根据公约该当事方的法律,争议事项无法以调解方式解决。

总体而言,相比《纽约公约》,《新加坡调解公约》通过多种方式扩大了适用范围,取消了和解协议的国籍要求和相关司法审查权力,进一步限制了法院拒绝给予和解协议救济的理由。可以看出,上述"拒绝准予救济"条款主要侧重和解程序、调解员是否违反执业准则及和解协议的效力,主要侧重在程序上进行实质审查。

（4）缔约国保留申明。国际法语境下的"保留",是指一国于签署、批准、接受、赞同或加入条约时作出的单方声明,不论措辞或名称如何,其目的在于摒除或更改条约中若干规定对该国适用时之法律效果。为确保《新加坡调解公约》的完整性,仅在第8条规定了两种保留措施：一是"政府保留"；二是"同意保留"。

第8条第1款规定,公约当事方可声明："(a)对于其为一方当事人的和解协议,或者对于任何政府机构或者代表政府机构行事的任何人为一方当事人的和解协议,在声明规定的限度内,本公约不适用；(b)本公约适用,唯需和解协议当事人已同意适用本公约。"

因为政府实体可能从事商业活动,并可能寻求利用调解来解决这些活动中的纠纷,对部分国家而言,将投资者与东道国调解排除在公约之外是其加入公约所要考量的决定性因素。《新加坡调解公约》的保留框架为各国在考量是否加入公约时提供更多的回旋余地,同时为遵守国际和解协议的各方提供更大的法律确定性。我国目前未最终批准《新加坡调解公约》,对政府保留条款也尚未明确表态。

课程实践

主题讨论：中国加入《新加坡公约》的重大意义和影响

流程指引：
- 第一步：简述公约内容,分组探讨中国加入《新加坡公约》的背景
- 第二步：各组分享对中国法律体系及国际商事调解制度的影响
- 第三步：总结加入的重大意义,思考中国在国际法领域的角色

三、国际仲裁

(一) 国际商务仲裁的概念和特点

国际商务仲裁是指国际商务活动的当事人在合同中订立仲裁条款或纠纷发生后达成仲裁协议,自愿把他们之间的商务争议交付常设仲裁机构或临时仲裁庭进行评断和裁决。仲裁庭或仲裁机构作出的裁决是对各方当事人均具有法律约束力的终极裁决,当事人有主动履行仲裁裁决的义务。仲裁作为国际商务纠纷的解决方式由来已久。中世纪前夕,地中海沿岸商人就开始了所谓第三人"公断"的贸易纠纷解决方式。英国是最早建立仲裁制度的国家,14世纪的英国就有了仲裁活动,到了17世纪末,仲裁被确认为民间贸易纠纷的解决方式之一,1889年制定了《仲裁法》,1892年成立了伦敦仲裁院。迄今,仲裁制度已在世界各国得到确认和发展,成为纠纷解决的重要方式和制度。随着越来越多的国家加入《承认及执行外国仲裁裁决公约》(The New York Convention on the Recognition and Enforcement of Foreign Arbitral Awards,即《纽约公约》)并承认国际商务仲裁的效力,仲裁成为解决国际商务争议的主要方式,被越来越多的商务主体采用。作为解决国际商务争议的一种有效方式,国际商务仲裁与协商、调解以及国际商务诉讼相比,主要具有以下四个方面的特点。

1. 高度的自主性

国际商务仲裁的一个最大特点就是当事人双方具有高度的自主性。

(1) 国际商务关系中的双方当事人可以在有关国家法律允许的范围内,自主地决定通过协议将他们之间可能或已经发生的有关争议提交仲裁裁决,而且在有关国家法律允许的范围内,双方当事人签订的仲裁协议可以对抗有关国家法院的司法管辖权。

(2) 双方当事人可以自主地选择仲裁地点。因为有关仲裁庭的管辖权完全依赖双方当事人的仲裁协议,在双方当事人选择仲裁庭之前,不存在任何具有管辖权的仲裁庭,所以双方当事人可以选择任何地点作为仲裁地。

(3) 双方当事人可以自主地选择仲裁机构。双方当事人既可以自主地决定将有关争议提交给常设仲裁机构处理或提交给临时的仲裁庭解决,也可以自主地决定将有关争议提交给任何国家的仲裁机构进行仲裁,世界各国的立法对其都没有任何的限制。

(4) 双方当事人可以自主地选择仲裁员。在已选择由某一常设仲裁机构进行仲裁时,双方当事人可以在该常设仲裁机构的仲裁员名册中自主选择一名仲裁员,单独成立仲裁庭审理有关争议,也可以自主地选择几名仲裁员组成合议仲裁庭来对有关争议进行审理。在决定由临时仲裁庭审理有关争议时,双方当事人选择仲裁员的自由不受限制。

(5) 双方当事人可以自主地选择仲裁程序。根据各国仲裁法的规定,仲裁机构在进行仲裁审理的过程中,仲裁机构、当事人和其他参与人从事仲裁活动必须遵循的程序,如仲裁申请的提出、仲裁员的指定、仲裁庭的组成、仲裁审理以及仲裁裁决的作出等,都可由双方当事人在其仲裁协议中自主确定。

(6) 双方当事人可以自主选择仲裁庭进行裁决所适用的法律。双方当事人既可以选择仲裁庭裁决有关争议时应该适用的实体法,也可以自主选择仲裁过程中适用的程序法。

2. 裁决的一裁终局性

国际商务仲裁裁决具有法律效力,裁决一旦作出,法院和仲裁机构都将不予受理当事人就同一争议再申请的法律诉讼或仲裁。

3. 案件的保密性

国际商务仲裁审理一般不公开,除非当事人达成公开审理意见,故可以最大限度地保护各方当事人的商业、个人隐私。

4. 争议方式选择的排他性

当国际商务争议发生时,当事人如果选择了以仲裁方式解决,等同于自愿放弃法律诉讼方式。一旦签订了仲裁协议,法院将不再受理就同一案件提起的诉讼。

(二)国际商务仲裁的基本原则

国际商务仲裁,除了应当遵循仲裁的一般基本原则外,尤其应当遵循具有自身特殊性的基本原则。

1. 独立自主的原则

这项原则要求在国际商务仲裁中,必须独立自主地受理仲裁申请,使用仲裁规则进行仲裁,依照仲裁程序查明案情,根据法律作出仲裁裁决,不受任何外界因素的影响和干涉。这项原则是维护国家主权原则在国际仲裁上的具体体现,是每一个独立的主权国家都必然高度重视的。

2. 平等互利的原则

这项原则要求对发生争议的当事人双方一律平等相待,不因国家大小、强弱、贫富不同而厚此薄彼。充分尊重当事人双方约定的合同条款,只要这些条款不违反法律、政策和社会公共利益,就应当予以承认和保护,维护双方的正当权益。

3. 适当参照国际惯例的原则

为了利于妥善解决当事人双方的争议,进一步完善国际仲裁制度,适当参照某些已在国际上广泛流行的惯常做法和先例,是完全必要的。当然,这些国际惯例不应与国家法律和政策相抵触,不应与社会公共利益相悖。

4. 调解与仲裁相结合的原则

这项原则是中国在国际商务仲裁中一贯坚持的原则,受到各国当事人的高度好评。这里的调解不是一般的调解,而是"联合调解"。例如,在中国国际经济贸易仲裁委员会与意大利仲裁协会签订的仲裁合作协议中,就提出了"联合调解"。事实证明,在国际仲裁中实行调解与仲裁相结合的原则,无疑显示了国际商务仲裁方面的中国特色。

案例讨论:俄罗斯 A 公司与中国 B 公司买卖合同纠纷——仲裁的基本原则与适用法律

一、基本案情

申请人俄罗斯 A 公司按照 CFR(cost and freight,成本加运费)条件与被申请人中国 B 公司于 2011 年 10 月 16 日签订买卖协议,约定申请人向被申请人购买一批家用型电器货柜。根据双方协议和CFR贸易术语,被申请人负责将该电器货柜从中国广州市运输到俄罗斯莫斯科市,货物到港完成清关后,被申请人通知申请人接货,并负责将货物运至申请人指定港口。申请人按合同约定支付价款,并负责货物在装运港越过船舷后的一切费用和风险。双方还约定自被申请人发运之日起90日内申请人未收到货物,可以以书面方式申请要求被申请人按货物全部丢失性质赔偿。买卖协议签订当天,货物在广州装运完毕,并于2011年10月24日完成报关手续。之后,由于货物逾期未到达申请人指定港口,申请人于2012年1月16日向被申请人发通知函称,申请人仍没有收到货物,被申请人需承担延迟交货的违约责任。2012年2月15日,申请人向被申请人发出索赔通知函,向被申请人索赔全部货物损失。申请人在索赔无果的情况下,依据双方在协议中约定的仲裁条款,向广州仲裁委员会提起仲裁,要求被申请人赔偿货物损失。

二、案件裁决

仲裁庭经审理,裁决被申请人向申请人赔偿货物损失。

三、争议的焦点

案件争议的焦点在于申请人要求被申请人赔偿货物损失的请求。

根据查明的事实,本案所涉货物于2011年10月16日就已经在被申请人的工厂装运完毕,并于2011年10月24日报关完毕。然而被申请人没有交货,至2012年2月15日就已经超过买卖协议所约定的90日期限。申请人依据买卖协议的约定,于2011年1月16日向被申请人发出了通知函,指出其在交货时间方面已经违约,并要求其承担违约责任,并于2012年2月15日再次向被申请人发出了索赔通知函。在此前提下,要求裁决被申请人赔偿的仲裁请求具有事实依据和法律依据,仲裁庭给予支持。

四、法律政策依据

本案所涉申请人与被申请人之间的买卖协议本身没有明确约定准据法。依据《中华人民共和国民法通则》第145条第2款,《中华人民共和国合同法》第126条第1款和《中华人民共和国涉外民事关系法律适用法》第41条的规定,本案应当"适用与合同有最密切联系的国家的法律",或"适用履行义务最能体现该合同特征的一方当事人经常居所地法律或者其他与该合同有最密切联系的法律"。本案合同的签订地在中国,合同的主要履行行为地也在中国,应该说中国与本案所涉运输合同有最密切的联系。此外,最能体现本案所涉运输合同特征的履行行为应该是承运行为,而履行这一承运义务的当事人即被申请人的住所地和经常居所地也在中国。所以,本案的审理和裁决应该适用中国法律。

五、思考题

1. 在涉外案件审理时,仲裁庭主要遵循哪几条原则选择适用法?
2. 请分别解释以上原则。

六、案件总结与反思

在涉外仲裁案件的审理中,具体案件适用什么法律是一个非常重要的问题,它关系到合同的效力、如何进行开庭审理和如何作出裁决等一系列程序上和实体上的问题。

从程序上说,涉外仲裁案件应适用《中华人民共和国仲裁法》和仲裁机构的仲裁规则规定。从实体上说,涉外仲裁案件的法律适用由仲裁庭根据案件的具体情况确定。在一般货物买卖合同争议案中,经常适用《中华人民共和国涉外民事关系法律适用法》和《联合国国际货物销售合同公约》,并适当参照适用国际商会制定的《国际贸易术语解释通则》《跟单信用证统一惯例》以及某些国际上通用的行业惯例。在海事争议案中一般适用国际海事惯例。

七、案件来源

根据广州仲裁委员会网站 https://www.gzac.org/llyj/6575 案例编写。

(三) 仲裁机构

国际贸易中的仲裁可由双方当事人在仲裁协议中规定在常设的仲裁机构进行,也可以由当事人双方共同指定仲裁员组成临时仲裁庭进行仲裁。

常设的仲裁机构有中国国际经济贸易仲裁委员会、国际商会国际仲裁院、英国伦敦国际仲裁院、瑞典斯德哥尔摩商会仲裁院、瑞士苏黎世商会仲裁院、日本国际商事仲裁协会、美国仲裁协会、意大利仲裁协会等,东欧各国商会中也均设有对外贸易仲裁委员会。其中,有许多仲裁机构与中国已有业务上的联系,在仲裁业务上进行合作。

1. 国际商会国际仲裁院

国际商会(International Chamber of Commerce,ICC)国际仲裁院(International Court of Arbitration)成立于1923年,是国际性民间组织,是附属于国际商会的一个国际性常设调解与仲裁机构,具有很强的独立性。该仲裁院总部设在巴黎,理事会由来自40多个国家和地区的具有国际法专长和解决国际争端经验的成员组成,其成员首先由国际商会各国(地区)委员会根据一国(地区)一名的原则提名,然后由国际商会大会决定,任期三年。仲裁院成员独立于其国家和地区行事。该仲裁院在国际商会总部设有秘书处。设立国际商会仲裁院的目的在于通过处理国际性商事争议,促进国家间的经济贸易合作与发展。该院最初受理的案件主要是有关货物买卖合同和许可证贸易的争议。

2. 中国国际经济贸易仲裁委员会

中国国际经济贸易仲裁委员会(China International Economic and Trade Arbitration Commission,CIETAC,简称"贸仲委")是以仲裁的方式,独立、公正地解决契约性或非契约性的经济贸易等争议的常设商事仲裁机构,是世界上主要的常设商事仲裁机构之一。贸仲委于1956年4月由中国国际贸易促进委员会(简称"中国贸促会")组织设立,当时名为"对外贸易仲裁委员会"。中国实行对外开放政策以后,为了适应国际经济贸易关系不断发展的需要,对外贸易仲裁委员会于1980年更名为"对外经济贸易仲裁委员会",又于1988年更名为"中国国际经济贸易仲裁委员会"。2000年,中国国际经济贸易仲裁委员会同时启用"中国国际商会仲裁院"的名称。仲裁委员会设在北京,在深圳和上海等地设有分会。贸仲委在我国香港特别行政区设立香港仲裁中心,在加拿大温哥华设立北美仲裁中心,在奥地利维也纳设立欧洲仲裁中心。中国企业在订立合同时,如双方同意在中国仲裁,大多选择在中国国际经济贸易仲裁委员会裁决。

3. 香港国际仲裁中心

香港国际仲裁中心（Hong Kong International Arbitration Centre，HKIAC）成立于1985年9月，是个民间非营利性中立机构。该仲裁中心由理事会领导，理事会由来自不同国家的商人以及其他具备不同专长和经验的专业人士组成。香港国际仲裁中心的业务活动由理事会管理委员会通过秘书长进行管理，而秘书长则是仲裁中心的行政首长和登记官。

4. 伦敦国际仲裁院

伦敦仲裁会（London Chamber of Arbitration）成立于1892年11月23日，1903年4月2日改名为伦敦仲裁院，由伦敦市和伦敦商会各派12名代表组成的联合委员会管理。1975年，伦敦仲裁院与皇家特许仲裁员协会合并，并于1978年设立了由来自30多个国家的具有丰富经验的仲裁员组成的"伦敦国际仲裁员名单"。1981年，改名为伦敦国际仲裁院，这是国际上最早成立的常设仲裁机构，现由伦敦市、伦敦商会和皇家特许仲裁员协会三家共同组成的联合管理委员会管理，仲裁院的日常工作由皇家特许仲裁员协会负责，会长兼任仲裁院的主席。

知识链接

中国国际经济贸易仲裁委员会推荐的仲裁条款

中文版：凡因本合同引起的或与本合同有关的任何争议，均应提交中国国际经济贸易仲裁委员会_____分会（仲裁中心），按照申请仲裁时中国国际经济贸易仲裁委员会现行有效的仲裁规则进行仲裁。仲裁裁决是终局的，对双方均有约束力。

英文版：Any dispute arising from or in connection with this Contract shall be submitted to China International Economic and Trade Arbitration Commission (CIETAC) _____ Sub-Commission (Arbitration Center) for arbitration which shall be conducted in accordance with the CIETAC's arbitration rules in effect at the time of applying for arbitration. The arbitral award is final and binding upon both parties.

国际商会国际仲裁院推荐的仲裁条款

All disputes arising out of or in connection with the present contract shall be finally settled under the Rules of Arbitration of the International Chamber of Commerce by one or more arbitrators appointed in accordance with the said Rules.

（四）仲裁协议

仲裁协议（arbitration agreement）是当事人之间达成的当事各方同意将他们之间已经发生的或将来可能发生的争议提交仲裁解决的协议。一项有效的仲裁协议是仲裁庭对仲裁案件行使管辖权的基本依据，也是法院承认与执行以此协议作出的仲裁裁决的必要前提。

1. 仲裁协议的法律特征

(1) 仲裁协议是特定法律关系的当事人之间同意将他们之间的争议提交仲裁解决的共同的意思表示,而不是某一方当事人的意思表示。这种特定的法律关系既包括由国际货物买卖、运输、保险、支付、投资、技术转让等方面产生的契约性法律关系,也包括由海上船舶碰撞、产品责任、医疗和交通事故等侵权行为产生的非契约性法律关系。

(2) 仲裁协议是某一特定的仲裁机构取得对协议项下案件的管辖权的依据,同时也是排除法院对该特定案件实施管辖的主要抗辩理由,即双方当事人只能以仲裁方式解决争议,不得向法院起诉。一般国家(地区)的法律都规定法院不受理争议双方订有仲裁协议的争议案件。按照《纽约公约》第2条第3款的规定,当事人就诉讼事项订有仲裁协议者,缔约国法院受理诉讼时应依当事人一方之请求,令当事人提交仲裁,但仲裁协议经法院认定无效、失效或者不能施行者,不在此限。

(3) 一项有效的仲裁协议是仲裁裁决得到承认与执行的基本前提。对于仲裁庭作出的仲裁裁决,如果败诉一方未能自动执行,另一方当事人可请求法院强制执行此项裁决。但法院在执行此项裁决时,如果认定该项裁决根据无效的仲裁协议作出,根据《纽约公约》第5条第1款的规定,被请求执行该裁决的法院也会拒绝承认与执行此项裁决。

2. 仲裁协议的效力

(1) 对当事人的效力——约束当事人对争议解决方式的选择权。仲裁协议有效成立后,首先对协议的双方当事人产生应有的法律效力,即约束了双方当事人对其争议解决方式的选择权,双方当事人负有将协议约定争议提请仲裁机构仲裁的义务。如果一方当事人违反该义务,而就协议约定争议向法院起诉,则对方当事人享有在首次开庭前以存在仲裁协议为由进行抗辩的权利,此时,人民法院应当裁定驳回起诉。

(2) 对法院的效力——排斥司法管辖权。仲裁协议有效成立后,就产生了排斥司法管辖权的效力,即人民法院不得受理当事人之间有仲裁协议的争议案件,除非该仲裁协议无效或者无法实现。但是,当事人达成仲裁协议,其中一方向人民法院起诉且未声明有仲裁协议,人民法院受理后,另一方在首次开庭前未对人民法院受理该案提出异议的,视为放弃仲裁协议,人民法院应当继续审理。

(3) 对仲裁机构的效力——授权并限定仲裁的范围。仲裁协议对仲裁机构的效力体现在两个方面:① 授权效力,即仲裁协议是仲裁机构受理仲裁案件的基础,也是仲裁庭对争议案件进行审理与裁决的依据,没有当事人之间的仲裁协议,也就没有仲裁庭对争议案件的仲裁权。② 仲裁协议限定仲裁权行使的范围,即仲裁庭只能对当事人协议约定并提请仲裁的争议事项进行审理并作出裁决,如果仲裁机构超越仲裁协议的范围作出仲裁裁决,则该仲裁裁决无效。

3. 仲裁协议的形式

(1) 争议发生前或争议发生后达成的仲裁协议。以仲裁协议订立的时间为标准,仲裁协议可分为争议发生前达成的仲裁协议和争议发生后达成的仲裁协议两种。换言之,仲裁协议书和其他形式的仲裁协议既可以在国际商务争议发生之前订立,也可以在争议发生之后订立。当事人应尽可能在争议发生之前订立仲裁协议,因为争议发生后,由于当事人的利害关系明显,争议双方往往不容易达成仲裁协议。此外,当事人应尽量选择仲裁条款这种形式。因为仲裁条款是在争议发生之前订立的,它是当事人事先设定的,可以避免以后双方就仲裁的问题发生争议。同时,在合同中约定仲裁条款,也可以在一定程度上督促当事人履行合同。

(2) 合同中的仲裁条款(arbitration clause)和专门的仲裁协议书。以国际商务仲裁协议的表现形式为标准,可分为合同中的仲裁条款和专门的仲裁协议书。合同中的仲裁条款是合同双方当事人在争议发生之前订立的将合同履行过程中可能发生的争议提交仲裁解决的协议,它是当事人之间在争议发生之前达成的将争议提交仲裁解决的约定。此外,合同双方也可以通过专门的仲裁协议书来解决争议。在这种情况下,仲裁协议的法律地位不同于合同中的仲裁条款,它是一项独立的协议,即通过仲裁解决争议的独立契约。

4. 仲裁协议的主要内容

仲裁协议无论表现为合同中的仲裁条款,还是当事人之间就已经发生的争议订立的单独的仲裁协议书,都必须包括如下五个方面的内容。

(1) 将争议提交仲裁解决的意思表示。双方当事人同意将争议通过仲裁方式而不是通过司法诉讼的方法解决的约定,是仲裁协议最重要的内容。如无此项约定,便不可能有仲裁的发生。必须由当事人一致同意将争议提交仲裁,接受仲裁机构的审理及作出的裁决,并且自觉履行裁决。

(2) 仲裁事项。仲裁事项指将哪些争议提交仲裁解决。这是对仲裁庭的管辖权作出界定的依据。如果仲裁庭裁决的事项超出了该项协议的范围,则对超出协议规定范围的事项所作的裁决不能得到法院的承认和执行。

(3) 仲裁地点。仲裁地点是仲裁协议中的一项重要内容。除非当事人在仲裁协议中规定了仲裁机构及规则,否则仲裁地点将直接关系到仲裁审理所适用的实体法和程序法。

在何地仲裁是当事人双方在磋商仲裁条款时的一个重点。这是因为仲裁地点与仲裁所适用的程序法以及合同所适用的实体法关系至为密切。

按照许多国家(地区)法律的解释,凡属程序方面的问题,除非仲裁协议另有约定,一般都适用仲裁地法律,即在哪个国家(地区)仲裁,则使用哪个国家(地区)的仲裁法。至于确定合同双方当事人权利义务的实体法,如果在合同中未作明确规定,一般由仲裁员根据仲裁地点所在国家的法律冲突规则予以确定。由此可见,仲裁地点不同,适用的法律可能不同,对买卖双方权利义务的解释就会有差别,仲裁的结果也会不同。因此,交易双方对于仲裁地点的确定都很关注,都力争在自己比较了解和信任的地方进行仲裁。

课程实践

案例讨论:鲁西化工保密协议仲裁案——仲裁地的选择

一、基本案情

2010年,鲁西化工集团股份有限公司拟建设丁辛醇项目,为此展开调研,并在调研过程中与多家丁辛醇生产技术供应方进行接触,包括庄信万丰戴维科技有限公司、陶氏环球技术有限责任公司等。2010年9月10日,为评估技术,鲁西化工应戴维、陶氏要求签署了低压羰基合成技术不使用和保密协议(以下简称"保密协议")。该协议中有一条约定,如果鲁西化工从公有领域或第三方合法获取的信息包含保密信息内容,那么鲁西化工必须在获得戴维、陶氏的书面同意后使用或披露该等信息,否则即视为违反保密协议。

然而,最终因戴维、陶氏向鲁西化工提出8000万元/套年产25万吨丁辛醇装置的技术许可费报价,同时还需购买指定厂家的专有设备,造价约2亿元。鲁西化工认为该价格过高,最终选择了报价远远低于戴维、陶氏的四川大学的水性催化剂技术。

2014年11月,在鲁西化工公司项目建成后,戴维、陶氏以鲁西化工公司的丁辛醇装置使用了其保密技术信息,违反了其低压羰基合成技术不使用和保密协议为由,在斯德哥尔摩商会仲裁机构提起仲裁,向公司提出7.49亿的巨额索赔。鲁西化工公司声称该公司丁辛醇装置使用的四川大学的水性催化剂技术与戴维/陶氏的油性催化剂技术有本质区别,戴维/陶氏则声称鲁西化工使用了其保密技术信息,与事实不符。

二、案件裁决

2014年11月28日,戴维和陶氏以鲁西化工违反保密协议为由,向斯德哥尔摩商会仲裁院提出仲裁申请。

2017年11月7日,斯德哥尔摩商会仲裁院就鲁西化工是否违约、是否应当针对鲁西化工发布禁令以及鲁西化工支付赔偿金额和利息等问题作出最终裁决书,并于2017年12月26日作出补充裁决书。斯德哥尔摩商会仲裁院作出仲裁裁决,主要裁决结果为:鲁西化工集团股份有限公司使用了受保护的信息进而设计、建设、运营其丁辛醇工厂(即多元醇装置),因而违反了并还在继续违反低压羰基合成技术不使用和保密协议。鲁西化工应当赔偿仲裁开庭前申请人最终主张赔偿金额1.55亿美元中的9592.964万美元,并支付前述裁决赔偿金额的利息约1010.97万美元,以及申请人支付的仲裁费、律师费、专家费用等共计588.6156万英镑,以上各项合计人民币约7.49亿元。但戴维、陶氏要求向鲁西化工所有四个工厂下达禁令的申请,未得到仲裁庭的支持,裁决仅对未建设的第四工厂下达禁令。

2018年6月6日,戴维和陶氏向山东省济南市中级人民法院申请承认并执行上述仲裁裁决,鲁西化工提出管辖权异议。

2018年8月17日,济南中院作出(2018)鲁01协外认7号民事裁定,支持管辖权异议理由成立,案件移送至山东省聊城市中级人民法院(以下简称"聊城中院")审理。2019年3月,鲁西化工收到聊城中院送达的应诉通知书,2019年7月2日举行听证。

2021年8月9日,聊城中院向鲁西化工送达(2019)鲁15协外认1号民事裁定,裁定承认斯德哥尔摩商会仲裁院于2017年11月7日就鲁西化工违反与戴维、陶氏签署的保密协议作出的仲裁裁决。

2021年8月9日晚,鲁西化工发布公告称,公司日前收到聊城市中院送达的民事裁定书。据此,瑞典斯德哥尔摩商会仲裁院作出的仲裁裁决具有了与中华人民共和国人民法院作出的生效判决一样的法律效力,此后进入执行阶段。

三、争议的焦点

鲁西化工认为,在鲁西化工与戴维、陶氏的商业洽谈中,两公司仅向鲁西化工提供或展示了一些用于宣传营销的资料及信息,未提供任何保密技术信息。对方披露的所谓

"保密文件"大部分或者全部是公众广泛知晓并可以获得的信息,导致鲁西化工"无从知晓哪些信息包含了保密信息内容"。鲁西化工选择采用戴维、陶氏竞争对手的技术,其使用的技术有合法的来源,与申请方无关。

关于案件争议的焦点在于,鲁西化工在2010年与戴维、陶氏在商务洽谈过程中,应对方要求签署了低压羰基合成技术不使用和保密协议。该协议约定的保密信息范围非常宽泛,并且约定,如果鲁西化工从公有领域或第三方合法获取的信息包含保密信息内容,鲁西化工在使用或披露该等信息之前,也必须获得戴维、陶氏的书面同意,否则即视为违反保密协议;但是,由于戴维、陶氏从未向鲁西化工提供相关保密信息,鲁西化工无从知晓从公有领域或第三方获取的信息是否包含保密信息内容,也无法提前获得戴维、陶氏的同意。案涉技术的特点本身要求保密信息包含公有领域的信息,接下来要讨论的是,依照仲裁所适用准据法的规定,案涉保密信息属于公有领域的部分是否应该得到法律保护。

四、法律政策依据

1. 英国普通法关于机密信息的规定

鲁西化工和戴维、陶氏的仲裁适用的实体法是英国法。斯德哥尔摩商会仲裁院对于实体法的选择方式的说明为:仲裁员应该根据当事人一致同意的实体法或者一般法律原则来决定争议的实质问题,如果当事人没有就适用法律达成一致,则仲裁员可以适用他们认为最恰当的法律或者一般法律原则。本案中,有可能是双方在保密协议中已有明确约定,因而仲裁适用的实体法是英国法。

依据英国普通法,商业秘密作为一种特殊的机密信息受到保护,而机密信息比商业秘密的范围要大,仅具备一定程度原创性且具有商业价值的机密信息属于商业秘密,机密信息甚至可以包括公共领域的信息。在一些情况下,公共领域的信息和机密信息之间存在一些公众所不知道的联系。在另一些情况下,如果信息接收者在机密信息公开前已知悉该信息,即便该信息后来进入了公共领域,信息接收者仍须继续履行保密义务,这是因为,英国法律不允许让负有保密义务的信息接收者相对于其他市场参与者获得某种抢先优势。

2. 英国衡平法对违反保密义务的救济

在普通法中,保密义务可以因合同义务产生,也可能因衡平义务产生。普通法与衡平法是英国法律的两大渊源。普通法是基础,而衡平法更强调公平正义原则,是普通法的补充。如果保密义务是依据合同产生的,则应依照普通法来救济,主要救济方式是损害性赔偿。如果保密义务是基于信义责任或忠实义务产生的,则依照衡平法救济,主要的救济方式包括禁令、返还违法所得、强制履行等。如果禁令无法取得或取得后无实质意义,法院也可以适用损害性赔偿和惩罚性赔偿。其中,惩罚性赔偿不要求权利人已经遭受实际损害。

五、思考题

1. 如果鲁西化工选择中国法为仲裁所适用的实体法,能否减少自身商业风险?

2. 如果鲁西化工选择中国内地城市或中国香港地区的仲裁机构,能否减少自身商业风险?

六、案件总结和反思

除争议解决条款外,鲁西化工也有可能忽视了对其他重点条款的审查,从而使得保密信息的范围较为宽泛。当企业是保密协议的信息接收方时,在签订协议时应当注意以下内容:要求保密的信息内容是否与商务洽谈内容紧密相关;要求保密的信息内容是否具体、明确;要求保密的信息内容是否为信息提供方实际提供的信息;承担保密义务的时间限制;违约责任是否明显过重。

如果鲁西化工能够在签订保密协议时要求对方进一步明确保密信息的范围和时间限制,确认协议中"公有领域"和"第三方"的定义,要求对方列明鲁西化工实际接触的信息清单且注明仅对该清单载明的信息履行保密义务,限制协议中约定鲁西化工可能承担过高的违约责任,将大大减少自身的法律风险。

无论鲁西化工是因为案涉技术要求还是对协议涉及的实体法和仲裁机构及规则缺乏预判而签订了保密协议,本案都对国内企业在国际商事交易中的合规审查具有启示性意义。其一,外国法律和中国法律对商业秘密的保护范围和保护方式不同,国内企业在订立争议解决条款时应事先了解他国法律对商业秘密的保护路径,充分评估自身所面临的法律风险。其二,国际仲裁机构的仲裁规则和内地仲裁机构的规则也有不同,国内企业应在综合考虑国外法律、仲裁程序、费率、文化背景等多种因素的情况下,对仲裁地和仲裁程序进行慎重选择。只有防患于未然,才能在纠纷产生之时让自身免于陷入困境。

七、案件来源

广东摩金律师事务所.一个教训7.49亿!你会是下一个鲁西化工吗?[EB/OL].https://www.sohu.com/a/485589034_639487,2021-08-25.

(4) 仲裁机构与仲裁规则。负责解决国际商务争议的仲裁庭可以是临时仲裁庭,也可以是常设仲裁机构项下的仲裁庭。在常设仲裁机构仲裁的情况下,当事人只要约定将争议提交特定机构仲裁,即适用该机构的仲裁规则。

(5) 仲裁协议的效力。仲裁协议的有效性及其认定通常取决于相关国家的法律,因为《纽约公约》并没有就如何认定仲裁协议的有效性作出具体的规定,而是将这一问题留给了各国法院。根据《纽约公约》第2条第3款的规定,当事人在订立有仲裁协议的情况下,如果一方当事人将协议项下的争议提交缔约国法院解决,法院应当根据另一方当事人的请求,令当事人将该争议提交仲裁解决,除非法院认定该仲裁协议无效、失效或者不能履行。但对于如何认定涉诉仲裁协议无效或者不能履行,则由受理案件的国家的法院作出裁决。

关于仲裁协议的形式要件,一般应当采用书面形式订立。《纽约公约》对仲裁协议的基本要求包括:一是当事人之间存在通过仲裁解决他们之间争议的意思表示;二是采用书面形式。在经济全球化和计算机空前普及的年代,通过互联网订立的仲裁协议,一般也可以视为书面证明。例如,根据联合国国际贸易法委员会1996年颁布的《电子商务示范法》第6条的规定,如法律要求采用书面形式,则假若一项数据电文所含信息可以调取以备日后查用,即满足了该项书面要求。也就是说,通过电子邮件订立的仲裁协议,只要此项邮件可以调取供日后查用,也同样满足书面要求。

（五）仲裁程序

仲裁程序(arbitral procedure)是当事人、仲裁代理人、仲裁庭和仲裁机构以及其他仲裁参加人进行仲裁过程中所应共同遵循的各项程序规则的总和。仲裁程序的基础是当事人的约定和法律的规定。一般来讲，仲裁程序包括仲裁申请、仲裁受理、仲裁庭组成和仲裁审理四个环节。

1. 仲裁申请

在仲裁的实践中，仲裁申请一般通过申请人将书面的仲裁通知或仲裁请求直接送达相关的仲裁机构来完成。在国际上，这种书面的仲裁通知或仲裁请求与中国仲裁实践中的"仲裁申请书"类似，但可以简单一些，类似中国仲裁申请书的缩写本，而且在提交该仲裁请求的同时可以不附带证据。这是因为在国际仲裁实践中，证据的提交和披露通常由仲裁庭与当事人确定特别的程序来处理。

关于书面仲裁通知和仲裁请求的内容，各仲裁机构的仲裁规则中均有规定。通常包括：有关争议交付仲裁的明确要求；当事人的姓名、地址、联系方式以及可能的仲裁代理人；指明所依据的仲裁协议或提交一份仲裁协议的复印件；简要说明争议的性质和情况；说明所要求的法律救济；如果可能的话，说明本方指定的仲裁员的情况；等等。

主要仲裁机构的仲裁申请方式如表 1-1 所示。

表 1-1 主要仲裁机构的仲裁申请

仲 裁 机 构	仲裁申请书的提交
国际商会国际仲裁院	提交秘书处。内容应包括：有关协议，特别是仲裁协议；争议的性质和情况；寻求的救济和金额；仲裁员人数、指定方式及指定的人选；对仲裁地、适用法律和仲裁语言的意见等
中国国际经济贸易仲裁委员会	提交秘书处。内容应包括：仲裁协议；案情和争议要点；仲裁请求；所依据的事实和理由。应附所依据的事实的证明文件
香港国际仲裁中心	提交秘书处。内容应包含：提交仲裁的要求；仲裁协议；相关合同或其他法律文件；请求的基本性质及所涉金额；寻求的救济；若未约定仲裁员人数，建议的仲裁员人数等。应使用约定的仲裁语言。无约定的，可用英文或中文。所依据的文件应随附其后
伦敦国际仲裁院	提交书记员。内容应包括：提交仲裁的要求；载有仲裁条款或据以提起仲裁的合同文件的复印件；有关争议性质与事实情况的简单陈述；所要求的救济；有关当事人已就进行仲裁的任何事项达成的一致或申请人希望就此提出意见的陈述。仲裁院应于书记员收到答辩书之后，或于申请书送达被申请人后 30 日（或于仲裁院规定的更短的期限）届满之后，书记员未收到被申请人的响应时，尽快组成仲裁庭。即使申请书不完备，没有收到答辩书，或答辩书延误到达或者不完备，仲裁院仍可以进行组庭，除非当事人另有书面约定，或者仲裁院需要根据案情确定组成

2. 仲裁受理

仲裁受理是指仲裁机构接到当事人的仲裁请求后，依照当事人约定的仲裁规则确定该仲裁请求符合要求并正式立案,开始后续仲裁程序的行为。在绝大多数情况下,当事人都会选择使用其提交仲裁申请的仲裁机构所定制的仲裁规则,因此,受理仲裁请求主要考察是否符合该仲裁规则的形式要求。

不予受理或暂时不予受理,通常基于下述原因:当事人之间没有仲裁协议(使仲裁机构缺乏管辖依据);仲裁请求形式不完备,需要加以补充后仲裁机构才能受理;申请人没有缴纳登记费用或管理费用;当事人约定了开始仲裁程序的前置条件,而这些条件尚未具备。

主要仲裁机构的仲裁受理方式如表 1-2 所示。

表 1-2　主要仲裁机构的仲裁受理方式

仲 裁 机 构	仲裁程序的开始	仲 裁 通 知
国际商会国际仲裁院	自国际商会国际仲裁院秘书处收到仲裁申请书之日始	无规定
中国国际经济贸易仲裁委员会	自仲裁委员会或其分会收到仲裁申请书之日始	仲裁委员会发出受案通知
香港国际仲裁中心	自仲裁中心秘书处收到仲裁通知之日始	无规定
伦敦国际仲裁院	自书记员收到申请书之日始	仲裁院发出受案通知

3. 仲裁庭组成

在解决国际商务争议的仲裁中,被指定为仲裁员的一般都是为当事人所信赖并能够对争议的是非曲直做出独立判断的人。因此,各国法律允许当事人在仲裁协议中对仲裁员的资格做出约定。许多国家的法律本身对此并没有严格的限制,凡是具有完全行为能力的人,包括本国人和外国人,都可以被指定为仲裁员。作为国际商务仲裁的一般原则,仲裁员尤其是独任或首席仲裁员,不得与其审理的案件有直接的利害关系,否则将影响其对所审理的案件做出独立、公正的审理。

根据仲裁员人数的差异,可以分为独任仲裁庭、由两名仲裁员组成的仲裁庭以及由三名或以上仲裁员组成的仲裁庭。具体人数可以由当事人在仲裁协议中做出具体约定,否则按仲裁地点所适用的仲裁法或仲裁机构的规则处理。主要仲裁机构的仲裁庭组成方式如表 1-3 所示。

表 1-3　主要仲裁机构的仲裁庭组成方式

仲裁机构	仲裁员人数	仲 裁 庭 组 成
国际商会国际仲裁院	由当事人约定;无约定的,一名,除非仲裁院认为需要三名	独任:当事人共同指定。 未能指定的,由仲裁院指定三人组成仲裁庭,当事人各指定一名,另外一名由仲裁院指定。除非当事人另有约定,首席仲裁员由仲裁院指定

续表

仲裁机构	仲裁员人数	仲裁庭组成
中国国际经济贸易仲裁委员会	由当事人约定；无约定的三名	独任：当事人共同指定（可用推荐名单制，参看下述三人仲裁庭规则）。未能指定的，由委员会主任指定。 三人仲裁庭：当事人各指定一名；未能指定的，由主任指定。首席由双方共同选定（可各自推荐人选，相同者即任首席）；未能共同选定的，由主任在双方推荐人选外指定
香港国际仲裁中心	由当事人约定；无约定的，由理事会参考当事人意见和相关因素决定，包括争议金额、案件复杂程度、当事人国籍、争议所涉行业/业务或专业惯例、有多少合适仲裁员可供选择、案件是否急迫等	独任：当事人共同指定。未能指定的，由理事会指定。 三人仲裁庭：当事人各指定一名；未能指定的，由理事会指定。当事人指定的两名仲裁员共同指定首席；未能指定的，由理事会指定
伦敦国际仲裁院	仲裁员人数应为一至三名	除非当事人另有书面约定，或者仲裁院根据案情确定组成三人仲裁庭，否则应指定一名独任仲裁员

4. 仲裁审理

（1）庭审前的程序。从仲裁程序开始到正式开庭审理前是仲裁程序中十分重要的阶段，包括组成仲裁庭、阅卷、召开预备会议、确定仲裁程序时间表等。以下仅介绍组成仲裁庭和召开预备会议。

① 组成仲裁庭。在机构仲裁中，案件受理后的第一项重要工作是组成仲裁庭，因为仲裁机构并不审理仲裁案件，只有仲裁庭才负有裁判纠纷的权力和职责。仲裁机构有责任协助当事人组成仲裁庭，并在组成仲裁庭后将案卷转交给仲裁庭处理。

在临时仲裁中，仲裁庭的组成具有至关重要的意义。在发生争议之后，双方当事人对仲裁庭的组成常常难以达成协议，以至于仲裁庭组成困难。因此，如果当事人决定使用临时仲裁的方式，律师草拟合同中的仲裁条款时，应对此专门加以注意。

② 召开预备会议。预备会议也称预备庭，是指在正式开庭审理案件的实体争议之前，仲裁庭召开的关于仲裁程序事项的会议。在国际上，根据商务仲裁案件的不同复杂程度，仲裁庭安排仲裁程序的方法也会有所差别。比较简单的案件，当事人可以同意书面审理，不需要庭审而仅通过书面建议和书面证据材料的交换就可以使仲裁庭充分了解案情并作出裁决；而案情复杂的纠纷，仲裁庭通常要与当事人协商确定仲裁程序事项，并制定完整的时间表，以便仲裁庭和当事人根据该时间表安排仲裁工作，提高仲裁效率。

预备会议非正式庭审，无须所有当事人及其代理人参加，证人更不必参加，但双方的授权代理律师应当参加。在仲裁庭方面，可以由全体仲裁庭成员参加。当仲裁庭授权首席仲裁员单独处理仲裁程序问题时，首席仲裁员也可以独自参加。

主要仲裁机构的仲裁审理过程如表1-4所示。

表 1-4 主要仲裁机构的仲裁审理过程

仲裁机构	证据和审理	开庭	调解
国际商会国际仲裁院	仲裁庭应采用适当的方法在尽可能短的时间内确定事实。仲裁庭可以询问证人、当事人、专家或其他人员。仲裁庭可要求当事人补交证据	由仲裁庭决定是否开庭,除非任何一方要求开庭。可在任何合适的地点开庭,当事人另有约定的除外。非经仲裁庭和当事人同意,他人不得出席	无规定
中国国际经济贸易仲裁委员会	除非当事人另有约定,仲裁庭可按照其认为适当的方式,如询问式或辩论式,审理案件。除非当事人另有约定,仲裁庭可发布程序指令、发出问题单、举行庭前会议、召开预备庭制作审理范围书等。当事人负举证责任。仲裁庭可设定举证期限并决定是否接受逾期提交的证据。开庭审理的,应在开庭时由当事人质证。开庭后提交的证据,仲裁庭可要求提交书面质证意见。仲裁庭可自行调查取证,但应将所得证据转交当事人评论	应当开庭,但经双方申请或者征得双方同意,仲裁庭也认为不必开庭的,可只依据书面文件审理。当事人约定了开庭地点并缴纳了实际费用的,应在约定的地点开庭。没有约定的,受理案件的地点为开庭地点。但经仲裁庭要求并经仲裁委员会或其分会秘书长同意,也可为其指定其他地点	如双方同意,仲裁庭可暂停仲裁,开始调解。调解成功的,可作和解裁决。一方要求停止调解或仲裁庭认为成功无望时,应停止调解。调解中任何人所言均不得在后续仲裁程序或其他程序中援用
香港国际仲裁中心	当事人负举证责任。仲裁庭决定是否适用严格的证据规则,证据能否接受、是否相关、是否重要及其证明力大小。仲裁庭可要求当事人提供文件或其他证据,也有权拒绝接受文件或其他证据。任何人都可作为证人或专家证人,在证人或专家证人作证时,仲裁庭可要求其他证人或专家证人退出	由仲裁庭决定是否开庭,除非任何一方要求开庭。可在任何合适的地点开庭。不公开,除非当事人另有约定	无规定
伦敦国际仲裁院	仲裁庭可以在开庭审理之前要求任何当事人提前申报该当事人拟传唤的各位证人(包括反证证人)的身份,以及该证人证言的主题、内容及其与仲裁事项的关联性	仲裁庭应确定仲裁中的任何会议和开庭审理的日期、时间和具体地点,并应于合理的时间提前通知各方当事人。所有的会议和开庭审理均应不公开进行,除非各方当事人另有书面约定或仲裁庭另有指令	无规定

(2)庭审。一般情况下,庭审应当一次完成以提高仲裁效率,加快仲裁程序。一次完成庭审并不是庭审必须在一天中完成。国际上仲裁开庭审理的时间通常比在中国国内庭审的

时间要长很多,从几天到几个星期不等,其中证人作证需要占据相当比例的时间。因此,仲裁庭也应考虑对证人出庭作证的细节工作进行具体的安排,对庭审过程中可能涉及的翻译问题也应事先有所考虑。

(3) 仲裁裁决。仲裁裁决是指仲裁庭对当事人之间所争议的事项作出的裁决。仲裁裁决书是仲裁委员会对当事人申请仲裁的纠纷争议所作的书面决定。裁决书由四部分组成:首部,写明申请仲裁的当事人及委托代理人的基本情况和案由;正文部分,写明双方争议的主要事实以及仲裁庭查明的事实和认定的证据;裁决部分,写明当事人各自的责任和应承担责任的法律依据;尾部,仲裁庭人员的签字和仲裁委员会的印章。

(六) 仲裁裁决的效力

根据中国仲裁规则,仲裁裁决是终局的,争议各方必须执行,任何一方当事人都不得向法院起诉,也不得向其他机构提出变更仲裁裁决的请求。

在其他国家,一般也不允许当事人对仲裁裁决不服而上诉法院。即使向法院提出诉讼,法院一般也只是审查程序,即只审查仲裁裁决在程序上是否完备,而不审查裁决本身正确与否。如果法院认为程序上有问题,才有权宣布裁决无效。仲裁的使用建立在双方当事人自愿的基础上,因而他们理应承认并执行裁决。尽管如此,为了明确仲裁裁决的效力,签订仲裁协议时仍应明确规定:仲裁裁决是终局性的,对当事人双方都有约束力。

(七) 仲裁裁决的承认与执行

仲裁裁决一经作出,就具有法律效力,但仲裁裁决的承认与执行涉及一个国家的仲裁机构作出的裁决要由另一个国家的当事人执行,而仲裁员或仲裁机构无强制执行的权力,如果败诉方拒绝执行裁决,仲裁机构也无能为力。

1. 国际公约

为了解决在执行外国仲裁裁决问题上产生的矛盾,国际上曾缔结过两个国际公约。1927年在国际联盟主持下,在日内瓦缔结了《关于执行外国仲裁裁决公约》;1958年在联合国主持下,在纽约缔结了《承认及执行外国仲裁裁决公约》,即《纽约公约》。《纽约公约》强调,承认双方当事人所签订的仲裁协议有效,缔约国应承认根据仲裁协议所作出的仲裁裁决并有义务执行。只有在特定情况下,才根据被诉人的请求拒绝承认和执行仲裁裁决。例如,裁决涉及仲裁协议未提到的或不包括在仲裁协议之内的一些争议等。该公约有力地促进了国家间仲裁执行标准的趋同和协调,便利了国际经济贸易的开展,其意义和影响力巨大。

中国于1987年1月22日批准加入该公约,在加入时做了"互惠保留"和"商事保留"两个声明。

(1) "互惠保留"是指中华人民共和国只在互惠的基础上对在另一缔约国领土内作出的仲裁裁决的承认和执行适用该公约。

(2) "商事保留"是指中华人民共和国只对根据中华人民共和国法律认定属于契约性和非契约性商事法律关系所引起的争议适用该公约。此外,中国政府与外国政府签订的贸易协定、航海条约和其他双边协定中,一般都订有互相保证执行仲裁裁决条款,可据以办理。

对于未与中国签订互相执行仲裁裁决协议的国家,或对方国家未加入上述公约,而需要向它请求强制执行仲裁裁决时,只有向对方国家的法院申请执行,或通过外交途径,或由当事人直接要求对方国家政府有关部门协助执行,或通过对方国家的有关社会团体如商会、同业工会等机构协助执行。

2. 仲裁裁决在中国的承认与执行

仲裁裁决一旦生效,当事人应当自觉履行裁决结果。当一方当事人不履行仲裁裁决时,另一方当事人可以向中国法院申请强制执行。

在中国执行的外国仲裁裁决可以分为公约裁决和非公约裁决。

公约裁决是在中国境外的《纽约公约》缔约国领土内作出的仲裁裁决,其只能依照公约规定的条件执行。中国是《纽约公约》的缔约国,并在加入该公约时做了公约允许的互惠保留声明和商事保留声明。

对于非公约裁决,按照中国《民事诉讼法》第 293 条的规定,根据互惠原则予以承认与执行。在中国申请执行仲裁裁决的期限,无论本国裁决,还是外国裁决,按照《民事诉讼法》第 250 条的规定,申请执行的期间都为两年,自法律文书规定履行期间的最后一日起计算。法律文书规定分期履行的,从规定的每次履行期间的最后一日起计算。法律文书未规定履行期间的,自法律文书生效之日起计算。凡是向法院申请执行的仲裁裁决经法院审查后准许执行的,由法院作出予以执行的裁定,并向被执行人发出执行通知,责令其在指定的期限内履行,逾期不履行的,由法院强制执行。如果当事人申请执行的期限超出了法律规定的范围,法院有权不承认和不执行外国裁决。

3. 仲裁裁决在外国的承认与执行

仲裁庭就国际商务交易中的争议在一国境内作出的仲裁裁决需要到另一国家执行的情况是很普遍的。执行地所在国的法院承认与执行外国仲裁裁决的依据有两个。

(1) 执行地所在国的国内法。这些法律主要表现在这些国家的民事诉讼法或仲裁法中。现代国际商务仲裁的立法与实践表明,各国法院在承认与执行仲裁裁决时,申请人应当向被申请执行人所在地或者其财产所在法院申请执行。法院根据当地的法律规定的程序,作出是否承认与执行的裁定。如果被申请人提出仲裁裁决存在当地法律规定不予执行的情况,经法院审查认定后,作出不予执行的裁定。此外,如果法院依其职权查明,依据当地法律裁决事项不能通过仲裁的方法解决,或者执行裁决与当地社会公共利益不符,也可能作出不予执行的裁决。

一般而言,执行地法院不再对仲裁裁决所涉及的争议实体问题进行司法复审,而只是依据本国法律或有关国际公约对仲裁裁决所涉及的程序问题进行司法复审。如果仲裁裁决不存在法律规定的不予执行的理由,法院将作出承认与执行该仲裁裁决的裁定。

(2) 执行地国缔结或参加的双边或多边国际公约。执行地国缔结或参加的双边或多边国际公约是这些国家承认与执行外国仲裁裁决的重要依据。《纽约公约》是一个极为成功的尝试。该公约具体规定了缔约国承认与执行外国仲裁裁决的义务,除了公约规定的情况外,不得拒绝承认与执行外国仲裁裁决。鉴于包括中国在内的世界各主要经济贸易国均为该公约的缔约国,该公约中规定的承认与执行外国仲裁裁决的方式、程序和条件是这些缔约国承认与执行外国仲裁裁决的重要国际法依据。在承认与执行外国仲裁裁决方面,公约规定的法院可以拒绝执行外国仲裁裁决的条件,在某种程度上统一了各国国内法中有关法院拒绝承认与执行外国仲裁裁决的法律规定。

这里必须强调的是：如果缔约国的国内法与它所缔结或参加的国际公约的规定发生冲突，该缔约国所承担的国际公约项下的义务应当优先适用，除非该缔约国对公约中的规定做出保留。在涉及承认与执行外国仲裁裁决时，《纽约公约》缔约国应当严格按照该公约中的各项规定，承认与执行外国仲裁裁决。

案例讨论：马某公司申请承认外国仲裁裁决案——仲裁裁决的承认与执行

一、基本案情

乌兹别克斯坦企业马某公司与中国企业宏某公司通过互联网订立国际货物买卖合同，因宏某公司未按合同约定交付货物，马某公司根据仲裁协议向乌兹别克斯坦工商会国际商事仲裁院提起仲裁申请。马某公司申请仲裁后，乌兹别克斯坦工商会国际商事仲裁院作出仲裁裁决，裁令宏某公司向马某公司返还相应货款、承担赔偿金及仲裁费。之后，马某公司向佛山市中级人民法院提出承认案涉仲裁裁决的申请。宏某公司以签署合同的人员刘某并非其公司员工、无权代表公司对外订立合同为由，辩称其与马某公司之间不存在仲裁协议，案涉仲裁裁决不应被承认。

二、案件裁决

佛山市中级人民法院认为，中国和乌兹别克斯坦共和国均为《承认及执行外国仲裁裁决公约》（以下简称《纽约公约》）缔约国，本案应适用《纽约公约》的相关规定进行审查。根据《纽约公约》第2条、第4条的规定，判断案涉仲裁裁决是否符合《纽约公约》第5条不予承认和执行条件的前提是当事人之间是否存在合法有效的仲裁协议。结合案涉买卖合同的磋商情况、合同加盖宏某公司业务章的外观形式、合同约定了宏某公司的联系地址、宏某公司银行账户收取货款等事实，马某公司有理由相信刘某有权代表宏某公司与其订立案涉合同，合同中约定的仲裁协议成立，且效力及于宏某公司，宏某公司关于双方不存在仲裁协议以及不应承认案涉仲裁裁决的主张不能成立，故裁定承认案涉外国仲裁裁决。

三、争议的焦点

这个问题涉及国际货物买卖合同纠纷以及仲裁裁决的承认与执行。乌兹别克斯坦企业马某公司与中国企业宏某公司之间的纠纷，是通过仲裁方式解决的，这是双方事先约定的解决争议的方式。仲裁裁决作出后，马某公司向佛山市中级人民法院提出了承认仲裁裁决的申请，而宏某公司则提出了异议。

关于宏某公司提出的异议，即签署合同的人员刘某并非其公司员工、无权代表公司对外订立合同，这需要法院进行审查。法院需要核实刘某的身份以及他是否有权代表宏某公司签署合同。如果刘某确实不是宏某公司的员工，也没有得到授权，那么他的行为可能不能代表宏某公司，从而影响到仲裁协议的效力。

然而，即使刘某没有代理权，如果宏某公司在合同订立后或仲裁过程中，通过行为或言辞表示了对合同的追认或接受了仲裁裁决，那么这也可能构成对仲裁协议的默示认可。此外,如果双方在实际履行过程中,已经按照合同内容进行了交易,那么这也可能被视为对合同的默示接受。

四、法律政策依据

这个案子的法律政策依据主要来源于《承认及执行外国仲裁裁决公约》,也就是我们通常所说的《纽约公约》。根据《纽约公约》第 2 条的规定,当事人以书面协议约定将可以通过仲裁解决的所有或者任何争议提交仲裁时,各缔约国应承认该协议。这意味着只要当事人之间有书面的仲裁协议,那么仲裁裁决在缔约国之间是应当被承认的。根据《纽约公约》第 5 条的规定,如果仲裁协议无效、失效或不能实行,那么裁决可以被拒绝承认和执行。但在本案中,佛山市中级人民法院结合买卖合同的磋商情况、合同加盖的业务章、合同上的联系地址以及货款收取情况等事实,认定马某公司有理由相信刘某有权代表宏某公司订立合同,因此仲裁协议是有效的。

五、思考题

1. 在国际货物买卖合同纠纷中,当一方以签署合同的人员并非其公司员工、无权代表公司对外订立合同为由,对仲裁协议提出异议时,法院应如何判断仲裁协议的效力?

2. 在国际商事仲裁中,代理人的权限如何确定?

3. 本案给了我们哪些启示?

六、案件总结与反思

本案仲裁裁决由乌兹别克斯坦仲裁机构作出,涉及中乌两国公司之间的国际货物买卖合同纠纷。人民法院依照《纽约公约》的规定承认外国仲裁裁决,支持商事仲裁在解决国际贸易纠纷中发挥重要作用,平等保护"一带一路"倡议沿线国家商事主体的合法权益,树立了中国"仲裁友好型国家"的司法形象,为营造稳定、公平、可预期的营商环境提供强有力的司法服务和保障。

七、案件来源

广东省高级人民法院.广东高院发布首批仲裁司法审查典型案例[EB/OL].
https://mp.weixin.qq.com/s/pOMBWoJ2DPNsDEzhl0zTMg,2024-02-27.

（八）仲裁的优缺点

在国际商务争议解决实践中,当事人大多不愿采用司法诉讼的方式解决争议。这主要是因为国际诉讼比较复杂。国际诉讼是一种专业技术非常强的争议解决方式,不论法院的选择、程序的遵循、法律的适用,还是判决执行不确定等,都是国际商务争议采取诉讼方式解决的难点。

1. 仲裁的优点

仲裁避免了诉讼难题,吸收了调解与诉讼的优点。

（1）国际可执行性。根据《纽约公约》的规定,该公约成员国有义务承认及执行外国的仲裁裁决,如果仲裁裁决作出后,一方不自动履行,另一方就可以依据该公约向有管辖权的法院申请强制执行。截至 2024 年 11 月,已经有 172 个国家和地区参加了该公约,所以仲裁裁决得以执行的可能性和现实性都比较有保障。

（2）自愿与强制相结合。仲裁事项、仲裁机构、仲裁地点、仲裁规则,甚至仲裁员都是双方可以自愿选择的,而仲裁裁决书却和判决书一样可由法院强制执行。

（3）独特的优势。中立性,即一般不受两国司法制度和公共政策的影响;专业性,仲裁员由业务专家或知名人士担任;保密性,审理过程和裁决结果一般不公开;一裁终局,不同于诉讼,没有二审或三审程序,节省时间成本和费用。

2. 仲裁的缺点

（1）依赖仲裁条款或协议。仲裁必须基于当事人的约定,因此,对仲裁协议以外的人,仲裁庭通常无管辖权。与法院不同,仲裁庭一般无权强迫证人作证或提交文件,或要求第三人参加仲裁。

（2）财产保全不易。仲裁程序中申请财产保全,需要向法院申请,与仲裁委员会的仲裁程序脱节。容易造成仲裁申请书已寄送被申请人,而法院还未启动财产保全程序,使财产保全的被申请人有时间转移财产,造成保全失败。

（3）对仲裁结果有异议时,没有上诉权利。

四、国际诉讼

（一）国际商务诉讼的概念和特点

国际商务诉讼(international commercial litigation)是指当事人通过一国法院就国际商务争议依法进行的诉讼活动。

首先,国际商务诉讼由一国法院审理。一般来说,国际商务诉讼是在当事人不能协商解决纠纷且无法就纠纷解决达成仲裁或调解协议的情况下,采取的通过诉讼解决纠纷的方式。国际上没有统一的国际商务纠纷诉讼法和专门受理国际商务纠纷的法院,因此,国际商务纠纷通常由一国具有管辖权的法院依照其国际或涉外民事诉讼规则进行审理。

其次,案件审理依据特别程序进行。国际商务纠纷不同于国内民事诉讼,因此,不能适用国内民事诉讼程序。国际商务审判程序主要是本国签订或参加的国际条约中专门适用于审理涉外案件的程序规范,在没有以上程序规范的情况下,可以适用本国的民事诉讼一般规则。

再次,国际商务诉讼是在纠纷当事人之间没有达成仲裁协议的情况下进行的诉讼活动。诉讼不同于仲裁的特点在于无须以当事人之间的相互同意为依据,只要当事人之间不存在有效的仲裁协议,任何一方均可向有管辖权的法院提起诉讼。但是,如果双方均为外国人,一般只有以双方的司法协议为基础才可以在某一国家的国内法院进行诉讼。

最后,国际商务诉讼的主体是法院和诉讼参与人。诉讼参与人是从事国际商务活动的自然人和法人,包括本国人和外国人。

国际商务诉讼是不同于国内民事或商务诉讼的司法活动,具有明显的区别。其基本特点主要体现在以下三个方面。

1. 案件的涉外性

国际商务诉讼的特点是诉讼当事人一方或双方是外国人,或者诉讼的标的物在国外或为外国人所有。简言之,国际商务诉讼具有明显的涉外性。

2. 案件审理的国内性

不存在专门审理国际商务纠纷的国际法院,因此,国际商务诉讼只能在一国的法院进行审理。当事人将其与对方当事人之间的国际商务争议诉诸有管辖权的法院以后,该有关法院就将严格按照合同准据法的规定对争议进行审理,并作出裁决。当事人双方可以合意选择诉讼方式和诉讼法院,但并不以此为必要条件,只要不存在有效的仲裁协议,任何一方当事人都可以向有管辖权的法院起诉,以求得争议的司法解决。

3. 案涉因素的多样性

国际商务诉讼案件涉及多方面因素,如外国人的法律地位、案件管辖权、司法协助,以及外国法院判决的承认与执行等。

(二)国际商务诉讼的基本原则

在国际商务争议的诉讼中,除了应当遵循民事诉讼法确立的一般基本原则外,还应当遵循下述国际商务争议解决的基本原则。

(1)实行国民待遇和对等的原则。我国《民事诉讼法》第5条规定:"外国人、无国籍人、外国企业和组织在法院起诉、应诉,同中华人民共和国公民、法人和其他组织有同等的诉讼权利义务。外国法院对中华人民共和国公民、法人和其他组织的民事诉讼权利加以限制的,中华人民共和国法院对该国公民、企业和组织的民事诉讼权利,实行对等原则。"

(2)必须遵守法院所在国法律的原则。凡在法院所在国领域内进行国际商务诉讼,必须遵守法院所在国的有关法律。这是维护国家主权原则的具体要求。

(3)国际条约优先的原则。如果一国缔结或者参加的国际条约同本国的民事诉讼法有不同规定,优先适用国际条约的规定。但是,声明保留的条款不受其约束。

(4)必须委托法院所在国律师代理诉讼的原则。外国人、无国籍人、外国企业和组织在法院起诉、应诉,需要委托律师代理诉讼时,依法必须委托法院所在国的律师。律师制度是一个国家司法制度的组成部分,一个国家的司法制度一般只在本国领域内实行,律师一般也只能在本国领域内执业,这是关乎司法权独立的问题。

(5)使用法院所在国通用的语言、文字的原则。法院审理国际商务纠纷案件,依法应当使用法院所在国通用的语言、文字。如果当事人要求提供翻译帮助,所需费用由当事人负担。使用本国语言、文字审理国际商务纠纷案件,不仅方便高效,而且关乎国家和民族的自尊,是世界上各主权国家处理国际商务纠纷坚持的重要原则。

(三)国际商务诉讼的司法协助

1. 国际商务诉讼司法协助的含义

国际司法协助(international judicial assistance)是指一国法院接受另一国法院的请求,代为履行某些诉讼行为,如送达诉讼文书、传讯证人、提取证据以及承认和执行外国法院的判决和仲裁裁决等。

司法是国家主权的象征。一国法院审理的案件涉及他国时,需要他国的协助方能顺利进行,因此,司法协助具有重要作用。就通常情况而言,司法协助有狭义和广义之说:就狭义而言,司法协助一般包括司法文书的送达、传讯当事人或证人以及域外取证等;就广义而言,司法协助除以上内容外,还包括对外国法院的判决和仲裁裁决的承认与执行。

2. 国际商务诉讼司法协助的依据

通常情况下,一国法院或其他主管机关在办理司法协助时主要有三方面的依据。

一是国内立法。多数国家对于司法协助都有立法规定,我国《民事诉讼法》第27章对此作了专门规定。

二是国际条约。司法协助的国际条约包括国际公约和双边协定或条约。如《关于向国外送达民事或商事司法文书和司法外文书公约》(1965年)、《关于从国外调取民事或商事证据的公约》(1970年)等。

三是互惠原则。在相关各国没有就司法协助订立条约的情况下,相关各国往往以互惠原则作为提供司法协助的依据。

3. 诉讼文书和非诉讼文书的域外送达

国际商务诉讼程序中的诉讼文书和非诉讼文书的域外送达,是指一国法院依据法律或国际条约的规定,将诉讼文书和非诉讼文书送达居住在国外的诉讼当事人或其他诉讼参与人的行为。送达诉讼文书和非诉讼文书是一种很重要的司法行为,是一国的司法机关代表国家行使国家主权的一种表现,因此,它具有严格的属地性。一方面,一国的司法机关在未征得有关国家同意的情况下,不能在该国境内向任何人(包括本国国民)实施送达诉讼文书和非诉讼文书的行为;另一方面,一国也不承认外国司法机关在没有法律规定和国际条约依据的情况下在该国实施的送达行为。鉴于这种情况,一方面,世界各国在其国内的诉讼立法中对诉讼文书和非诉讼文书的域外送达与外国诉讼文书和非诉讼文书在国内的送达均有专门的规定,确定本国司法机关向境外当事人送达诉讼文书和非诉讼文书的途径和方式,以及国外诉讼文书和非诉讼文书的送达问题;另一方面,世界各国都在相互尊重国家主权、领土完整和平等互利的基础上订立了涉及域外送达诉讼文书和非诉讼文书的双边和多边条约,为各国提供了多种送达途径,逐步建立和完善了域外送达诉讼文书和非诉讼文书的制度。

4. 域外取证

进行证据调查作为行使国家主权的一种表现,同样具有严格的属地性。一个国家的法院如果没有外国的明示或默示同意,就不能在该外国境内查询证人和调取证据,否则就侵犯了该外国的国家主权。在国际商务诉讼程序中,一般通过直接或间接两种途径来提取有关外国的证据。

(1) 直接取证。直接取证是指受诉法院在征得有关国家同意的情况下,直接提取处于该有关国家境内的案件所需要的证据。其特点是受诉法院在征得有关国家同意的情况下,自行直接取证,不涉及取证地国家主管机关的司法行为。其方式主要包括委托外交和领事人员取证、责令当事人或诉讼代理人自行取证、特派员取证等。

(2) 间接取证。间接取证是指受诉法院通过司法协助的途径,委托有关国家的主管机关进行取证。由于在一国境内调查取证直接影响该国司法主权的行使,世界各国一般都对外国有关机构或个人在国家境内的直接取证行为作了严格的限制。由于一般都只允许外国机构或个人向其本国国民取证,世界各国通常都是委托有关国家的主管机构,通过国际司法协助的途径间接提取处于国外的有关证据材料。

(四) 诉讼程序

各国的司法制度有所不同,诉讼程序也有比较大的差异,不同法系的国家之间尤其如此。下面以中国的司法制度为例,简单介绍诉讼的一般程序。

1. 起诉

起诉就是提起诉讼,是指当事人(原告)因其权益受到侵害或与他人发生争议,以自己的名义请求法院行使审判权、依法给予保护的法律行为。起诉是诉讼活动的开端,可以引起诉讼程序的发生;倘若起诉不符合法律规定的条件,法院不予受理,则不能引起诉讼程序的发生。根据我国《民事诉讼法》的规定,起诉必须符合下列条件:① 原告是与本案有直接利害关系的公民、法人和其他组织;② 有明确的被告;③ 有具体的诉讼请求、事实和理由;④ 属于法院受理民事(包括经济)诉讼的范围和受诉法院管辖。国际商务纠纷案件的起诉,必须向法院递交书面起诉状,并按照被告人数提出相应份数的副本(递交法院的为正本)。

2. 受理

受理是指法院对原告的起诉,经审查后认为符合法定条件,决定接受立案并准备进行审理的行为。受理与起诉有着密切的联系:没有原告的起诉,就没有法院的受理;没有法院的受理,原告的起诉便不会产生法律效力,案件就不会进入诉讼程序。案件经法院受理后,法院在法定期限内通知对方当事人(被告)应诉,诉讼程序便依照法律的规定进行下去,直至结束。

3. 审判

审判权是指宪法和法律规定的,由法院独立行使的审判民事(包括经济)案件的权力。我国《民事诉讼法》第 6 条明文规定,民事(包括经济)案件的审判权由法院行使。法院依照法律规定对民事(包括经济)案件独立进行审判,不受行政机关、社会团体和个人的干涉。

人民法院在审理案件的过程中,应该依法遵循以下审判基本制度。

(1) 两审终审制度。这是指一起案件经过两级法院审判以后即告终结的制度。在中国,除专门法院外,全国的法院分为基层法院、中级法院、高级法院和最高法院四级,一起案件经过这四级法院中的两级审判以后就宣告终结,由此也可称之为四级两审制度。以国际商务纠纷案件为例,第一审法院作出的判决或者裁定,当事人如不服,在法定期限内可以上诉至第二审法院,第二审法院作出的判决或者裁定是终审的判决或者裁定,一经作出即发生法律效力,当事人不得再行上诉,任何国际商务纠纷案件就此均告终结。应当着重说明的是,并不是所有的案件都必须经过两级法院进行审判,如第一审法院的判决或者裁定作出后,当事人服判不上诉,法定期限届满后判决或者裁定即发生法律效力,案件便宣告终结。此外,由最高法院作为第一审法院审判的案件,其判决或者裁定是终审的判决或者裁定,作出后即发生法律效力,当事人不得上诉,案件也就终结了。

(2) 合议制度。这是法院对案件实行集体审判的一种制度,是民主集中制原则在审判案件中的体现和具体运用。按照合议制组成的合议庭是法院审判民事(包括经济)案件的审判组织形式之一。合议庭一般由审判员组成,或者由审判员和陪审员共同组成。合议庭评议案件时实行少数服从多数的原则。对案件的评议依法应当制作笔录,由合议庭成员签名;评议中的不同意见必须如实记入笔录。实行合议制有利于充分发挥集体智慧,防止个人独断专行,提高办案质量。

(3) 回避制度。为了保证审判案件的公正性,法律规定当审理某一案件的审判人员和其他有关人员与该案件有利害关系或者有其他关系,可能影响对案件公正审理时,应当退出该案件的诉讼活动。这里的审判人员包括审判员和陪审员,其他有关人员包括书记员、翻译

第一章　国际商务争议解决概述

人员、鉴定人、勘验人等。有下列情形之一的,审判人员和其他有关人员必须回避:① 是本案当事人或者当事人、诉讼代理人的近亲属;② 与本案有利害关系;③ 与本案当事人有其他关系,可能影响对案件公正审理。

回避的方式通常有审判人员和其他有关人员自行回避以及当事人申请回避两种。申请回避是法律赋予当事人的一项重要权利。

(4) 公开审判制度。这是指除合议庭评议案件的活动和法律另有规定以外,审理案件和宣告判决的诉讼活动应当公开进行的制度。这里的公开是向广大群众公开、向社会公开,使法院审判案件的透明度增至最大。具体来说,就是允许群众旁听、允许记者采访和报道、公开宣布对案件的裁判结果等。实行公开审判制度,对保证案件的公正审理、增强审判人员的责任感、保障当事人各项权利的实现、维护当事人的合法权益,以及加深广大群众的法制观念和使国外的人们了解中国的司法状况,都具有不可忽视的重要意义。

(5) 法庭辩论和质证制度。法院审理民事(包括经济)案件时,当事人有权进行辩论。证据应当在法庭上出示,并且由当事人互相质证。

(6) 法院调解制度。法院审理民事(包括经济)案件,应当依法进行调解。调解是法院解决国际商务纠纷的一种法定方式,也是法院行使审判权的一种方式。在审理案件的整个过程中,只要还没有作出判决或者裁定,均可依法进行调解。但是,若调解不成,则应当及时判决。

法院审理案件程序结束后,应该依法作出判决和裁定。判决是指法院代表国家行使审判权,根据查明和认定的事实,对民事(包括经济)案件中当事人的实体权利义务争议所作的具有法律效力的判断和决定。书面形式的判决称为判决书。裁定是指法院代表国家行使审判权,就民事(包括经济)诉讼和执行过程中发生的(主要关于诉讼程序方面)问题所作的具有法律效力的决定。书面形式的裁定称为裁定书。判决书和裁定书都是法律文书(司法文书),一般合称裁判文书。案件审理结束,法院应当依法作出判决或者裁定。

4. 执行

执行也称强制执行,是指法院的执行组织和执行人员在义务人拒不履行生效的法律文书所确定的义务时,依照法律规定的程序强制义务人承担其应承担的义务的司法行为。执行与履行是两个不同的概念:执行带有强制性,义务人主观上是不情愿的;履行是义务人自动承担其应承担的义务的行为,义务人主观上是情愿的。

执行的根据是法院依法作出的、已发生法律效力的法律文书,以及法律规定由法院负责执行的其他法律文书。这里所说的法律文书包括判决书、裁定书、调解书、支付令等,其他法律文书则包括仲裁裁决书、公证债权文书等。上述法律文书一般由第一审法院执行,上述其他法律文书一般由被执行人住所地或者被执行的财产所在地的法院执行。

执行因两种情况开始:① 对方当事人(权利人)向法院申请执行。只要申请符合法律规定、符合实际,法院就应当执行。② 由原来审判该案件的审判员,依法移送执行人员执行。

执行的措施包括:① 查询、冻结、划拨被执行人应当履行义务范围的存款;② 扣留、提取被执行人应当履行义务部分的收入;③ 查封、扣押、冻结、拍卖、变卖被执行人应当履行义务部分的财产;④ 发出搜查令,搜查被执行人的财产;⑤ 强制被执行人交付法律文书指定交付的财物或者票证;⑥ 强制被执行人迁出房屋或者退出土地,强制迁出房屋被搬出的财物由法院派人运到指定处所,交给被执行人;⑦ 强制办理有关财产权证照转移手续;⑧ 强制执行判决、裁定和其他法律文书指定的行为;⑨ 加倍支付迟延履行给付金钱义务期间的债务利息,或者支付迟延履行金;⑩ 发现被执行人的其他财产,继续执行。

执行程序结束,整个诉讼程序就结束了,围绕某一案件进行的诉讼活动也就终止了。

(五)诉讼的优缺点及应注意的问题

1. 优点
(1)法院判决较为迅速,能为争议双方节约宝贵的商业时间。
(2)按照国家法律法规裁决,平等性、公平性高,结果更合理。
(3)具有极高的约束力、强制性,保证判决执行。

2. 缺点
(1)程序复杂,需要支付相关的诉讼费用,增加成本。
(2)各国的法律法规存在差异性和不完善性,并不一定能妥善解决所有的国际商务纠纷。
(3)将评判权力交给法律公共部门,可能会影响争议双方以往良好的社会信誉。

3. 在当事人通过法律手段解决争议时,要慎重权衡的方面
(1)诉讼的成本。法律诉讼是一个较长的耗费精力和财力的过程,对于跨国诉讼来说,仅聘请律师这一项的费用就可能令人却步。
(2)双方的合作关系。对双方合作关系的考虑要建立在对合作方商业价值分析的基础上,防止因小失大。
(3)胜诉的可能性。诉讼的目的是维护自己合法的国际贸易利益,要对案情和涉及的国际法和当事国家的法律仔细研究,不打无把握之仗。
(4)判决结果执行的可能性。胜诉只是阶段性胜利,对执行地法律、法律环境和争端对手的情况在诉讼前就要认真分析,确定判决结果能否执行。
(5)其他方式解决的可能性。毕竟诉讼成本高且影响双方的合作关系,只要有方便和对双方关系不利影响较小的解决方式,就不应选择诉讼。

知识链接

国际商务诉讼如何确定管辖权——以中国为例

在中国,涉外案件确定管辖权要分三步走:第一步,确定中国法院是否享有管辖权;第二步,确定由哪一地域的法院管辖;第三步,确定级别管辖,即具体法院。

中国法院享有管辖权的涉外案件包括:被告在中国领域内有住所;合同纠纷或者其他财产权益纠纷,被告在中国领域内没有住所,但合同在中国领域内签订或者履行,或者诉讼标的物在中国领域内,或者被告在中国领域内有可供扣押的财产,或者被告在中国领域内设有代表机构;涉外合同或者涉外财产权益纠纷的当事人,可以用书面协议选择中国法院管辖,可以选择具体的法院,当然选择法院管辖的,不得违反中国法律关于级别管辖和专属管辖的规定,并且该争议与中国有实际联系。中国法院没有管辖权,原告向中国法院起诉,被告对中国法院管辖不提出异议并应诉答辩的,视为承认人民法院有管辖权;中国人民法院和外国法院都有管辖权的案件,一方当事人向外国法院起诉,

而另一方当事人向中国法院起诉的,可予受理;因在中国履行中外合资经营企业合同、中外合作经营企业合同、中外合作勘探开发自然资源合同发生纠纷提起的诉讼,只能由中国法院管辖。

在中国法院享有管辖权的前提下,确定地域管辖的方法是:被告在中国领域内有住所的,由被告住所地法院管辖,被告住所地与经常居住地不一致的,由经常居住地法院管辖。合同纠纷或者其他财产权益纠纷,被告在中国领域内没有住所,如果合同在中国领域内签订,由合同签订地法院管辖;如果合同在中国领域内履行,由履行地法院管辖;如果诉讼标的物在中国领域内,由诉讼标的物所在地法院管辖;如果被告在中国领域内有可供扣押的财产,由可供扣押的财产所在地法院管辖;如果被告在中国领域内设有代表机构,由该代表机构所在地法院管辖。

上面两步完成之后,再确定级别管辖。根据中国《民事诉讼法》的规定,一般涉外民事案件由基层人民法院管辖,重大涉外案件由中级人民法院或更高级的法院管辖。为了规范中国涉外民商事案件的管辖,2002年制定了《最高人民法院关于涉外民商事案件诉讼管辖若干问题的规定》,据此规定,第一审涉外民商事案件由下列人民法院管辖:① 国务院批准设立的经济技术开发区人民法院;② 省会、自治区首府、直辖市所在地的中级人民法院;③ 经济特区、计划单列市中级人民法院;④ 最高人民法院指定的其他中级人民法院;⑤ 高级人民法院。上述中级人民法院的区域管辖范围由所在地的高级人民法院确定。

通过上述三个步骤,当事人就可以确定向哪一个具体的法院起诉。

五、国际商务争议解决方法的比较

在国际商务活动中,通过协商或调解来解决各方的争议,方式灵活便捷,费用低廉,不但有利于问题的较快解决,而且有利于维护各方的友好关系。各种不同争议解决方式的异同如表1-5和表1-6所示。

表1-5　国际商务协商、调解及仲裁的异同比较

争议解决方式	协　商	调　解	仲　裁
相同点	均在双方当事人自愿的基础上进行		
不同点	必须得到争议双方的同意		双方当事人合意达成仲裁协议,仲裁裁决无须征得双方当事人同意
	当事人各方私下单独进行,没有第三方的参加	调解人发挥疏通说服、劝解和协商作用	仲裁员起裁判作用
	协商结果无约束力	调解结果无约束力	裁决具有约束力,具有强制执行力

表1-6 国际商务仲裁与国际商务诉讼的比较

争议解决方式	国际商务仲裁	国际商务诉讼
性质	私权处分权的授予,仲裁机构仅享有权利,不享有权力	国家司法权的体现
受理依据	仲裁协议	起诉书
案件管辖	无级别管辖、地域管辖、专属管辖等限制	有地域、级别和专属的强制性管辖
裁决制度	一裁终局	一般二审终审
审理机构人员的组成	仲裁庭人员由当事人选定或者仲裁委员会认定	由法院指定审判庭组成人员
审理方式	一般不公开审理,双方当事人协议公开的除外	一般应当公开审理
裁决的强制力	仲裁机构不能强制执行其作出的仲裁裁决,只能由当事人请求法院执行	法院可强制执行其判决

学习重点与难点

- 国际商务争议的基本概念及特点
- 国际商务争议解决的主要方法及其优缺点
- 仲裁解决国际商务争议的程序
- 国际商务争议解决方法的比较

练习与思考

(一) 名词解释

国际商务争议　协商　调解　仲裁　诉讼

(二) 填空题

1. 根据国际商务争议是否通过有强制约束力的司法途径解决,国际商务争议的解决方式可以分为_____(司法方式)和_____(非司法方式),后者又被称为替代性争议解决方式。

2. 根据争议是否通过裁判解决,又可分为_____(非裁判性解决方式)和_____(裁判性解决方式)。

(三) 单选题

1. 调解解决国际商务争议的主要原则不包括(　　)
   A. 自愿　　　　B. 合法　　　　C. 公正　　　　D. 强制

2. 协商解决国际商务争端的特点不包括（　　）
   A. 有第三方参加　　　　　　　　B. 没有强制力
   C. 双方必须自愿　　　　　　　　D. 没有第三方参加

(四) 多选题
1. 仲裁解决国际商务争议的特点包括（　　）
   A. 自主性　　B. 涉外性　　C. 排他性　　D. 保密性
   E. 公开性　　F. 一裁终局性
2. 仲裁程序一般来讲，包括（　　）四个环节
   A. 仲裁申请　　B. 仲裁执行　　C. 仲裁受理　　D. 仲裁中止
   E. 仲裁庭组成　　F. 仲裁审理

(五) 简答题
1. 简述国际商务争议产生的原因。
2. 国际商务仲裁协议应该具备哪些内容？
3. 仲裁和诉讼解决国际商务争议有哪些异同？

(六) 思考题
如何提高中国在国际商务争议解决国际公约制定中的话语权？

实践活动：案例分析与讨论

日本大阪A公司与中国阳泉B公司己二酸买卖合同争议仲裁案

一、基本案情

2010年8月10日，被申请人中国阳泉B公司作为卖方、申请人日本大阪A公司作为买方签订了出口合同，合同约定的标的物是纯度为99.8%、数量为20公吨的己二酸(adipic acid)。合同签订后，申请人按约定向被申请人支付了相应的货款，并于2010年9月在横滨港收到被申请人发送的货物。经检验，申请人认为被申请人发送的货物存在质量问题，并多次要求被申请人说明情况，但是被申请人拒不承认相关事实，也不赔偿由此给申请人造成的损失。申请人认为，被申请人的行为违反了出口合同的约定，遂依据仲裁条款于2011年2月向华南国际经济贸易仲裁委员会申请仲裁，请求裁决：① 被申请人向申请人返还货款43 000美元(折合人民币285 000元)；② 被申请人向申请人赔偿损失人民币16 423元；③ 被申请人向申请人支付仓储费、运输费、检验费等人民币77 483元；④ 被申请人向申请人支付人民币167 486元以补偿申请人花费的律师费；⑤ 被申请人向申请人偿付为办理本案支出的差旅费人民币35 787.77元；⑥ 被申请人承担本案仲裁费；⑦ 裁决申请人可以将涉案货物退还被申请人。

（一）仲裁庭认定的事实

（1）出口合同约定的标的物是纯度为99.8%、数量为20公吨的己二酸；每公吨CIF(cost insurance and freight，成本加保险费加运费)价格为2 150美元，合同总价款为43 000美元；付款方式为50%先电汇，50%于货物装船前付清；收到全部货款后21日内发货，由天津新港运往日本横滨港；买方对货物品质有异议而提出索赔，须于货物到达目的口岸之日起30日内提出。

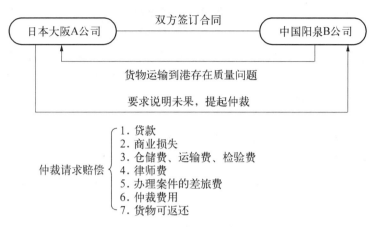

图1-1 仲裁案流程图

(2) 出口合同未对适用法律作出约定,当事人事后亦未就适用法律作出补充约定。申请人的营业地在日本,被申请人的营业地在中国。

(3) 出口合同中买方名称的拼写与申请人准确名称的拼写不同。

(4) 申请人提交仲裁庭的签订日期为2010年8月10日的出口合同中,仅有被申请人印章及法定代表人签名,而没有申请人的签名或盖章。

(5) 日本海事检定协会出具的检验报告显示,被申请人所交付的货物不是己二酸,而是混有少量方解石的白云石。

(6) 为证明利润损失,申请人为有关销售价格附上了客户订购单等证明材料。

(7) 申请人提交的证据材料显示,货物是于2010年9月4日到达目的口岸的,但日本海事检定协会的检验报告显示货物到港日期为2010年9月3日。申请人提交的证据材料亦显示,申请人的代理人北京市D律师事务所律师于2010年9月28日向被申请人发送律师函,指出其收到的货物与合同约定不符。

(8) 在申请人发现货物与出口合同约定不符并进行交涉的过程中,曾向被申请人宣告合同无效;申请人的代理人于2010年9月28日发出的律师函以及2011年2月16日提交的仲裁申请书明确要求被申请人退还货款、取回货物、赔偿损失。

(9) 申请人为本案支出了相应的律师费和差旅费。

(二) 申请人主张

(1) 关于合同是否成立及其效力。申请人认为其虽然未在出口合同上签字盖章,但已按合同约定履行了支付货款的主要义务,且为作为卖方的被申请人所接受,本案出口合同依法成立并生效。

(2) 关于申请人是否为出口合同的买方。申请人认为由于被申请人不懂日文,其与被申请人始终使用英文洽谈,在合同中申请人的名称中有字母误写,但根据本案相关证据,足以证明申请人就是出口合同的买方。

(3) 关于是否在规定的期限内对货物品质提出异议。申请人认为,其提交的证据显示,申请人的代理人于规定期限内向被申请人发送了律师函,该质量异议应当成立。

(4) 关于申请人是否曾宣告合同无效。申请人认为其代理人发出的律师函以及提交的仲裁申请书,均明确要求被申请人退还货款、取回货物、赔偿损失,应当视为合同已被宣告无效。

(5) 关于被申请人是否违约及违约责任。申请人认为被申请人发送的货物存在质量问题,已根本违反合同,被申请人应归还申请人支付的价款,同时申请人有权要求被申请人赔偿相应损失及为本案支出的相关费用。

(三) 被申请人主张

对于申请人的陈述及仲裁请求,被申请人未作出任何回应。

二、争议的焦点

争议的焦点包括:① 在出口合同上买方姓名存在错误且无签字盖章时,申请人的主体资格以及系争合同是否存在;② 被申请人是否违反合同以及违反合同的性质;③ 被申请人的违约责任及申请人的仲裁请求。

三、案件裁决

仲裁庭裁决如下:① 被申请人应向申请人返还货款 43 000 美元(折合人民币 285 000 元);② 被申请人应向申请人赔偿损失人民币 16 423 元;③ 被申请人应向申请人支付仓储费、运输费、检验费等人民币 77 483 元;④ 被申请人应向申请人支付人民币 167 486 元以补偿申请人花费的律师费;⑤ 被申请人应向申请人偿付为办理本案支出的差旅费人民币 35 787.77 元;⑥ 本案仲裁费全部由被申请人承担;⑦ 申请人应将涉案货物退还被申请人。

四、法律政策依据

本案出口合同未对适用法律作出约定,当事人事后亦未就适用法律作出补充约定。申请人的营业地在日本,被申请人的营业地在中国。《联合国国际货物销售合同公约》第 1 条的规定:"本公约适用于营业地在不同国家的当事人之间所订立的货物销售合同:(a) 如果这些国家是缔约国……"中国与日本皆为《联合国国际货物销售合同公约》的缔约国,且双方买卖的标的物不属于《联合国国际货物销售合同公约》第 2 条排除适用的范围,故本案争议项下双方权利和义务关系的确定应该适用《联合国国际货物销售合同公约》的规定。

五、分组讨论

1. 在国际买卖合同争议仲裁中,如何有效地收集和提交证据以支持自己的主张?
2. 在签订和执行国际贸易合同时应该注意哪些问题?

六、案件来源

微信公众号:深圳国际仲裁院,https://mp.weixin.qq.com/s/MTe/Qb2/4/k_qTl2JOVyVg。

第二章 国际贸易合同争议解决理论与实务

■ 知识目标 ■

1. 国际贸易合同的概念和特征
2. 国际贸易合同有效成立的条件
3. 国际贸易合同的各类争议及解决规则

■ 能力目标 ■

1. 结合学习的知识点进行案例分析讨论
2. 引导学生积极参与案例讨论活动,提高学生的思辨能力和表达能力

■ 思政目标 ■

1. 诚信在订立合同中的重要性
2. 社会责任感和可持续意识
3. 全球视野

■ 基本概念 ■

国际贸易合同　要约　承诺

第一节　国际贸易合同

一、国际贸易合同的概念和特征

世界各国对合同概念的规定并不完全相同。大陆法系认为合同是一种合意,即当事人之间意思表示一致,合同才能成立,法律上强制执行的是当事人之间的协议或合意。《德国民法典》第 305 条规定:"依法律行为设定债务或变更法律关系的内容,除法律另有规定外,应依当事人之间的合同。"《法国民法典》第 1101 条规定:"合同是一人或数人对另一人或数人承担给付、作为或不作为的债务。"英美法系则强调合同的实质是当事人的许诺,认为法律

上强制执行的是当事人所作出的许诺。《美国合同法重述》对合同的定义是:"合同是一个或一系列许诺,违背它,法律将给予救济;履行它,法律则以某种方式确认其是一种义务。"但并非一切许诺都可以成为合同,只有法律上认为有约束力的、在法律上能够强制执行的许诺才能成为合同。《中华人民共和国民法典》(以下简称《民法典》)第464条规定:"合同是民事主体之间设立、变更、终止民事法律关系的协议。"

国际贸易合同是指营业地处于不同国家或地区的当事人对各项贸易条件达成协议、规定各自的权利和义务并具有法律效力的书面文件,是在国际贸易往来中为了规范双方经济关系而签订的合同。国际贸易合同是以货物或者服务的形式为基础的,它约束着供应商和需求商之间的关系,并规定了合作期间、支付方式、质量要求、违约赔偿等基本内容。国际贸易合同的主要目的就是保证双方利益的平衡。国际贸易合同大致有以下类型:① 销售合同。销售合同是一种常见的国际贸易合同类型,是关于双方之间商品交易的合同,规定了商品的品种、数量、价值、质量、包装等内容,还明确了双方的权利和义务,包括货物交付、支付方式等。② 代理合同。代理合同是指一方(代理人)向另一方(被代理人)提供一定的服务或商品,代理利益使另一方的利益得以保障。代理合同规定代理权的范围,代理商品的品种、价格、数量,代理零售商是否有售后服务,跨国商品运输费用,等等。③ 投资合同。投资合同是通过股权投资、人员投资等方式实现资本的投入和收益的合同类型。投资合同以项目为主,规定项目建设的资金使用、利润分配、风险分担等内容,约束股东之间的经营行为。

如前所述,一份被称为协议的文件未必是一份具有法律约束力的合同。当双方当事人同意某些事情时,可以达成一个协议,但只有当一方当事人能够以法律约束另一方当事人遵守交易的时候,达成的协议才能被称为合同。有很多协议是没有法律效力的,如在非法、赌博、胁迫下订立的协议,显失公平的协议,等等。合同的标题用词并不重要,重要的是其内容是否符合法律的规定。一份具有法律约束力的国际贸易合同具备以下三个方面的特征。

(一)合同是多方的民事法律行为

合同不是单方的民事法律行为,至少要有两方当事人参加,并需要双方当事人意思表示一致合同才能成立。一般情况下,合同的当事人是两方,但特殊情况下也可能是三方或以上。

(二)订立合同的目的

订立合同的目的是产生某种民事法律上的效果,包括设立、变更或终止当事人之间的民事法律关系。例如,买卖双方通过订立买卖合同产生买卖关系,在买卖合同订立之后,双方当事人对原合同进行修改或通过协议予以终止,就变更或终止了双方之间的民事法律关系。

(三)合同是合法行为

依法订立的合同受法律保护;违法订立的合同在法律上是无效的。

二、国际贸易合同有效成立的条件

虽然各国对合同的概念各有侧重,但均肯定只有对当事人具有法律约束力的协议才是合同。一项国际贸易合同,除买卖双方就交易条件通过要约和承诺达成协议外,还需要具备一定的有效条件才是一项有法律约束力的合同。综合各国的情况来看,国际贸易合同的有效成立应该具备以下条件:① 当事人必须具备订立合同的能力,包括民事权利能力和民事行为能力。② 当事人之间必须通过要约和承诺达成协议。③ 合同必须有对价或合法的约因。④ 合同必须符合法律规定的形式。现在各国在合同形式问题上多采取不要式,除法律有特殊规定的情况外,口头承诺、承诺的信函等都可被视为合同的有效形式。⑤ 合同的标的和内容必须合法,不得违反有关国家的法律、政策和公共秩序。英美法系国家违法合同包括的范围很广,例如,差使他人去做犯罪行为的合同、以诈骗为目的合同、同敌人进行贸易的合同、赌博合同等都是违法的,因而无效。⑥ 合意必须真实,如果当事人意思表示有误或是在受欺诈或胁迫的情况下订立的合同,即使双方达成了协议,合同也是无效或可撤销的。

三、国际贸易合同的形式

(一) 英美法系

关于合同订立的形式要件,英美法系各国的制度都不同程度地受到英国1677年颁布的《欺诈行为法》(Statute of Frauds)的影响。依据该法,当事人之间达成的协议或证明协议存在的备忘录或记录,必须以书面方式写成并经在诉讼中被追究责任的当事人签字,否则当事人不能提起诉讼。这一有关合同形式的规定适用于六种合同:① 有关遗嘱执行和遗产管理的合同。② 担保合同。③ 就婚姻的对价订立的合同。如果甲对乙说:"你若娶我女儿为妻,我将送一幢房子给你。"乙听后表示同意,双方便就婚姻的对价达成协议。可是男女双方约定结婚,并不需要达成书面协议。④ 不动产合同。⑤ 不在一年内履行的合同。⑥ 货物买卖合同。现如今,依英国法上的一般原则,"要使一项协议成为一份有约束力的合同,采用某种特定的书面形式并不是必须的"。不过,对于某些合同,基于种种原因,对书面形式的要求依然被保留下来了,或者根据需要被重新规定了。在美国,几乎所有的州都以制定法的形式采纳了英国的《欺诈行为法》。其结果是,这些州都规定,对于该法规定的六种合同,必须以书面方式订立。许多州还扩展了须以书面方式订立的合同的种类。

(二) 大陆法系

1. 法国

法国合同法对合同形式的要求主要分为三类:公证合同、一般书面合同和实践合同。

在法国,公证在社会生活和经济生活中起着重要作用,几乎所有涉及人身权利和家庭关系的行为都须具备公证形式。法国学者认为,公证的主要作用在于:一方面,使行为的合法性受到公共权力的检验,这是其维护社会公共利益的一面;另一方面,公证人在进行公证时有提供咨询的义务,使当事人可以了解其行为的后果,这有助于保护一方或双方的自由意志。

须以书面形式订立但不必公证的合同为一般书面合同。这类合同主要包括某些劳动合同、营业资产买卖合同、房屋推销合同、发明专利的许可或转让合同、私人住宅建筑合同等。

实践合同是当事人的意思表示于实物交付时生效的合同。因此,依法国法的理论,对于实践合同,实物的交付也是合同成立的形式要件。

2. 德国

《德国民法典》第 125 条规定:① 不符合法定形式的法律行为无效;② 缺乏由法律行为约定的形式者,在发生疑问时,亦属无效。这一规定奉行了合同形式自由的原则,即除非法律要求或当事人约定合同的订立须按特定的方式,否则合同的订立可采用任何方式。

(三)中国

中国《民法典》第 469 条规定:"当事人订立合同,可以采用书面形式、口头形式或者其他形式。"书面形式是合同书、信件、电报、电传、传真等可以有形地表现所载内容的形式。以电子数据交换、电子邮件等方式能够有形地表现所载内容,并可以随时调取查用的数据电文,视为书面形式。

根据我国各进出口公司的习惯做法,无论是通过口头谈判还是函电等形式磋商所达成的协议,一般都要求签订书面合同。当双方签订书面合同以后,一切均以书面合同为准,以前所有文字材料或口头协议一般均自动失效。

合同既可由买方制作,也可以由卖方制作。由买方制作的合同称为"购货合同",由卖方制作的合同称为"销售合同"。

在成交后多由卖方制作书面合同,然后经双方核对无误签字,双方各执正本一份,副本若干份作为执行依据。

四、国际贸易合同的内容

国际贸易合同是合同成立的证据,是履行合同的依据,也是合同生效的条件。

国际上对国际贸易合同的形式没有具体的限制,买卖双方既可采用正式的合同(contract)、确认书(confirmation)、协议(agreement),也可采用备忘录(memorandum)等多种形式。

在我国的进出口业务中,书面合同主要采用两种形式:① 正式合同,如进口或出口合同、销售合同,销售合同书(样本)见附件一;② 确认书,如销售确认书。

它们的性质和法律效力是一样的。国际贸易合同的内容要求订立完整、全面,一般包括三个部分。

(一)合同的首部

首部包括开头部分或序言、合同名称、编号、缔约日期、缔约地点、缔约双方的名称和地址等。这部分内容应注意两点:① 要把缔约双方的全名和详细地址列明,有些国家法律规定这是合同正式成立的条件;② 明确规定缔约地点,因为如果在合同中未对合同适用的法律作出规定,根据有些国家的法律规定和贸易习惯的解释,可适用合同缔约地国家的法律。

(二)合同的主体部分

主体部分规定了双方的权利和义务,包括基本条款和一般性条款。

基本条款是每笔交易买卖双方权利义务关系的具体内容，必须在合同中列明，缺一不可。它们是合同的实质性条款。基本条款包括：① 品名和品质规格条款，即对商品名称、商品特性、品质的约定及对检验方法、依据及时间地点、关税等事项所作的规定；② 数量条款，即对交货数量和计量单位所作的规定；③ 价格条款，即对价格种类、价格结构、价格风险所作的规定，这是外贸合同的中心条款；④ 包装条款，即对包装方法、包装容量、包装尺寸与重量、外包装种类和唛头等方面所作的规定；⑤ 交货条款，即对商品所有权移交的交货方法、交货日期、交货地点等所作的规定；⑥ 付款条款，即对进口商依法将货款付给出口商的汇款日期、付款方式等所作的规定；⑦ 检验条款，即对进出口商品的品质、数（重）量、规格、包装以及是否符合安全卫生要求等进行检验的规定。

除上述基本条款外，合同还有一些一般性条款，如合同有效时间、合同的终止、不可抗力条款、合同的转让、仲裁条款、合同的修改与变更条款、通知条款、合同结尾条款，等等。这些条款是对基本条款的补充说明，一般都有固定格式。

买卖双方首次交易就上述各项的解释和范围等取得一致意见，今后每笔类似的交易都可沿用，不必逐笔再行磋商。此项一般交易条件习惯上在空白合同的背面印就。

（三）合同的尾部

尾部包括合同的份数、使用文字和效力以及双方的签字。此外，有的合同还规定了合同生效日期，或根据需要制作附件附于合同之后，作为合同不可分割的一部分。

为了提高履约率，我们在规定合同内容时应当考虑周全，力求使合同中的条款明确、具体、严密和相互衔接，并且与磋商的内容一致，以利于合同的履行。

第二节　国际贸易合同的争议

国际贸易的买卖双方一般都身处异国，交涉及联络不便，加之不同的政治、文化、经济和社会背景，有时还有自然因素的影响，使得一些国际贸易合同不能圆满顺利地履行，争议的发生在所难免。所以，如何按照平等互利的原则，采取适当的方式正确处理对外贸易过程中发生的各种争议，是关系到买卖双方切身利益的重大问题。

国际贸易合同的争议大多发生在国际贸易合同履行过程中。国际贸易合同的争议是指由于种种原因，贸易双方的当事人认为一方当事人未履行或未全部履行合同规定的责任或义务，而另一方对不履行合同的处理办法不认可而发生的意见分歧。

国际贸易合同的争议内容大致有如下四个方面。

（1）一般来说，当合同的预期结果对双方都有利时，不会发生此类争议。但当合同预期结果对某一方不利时，该方当事人便会在这方面寻找借口或理由来做文章，依据的往往是有关的、有不同规定或解释的国际惯例和法律。

（2）合同中的有关条款和内容不够具体明确，造成双方有不同理解，有时甚至完全相反。

（3）一方当事人在履行合同时受阻，是否应承担责任以及应承担何种责任，是否应撤销原合同，或延期履行、部分履行、替代履行原合同。

（4）双方或其中一方当事人未履行、未全部履行或延期履行合同规定的义务，却不愿承担应负的责任。

一、合同主体的争议

（一）合同主体资格

1. 自然人

自然人是基于出生而依法成为民事法律关系主体的人。在我国法律中，自然人的范围比公民的范围广，既包括我国公民，还包括外国人和无国籍人。自然人要成为合同主体，应当具备相应的民事权利能力和民事行为能力。

2. 无缔约能力的分类

自然人的缔约能力是自然人的行为能力的一种，是自然人本人与他人缔结合同的资格。在英美法系国家，无缔约能力的自然人包括未成年人、有精神缺陷的人和酗酒人。《法国民法典》第488条第1款规定："年满18岁为成年。达此年龄者，有能力为一切民事生活上的行为负责。"《德国民法典》第104条规定："下列诸人，无行为能力：① 未满7周岁者；② 因精神错乱不能自由决定意志者，而按其性质此种状态并非暂时的；③ 因患精神病而受禁治产的宣告者。"

3. 未成年人

（1）成年的年龄。在英美法系国家，根据普通法，21周岁以下的人为未成年人。1969年，英国通过《家事法改革法案》（Family Law Reform Act），将成年人的年龄降低到18岁。在美国，几乎所有的州都已通过制定法，把成年的年龄定在18岁。《法国民法典》规定，年满18岁为成年；未成年人解除监护后，具有与成年人同等的民事行为能力。解除监护的法定程序是：通过结婚而取得行为能力；或者，在具有合法理由的情况下，由监护法院经父母双方或其中一方的请求而宣布解除监护权。《德国民法典》第2条规定的成年人年龄是18岁，依该法典第106条，7岁以上18岁以下的人为限制行为能力人。

（2）未成年人签约的后果。在英美法系国家，根据普通法院在早期的审判实践中创立的规则，当合同一方是未成年人时，该合同可以由未成年人撤销。具体地说，如果未成年人不打算履约，可以由自己或通过其法定代理人通知另一方合同已经失效，也可以不发任何通知，只是消极地不履行合同。在后一种情况下，如果另一方对该未成年人起诉，其可以以自己尚未成年作为抗辩的理由。另外，如果未成年人不主张撤销合同，另一方就要受到约束。那么，如果合同已经履行，未成年人还能不能撤销合同？英国法的原则是，如果双方均从合同的履行中获得了利益，合同便不能再撤销；如果未成年人履行了合同，另一方没有履行合同，未成年人可以要求另一方返还利益。与英国不同，在美国，在双方均已履行合同的情况下，未成年人仍可行使撤销权。

关于未成年人签约的后果，英国、美国和法国的制度较为接近，其共同点是：未成年人可撤销合同，相对方无权这样做，而合同在被撤销之前约束着各方。这对未成年人更为有利。与这三国的制度不同，德国法的基本假定是：合同在经未成年人的法定代理人追认之后始生效力,此前对各方并无约束力。这对各方的影响仅在于:未成年人的法定代理人有了追认或否认权,相对方有否认权,未成年人仅在其成年之后有追认权。德国学者认为:"不确定效力这一理论最基本和最首要的原则是保护未成年人,但是它也被用来维护所有当事人的利益。"

(3) 合同被撤销的后果。如前所述,英国法的原则是,如果合同的双方均在合同项下获得了利益,未成年人就不能再撤销合同。可是,根据普通法,与长期财产权益有关的合同(如有关地产、股份和合伙的合同)是可以被未成年人撤销的。

在美国,处理被撤销的合同的基本原则是让双方恢复原状。在恢复原状时,多数州的法律规定,未成年人可以从相对方那里索回其交付的财产或相当于该财产价值的资金;如果未成年人从相对方那里获得的财产的价值发生了减损,其不必对这一损失负赔偿责任,而只需要将该财产按现有的状态返还给相对方;如果其享用了由相对方提供的服务,也不用承担任何责任。

根据《法国民法典》第1312条,合同被撤销之后,未成年人的相对方无权要求未成年人返还其所受的给付,除非后者所接受的利益依然存在。例如,当未成年人为买卖合同的卖方时,可以要求成年的一方返还货物,而其获得的价款如果已被花光,则不必再返还给成年的一方。

(4) 中国法中的有关规定。关于未成年人的缔约能力,中国法中的主要规定有:① 根据我国《民法典》第18条,16周岁以上的未成年人,以自己的劳动收入为主要生活来源的,视为完全民事行为能力人。② 根据《民法典》第19条,8周岁以上的未成年人为限制民事行为能力人,实施民事法律行为由其法定代理人代理或者经其法定代理人同意、追认;但是,可以独立实施纯获利益的民事法律行为或者与其年龄、智力相适应的民事法律行为。

4. 其他无缔约能力或缔约能力受限制的人

(1) 能力的认定。不同国家对此的规定不同。

在英国,一般来说,与有精神缺陷的人和酗酒的人订立的合同为有效合同,除非在合同订立时,有精神缺陷的人没有能力理解交易的性质,而另一方知道这一情况。

在法国,涉及成年人的无行为能力或限制行为能力的认定和美国法十分接近。其一,该国强调对行为作个别的、具体的评价,而不是仅依照一般的、抽象的原则推定行为人是否同意。例如,对于有精神缺陷的人,不是仅凭缺陷的存在推定其无能力理解合同,而是具体考查其在个案中事实上有无理解能力,这与英美法的认识标准接近。其二,注意对结果的公正性的考虑。例如,当能力受限制的成年人实施的行为事实上对其造成损害时,尽管其有行为能力,其行为也应无效。这与美国的客观主义有相似之处。

在德国,因精神错乱而不能自由决定意志者,如按其性质此种状态并非暂时的,则其为无缔约能力的人;此外,被宣告禁治产人亦属这样的人。这是典型的依事先确定的精神状态推定行为人在个案中的认识能力的方法。

(2) 无能力或只有限制能力的后果。英国法的一般原则是,如果精神有缺陷的人和酗酒的人在缔结时没有能力理解交易的性质,而且另一方知道这一情况,合同可以为前者撤销。根据《美国合同法重述(第二版)》第15条的规定,法官在认定合同为可撤销的情况下,可以从实现公正的原则出发,不让能力有缺陷的一方撤约,而仅给予适当的救济。法国法处理这类问题的原则是,允许能力有缺陷的人撤销合同。在德国,依照《德国民法典》第105条,无行为能力人的意思就是合同无效,精神错乱的人和禁治产人缔结的合同不生效力。

(3) 中国法中的有关规定。我国《民法典》第24条规定,不能辨认或者不能完全辨认自己行为的成年人,其利害关系人或者有关组织,可以向人民法院申请认定该成年人为无民事行为能力人或者限制民事行为能力人。被人民法院认定为无民事行为能力人或者限制民事行为能力人的,经本人、利害关系人或者有关组织申请,人民法院可以根据其智力、精神健康恢复的状况,认定该成年人恢复为限制民事行为能力人或者完全民事行为能力人。

(二) 法人

1. 英美法系

在英国,公司大体上可以分为依制定法成立的公司和依英王颁发的特许状成立的公司。大多数商业公司属于前一种,后一种则主要是慈善机构和教育机构。长期以来,英国在决定依制定法成立的公司的缔约能力时,适用的原则是越权无效原则。其含义是,公司无权在其章程(memorandum of association)规定的营业目的之外签署合同,否则该合同是无效的。之后,英国通过了《1985年公司法》和对该法进行修订的《1989年公司法》。这些法律规定:"由一个公司实施的行为的有效性,不能因公司章程中的任何内容所导致的能力的缺乏而受到质疑。"至此,传统的越权无效原则被废弃了。

在美国,早期的判例也接受了越权无效原则。然而从19世纪末开始,美国法院在审判实践中已经表现出对公司章程中的营业目的条款作扩大解释的倾向。在20世纪,越权无效原则在各州的制定法中已被逐步放弃。目前,美国各州的制定法几乎都废弃了这一原则。

2. 大陆法系

1969年,法国通过颁布第69-1176号法令,在《商事公司法》第49条中增加了如下规定,对于有限责任公司:"在与第三人的关系中,经理拥有在任何情况下以公司的名义进行活动的最广泛的权力……公司甚至应对经理不属于公司宗旨范围的行为负责,但公司举证证明第三人已知道或根据当时情况不可能不知道该行为超越了公司宗旨范围的除外。仅公布公司章程不足以构成此种证据。限制经理根据本条所产生的权力的章程条款不得对抗第三人。"同时,《商事公司法》规定,上述规定适用于股份有限公司的董事会和董事长。

《德国民法典》第26条规定:对社团法人,"董事具有法定代理人的身份";"董事会代表权的范围得以章程加以限制,限制得对抗第三人"。可是,根据《德国股份有限公司法》第82条和《德国有限责任公司法》第37条的规定,公司章程中对公司营业目的的限制不得对抗第三人。根据特别法优于一般法的原则,至少对股份有限公司和有限责任公司而言,公司的越权行为并不会导致行为无效。

3. 中国法

在20世纪90年代之前,中国法院基本上奉行公司的越权行为为无效行为的宗旨。例如,在1987年发布的《最高人民法院关于在审理经济合同纠纷案件中具体适用〈经济合同法〉的若干问题的解答》中提道:"工商企业、个体工商户及其他经济组织……超越经营范围或者违反经营方式所签订的合同,应认定为无效合同。……全部为超营项目的,全部无效,部分为超营项目的,超营部分无效。"自20世纪90年代以来,为了满足社会主义市场经济发展和使中国的法治环境与国际接轨的需要,上述立场已不再被坚持。1993年,最高人民法院在《全国经济审判工作座谈会纪要》中指出,合同约定仅一般违反行政管理性规定的,例如一般地超范围经营、违反经营方式等,而不是违反专营、专卖及法律禁止性规定,合同标的物也不属于限制流通的物品的,可按照违反有关行政管理规定进行处理,而不因此确认合同无效。

二、合同成立的争议

要约与承诺是订立合同必经的两个步骤,这是订立合同的基本规则。

(一)要约

1. 要约的含义

要约是指一方向另一方提出愿意按一定的条件与对方订立合同的建议。发出要约的一方称为要(发)约人,相对方称为受约人。《联合国国际货物销售合同公约》第14条第1款将要约定义为:向一个或一个以上特定的人提出的订立合同的建议,如果十分确定并且表明要约人在接到承诺时就受约束的意旨,即构成要约。

法律链接

《联合国国际货物销售合同公约》

《联合国国际货物销售合同公约》是由联合国国际贸易法委员会主持制定的,1980年在维也纳举行的外交会议上获得通过。公约于1988年1月1日正式生效。截至2024年11月,核准和参加该公约的共有97个国家。

公约共分为四个部分:适用范围和总则;合同的订立;货物销售;最后条款。主要内容包括以下四个方面。

1. 公约的基本原则

包括建立国际经济新秩序的原则、平等互利原则,以及兼顾不同社会、经济和法律制度的原则。这些基本原则是执行、解释和修订公约的依据,也是处理国际货物买卖关系和发展国际贸易关系的准绳。

2. 适用范围

第一,公约只适用于国际货物买卖合同,即营业地在不同国家的双方当事人之间所订立的货物买卖合同,但对某些货物的国际买卖不能适用,该公约作了明确规定。第二,公约适用于当事人在缔约国内有营业地的合同,但如果根据适用于"合同"的冲突规范,该"合同"应适用某一缔约国的法律,在这种情况下也应适用该公约,而不管合同当事人在该缔约国有无营业地。对此规定,缔约国在批准或者加入时可以声明保留。第三,双方当事人可以在合同中明确规定不适用该公约。(适用范围不允许缔约国保留。)

3. 合同的订立

内容包括合同的形式,以及要约与承诺的法律效力。

4. 买方和卖方的权利义务

第一,卖方责任主要表现为三项义务:交付货物;移交一切与货物有关的单据;移转货物的所有权。第二,买方的责任主要表现为两项义务:支付货物价款;收取货物。第三,详细规定卖方和买方违反合同时的补救办法。第四,规定了风险转移的几种情况。第五,明确了根本违反合同和预期违反合同的含义,以及当这些情况发生时,当事人双方所应履行的义务。第六,对免责的条件作了明确的规定。

2. 要约的构成

一项订立合同的建议须符合一定的条件方能成为要约而取得法律约束力。根据一些国家的买卖法及《联合国国际货物销售合同公约》的规定,构成一项有效要约必须具备以下四个条件。

(1) 要约是以订立合同为目的的建议。要约人发出要约的目的是订立合同,不具备订立合同目的就不能构成要约。

(2) 要约是向一个或一个以上特定当事人提出的。要约是由发约人向受约人发出的。因此,这里所谓特定的人是指受约人必须是特定人,即发约人在发约时必须具体指明收受该项要约的公司、企业或个人的名称或姓名。

(3) 要约应具备确定内容。一项有效要约的内容须十分确定,应当包括拟订立合同的主要交易条件。要约内容基本上就是买卖合同内容,至少要包括货物名称、价格及数量三项基本内容。具备这三项基本内容便构成一个十分确定的要约。关于价格及数量的表示方法,要约人可以直接进行规定。通常,把直接规定价格称为固定价或死价,把规定如何确定价格的方法称为开口价或活价。对于价格不稳定的货物或者长期大量供货合同,采用活价比较合适。

要约人提出要约,根据公约,只需要具备上述三项基本内容即可。合同其他条款及内容,如果双方未在合同中明确,应以双方当事人已建立的习惯做法及采用的惯例予以补充,或按公约有关规定予以补充。

(4) 要约应清楚地表明一经对方接受,要约人即受约束。在很多情况下,要约并不一定以文字的形式明确注明"一经接受,即受约束"。要约中是否存在"一经接受,即受约束"的意思表示,需要根据要约人的用词及语气来判断。比如,当事人用"要约"一词则表示要约,如用"意向书"一词就不是要约,不具有受约束的意思。

为了避免引起不必要的纠纷,利于交易的进行,我国对外贸易经营者将要约分为实盘与虚盘两种。实盘的主要特点是对要约人有约束力。在实盘规定的有效期内,要约人不得随意撤回或修改其内容。虚盘是要约人有保留地愿意根据一定的条件达成交易的一种表示。虚盘对要约人没有约束力,要约人可以随时撤回或修改虚盘的内容。即使受盘人对虚盘表示接受,仍然须经要约人的最后确认,才能成立对双方都有约束力的合同。但是,从法律意义上讲,虚盘事实上并不构成一项真正的要约,而是一项要约邀请,其目的是吸引对方提出要约。

3. 要约的生效

要约生效,是指要约对要约人具有约束力。

对于要约的生效,大陆法系与英美法系采用了不同的标准。前者采用"到达主义",以要约送达受约人作为生效条件;后者采用"投邮主义",要约投邮时即产生效力。对此,《联合国国际货物销售合同公约》选择了前者,其第 15 条第 1 款规定,要约于送达受约人时生效。

对于如何判断要约到达,公约也进行了规定。到达是指送交对方本人,或者其营业地或通信地址;如无营业地或通信地址,则应送交对方惯常居住地。但应注意的是,送达受约人不是指一定要送到受约人手中才算到达,只要送到受约人能控制的地方就可视为已到达。

我国采用送达生效原则,要约在到达受约人之前,对要约人不具有约束力。在此基础上,考虑到电子商务的最新发展,《民法典》第一百三十七条作了规定,以非对话方式作出的意思表示,到达相对人时生效。以非对话方式作出的采用数据电文形式的意思表示,相对人指定特定系统接收数据电文的,该数据电文进入该特定系统时生效;未指定特定系统的,相对人知道或者应当知道该数据电文进入其系统时生效。当事人对采用数据电文形式的意思表示的生效时间另有约定的,按照其约定。

4. 要约的撤回与撤销

要约的撤回与撤销是两个既有联系又有区别的概念。要约的撤回,是指要约人在发出要约之后,在其尚未送达受约人之前,即在要约尚未生效之前,将该项要约取消,使其失去作用。要约的撤销,则是指要约人在其要约已送达受约人之后,即在要约已生效之后,将该项要约取消,从而使要约的效力归于消灭。

在国际贸易中,当要约人发出要约后,因发现要约有误、市场价格发生变化或外汇汇率发生变化等,要约人可能想改变主意,要求撤回或撤销其要约,或要求在价格或其他条款上作相应的调整,而受约人可能不同意撤销要约,或不同意对要约的内容作任何修改,双方当事人可能对此产生争议。所以,在国际贸易中,对这个问题的处理非常重要,各国买卖法及《联合国国际货物销售合同公约》也都对此作了相应的规定。

案例讨论:关于"到达生效"原则合同纠纷案

一、基本案情

2020 年 4 月 3 日,X 公司与 B 公司达成手套买卖合同,约定 X 公司向 B 公司购买手套。关于产品品牌和质量标准,其手套买卖合同第 4.2 条约定货物品牌为"固云"或"Ansell"。第 6.1 条约定,B 公司确认本合同项下的产品符合 SGS(瑞士通用公证行)检验标准。第 6.2 条约定,产品符合供方企业标准或双方确定的标准样品,提供 FDA/510K 资质(即美国食品药品监督管理局 510K 资质)。

关于发运时间,双方约定了紧凑的提货时间表。根据合同附件中付款和提货时间表的约定,货物将在 2021 年 2 月 5 日至 2021 年 3 月 24 日期间分 9 批共计 20 个集装箱(每个集装箱含手套 30 000 盒)完成发运。其中,第 1 个和第 2 个集装箱货物应于 2021 年 2 月 5 日发运,第 3 个集装箱货物应于 2021 年 2 月 12 日发运。

关于检验,第 6.5.1 条约定,甲方应于提货前一周内委托第三方 SGS 检测机构做好验货工作。第 6.5.2 条约定,如甲方在交货前或交货当天检验过程中发现产品存在质量问题,或在双方沟通后证明这些质量问题是确实存在的,甲方应当场向乙方提出,乙方将于 10 个工作日之内向甲方免费更换损坏或有质量问题的商品。

签订合同后,X公司向B公司支付了第1个至第3个集装箱货物的全部货款,合计945 000美元。2021年2月9日,B公司将第1个集装箱货物报关。2021年3月1日,第1个集装箱货物在盐田港实际装船发运,鉴于第1个集装箱货物已经严重迟延,为尽早收货,双方未能在发运前进行手套质量检测。

2021年3月29日,X公司向B公司发出律师函,向B公司进行催告,要求其在5个工作日内交付第2个和第3个集装箱货物。2021年4月11日,B公司回函承认其未能按时履约,将继续履约。但第2个、第3个集装箱货物从未实际发出。

2021年4月13日,第1个集装箱货物抵达洛杉矶港口。2021年5月12日,就X公司收到的第1个集装箱货物发生的质量问题,各方进行了第一次视频会议,对相关货物进行了视频查验。

2021年5月20日,X公司向B公司发出律师函,通知B公司解除双方的手套买卖合同,并要求B公司退还已支付的全部货款。2021年6月1日,各方进行第二次视频会议,B公司承认质量问题并承诺退款。此后,B公司以需要与下游供货商沟通、需要高层指示等各种借口拖延退款,甚至对X公司不予理睬,相关货款至今未予返还。

二、案件裁决

本案当事人营业地所在国中国和美国均为《联合国国际货物销售合同公约》缔约国,本案不存在该公约规定的不适用情形,且双方当事人亦未排除该公约的适用,故本案应当适用该公约(除我国声明保留的条款外)的规定。B公司所交付的货物中,质量不符合约定的瑕疵货物占到一半以上,完全不适用于同一规格医用手套通常的使用目的。B公司至今未交付部分货物,已经严重超过合同约定的交货时间。本案合同签订于新冠疫情期间,X公司从我国购买手套后向其本国客户售卖属于商机,但B公司的违约行为足以使X公司通过案涉合同赚取利润的目的落空,构成根本违约。X公司于2021年5月20日向B公司发出律师函,通知其解除手套买卖合同。该函件虽然于5月22日才被B公司签收,但是公约对此种通知并不采用到达生效原则,而是投邮生效原则。因此,案涉手套买卖合同自发出函件之日起无效。

三、思考题

在本案例中如果应用到达主义原则,X公司的解除合同通知是否有效?

四、资料来源

中华人民共和国最高人民法院网站。

5. 要约的失效

要约失效后,无论对要约人还是受约人均不再有约束力。要约失效的原因有很多,按照诸多国家的法律及《联合国国际货物销售合同公约》的规定,主要有以下四种。

(1) 要约因被拒绝而失效。拒绝要约有两种方式。一是直截了当地表示拒绝接受某项要约。二是对要约人在要约中提出的交易条件进行讨价还价,如要求降低价格、增加或减少数量、变更提出的交货期或支付方式等。这也属于对要约的拒绝,并构成还盘。

(2) 要约因被要约人撤销而失效。如前所述,在法律允许的条件下,要约可以被撤销,在要约人有效地撤销要约后,要约终止,丧失效力。

(3) 要约因其规定的接受期限届满而失效。一项要约明确规定了承诺的期限,表明要约人规定了该项要约发生法律效力的期限,在该期限内未收到受约人的回复,要约的效力当然归于消灭。

(4) 要约因"合理期限"已过而失效。通常情况下,如果要约人发出要约后在一段合理时间内没有收到承诺,则要约失效。所谓合理时间,应考虑到买卖合同的标的、数量、当事人营业场所所在地的状况,以及通信方式等诸多因素。

(二) 承诺

1. 承诺的含义

承诺是指受约人同意接受要约的交易条件以缔结合同的意思表示。《联合国国际货物销售合同公约》第 18 条规定,受约人声明或作出其他行为表示同意一项要约,即承诺。《国际商事合同通则》(Principles of International Commercial Contracts, PICC) 第 2.1.6 条也规定,受约人作出的表示同意要约的声明或其他行为构成承诺。

《国际商事合同通则》

《国际商事合同通则》是国际统一私法协会 1994 年编撰的,2004 年做了大的修订,2010 年、2016 年也作了修订。它是一部具有现代性、广泛代表性、权威性与实用性的商事合同统一法。它可为各国立法所参考,为司法、仲裁所适用,是起草合同、谈判的工具,也是合同法教学的参考书。通则规范国际贸易的合同内容,不仅包括有形贸易,还包括无形贸易。它所适用的国际商事合同类型,既有国际货物销售合同,又有国际服务贸易合同和国际知识产权转让合同,即适用于全部国际商事合同。

《国际商事合同通则》旨在为国际商事合同制定一般规则,在当事人约定其合同受该通则管辖时,应适用通则;在当事人约定其合同适用法律的一般原则、商人习惯法或采用类似措辞时,可适用该通则;在当事人未选择任何法律管辖其合同时,可适用该通则;该通则还可用于解释或补充国际统一法文件,解释或补充国内法,并作为国内和国际立法的范本。从统一法分类宽泛的角度看,它既可以被称为示范法、统一规则,也可以被称为国际惯例。从实用的角度看,一国在制定或修订合同法时可以把它作为示范法、参考、借鉴其条文;合同当事人可以选择它作为合同的准据法(适用法),作为解释合同、补充合同、处理合同纠纷的法律依据。此外,当合同的适用法不足以解决合同纠纷所涉及的问题时,法院或仲裁庭可以把《国际商事合同准则》的相关条文视为法律的一般原则或商人习惯法,作为解决问题的依据,起到对当事人的意思自治以及适用法律的补充作用。

2. 承诺的方式

按照《联合国国际货物销售合同公约》的规定,承诺的方式可以采用明示通知,也可以采

用行为表示同意,但缄默或不行为本身不构成承诺。明示的方式包括口头和书面。所谓以行为来承诺,就是根据交易习惯或当事人的约定,以受约人的特定行为用默示的方式表示接受,如以发运货物或支付货款行为表示接受要约。但缄默和不行为不同于默示,缄默和不行为是没有任何行为表示。如果受约人不以其行为表示拒绝要约,不能因此认为合同已经成立,因为一项要约提供给受约人的是一个承诺权,受约人有权按照自己的意志决定承诺还是不承诺。除法律有特别规定外,受约人在拒绝要约时没有通知的义务。在外贸实践中,一方收到另一方的要约后,通常都给予答复,这是出于当事人的友好和礼节。从法律上看,受约人是没有义务必须答复的。但如果在长期的交易习惯中双方都认可了缄默和不行为为接受的方式,则也可以使其成为一种承诺的方式。

3. 承诺的构成

一项有效的承诺必须具备以下四个条件。

(1) 承诺必须由受约人或其代理人作出。由于要约是向特定的人发出的,所以承诺必须由特定的人(受约人或其授权的代理人)作出。除此之外,任何第三人即使知道要约的内容并对此作出同意的意思表示,也不是承诺,不能成立合同。

(2) 承诺必须在有效期限内作出。如果要约规定了承诺的有效期限,则承诺应在规定的期限内作出;如果要约没有规定期限,则承诺应在合理的时间内作出。各国法律和《联合国国际货物销售合同公约》都规定,承诺应在要约的有效期内作出。《联合国国际货物销售合同公约》第20条对承诺的期限的计算作出了明确的规定,其第1款规定:要约人在电报或信件内规定的承诺期间,从电报交发时刻或信上载明的发信日期起算,如信上未载明发信日期,则从信封上所载日期起算;要约人以电话、电传或其他快速通信方法规定的承诺期间,从要约送达受约人时起算。第2款规定:在计算承诺期间时,承诺期间内的正式假日或非营业日应计算在内;但是,如果承诺通知在承诺期间的最后一天未能送到要约人地址,因为那天在要约人营业地是正式假日或非营业日,则承诺期间应顺延至下一个营业日。根据各国法律,如果承诺未在要约的有效期内作出,而在有效期之后才到达要约人,则该承诺无效,合同不能成立。

(3) 承诺的内容应与要约保持一致。承诺的内容与要约一致是合同成立的核心要素。两大法系对此都采用了统一的原则。如果承诺与要约不一致,则只能被视为一项新的要约。虽然早期的合同法要求绝对一致,即采用所谓的镜像原则,但现在各国对此都有所突破。例如,《美国统一商法典》规定,"在合理时间内寄送的承诺表示或确认书,只要确定并且及时,即使与原要约或原同意的条款有所不同或对其有所补充,仍具有承诺的效力,除非承诺中明确规定,以要约人同意这些不同的或补充的条款为承诺的生效条件"。《联合国国际货物销售合同公约》第19条第1款则规定,对要约表示承诺,如载有添加、限制或其他更改,应视为对要约的拒绝,并构成反要约(counter-offer)。第19条第2款又规定,承诺中载有对要约的添加或不同条件,如在实质上并不变更要约的条件,则除要约人在不过分延迟的期间以口头或书面提出异议,仍可构成承诺,合同仍可有效成立,合同条件以要约中的条件及承诺时所添加或更改后的条件为准。第19条第3款对"实质性的变更"作了明确的界定:有关货物价格、付款、货物的质量和数量、交货地点和时间、一方当事人对另一方当事人的赔偿责任范围或解决争端等等的添加或不同条件,均视为在实质上变更要约的条件。也就是说，含有对以上六项条款的添加或不同条件的承诺是无效的承诺，构成了反要约。对这六个方面之外的条款作出变更，如包装条款、单据条款等，一般不视为实质性的变更。

（4）承诺必须以明示或行为作出。

① 受约人接受要约，必须以一定的方式让要约人知悉。明示是最常见的一种表达方式。如果要约要求答复，承诺必须以明确的声明表示。如果要约人对承诺方式没有特定要求，承诺也可根据受约人的行为来推断。这种行为通常是指履行的行为，如预付货款、装运货物等。作为一般规则，《联合国国际货物销售合同公约》规定，缄默或不行动本身不等于承诺。

② 上述规则允许例外。如果双方当事人自己同意缄默构成承诺，或者当事人之间在该问题上有习惯做法或惯例，则不受此限制。

4. 承诺生效的时间

一般认为，承诺生效的时间即合同成立的时间。对此，英美法系和大陆法系有不同的规定。

英美法系采用投邮生效原则，即以信件、电报作出承诺时，只要受约人将信件投邮或将电报交付邮局，承诺即生效。其目的是缩短要约人撤销要约的时间，以协调要约人与受约人之间的利益。但其弊端是明显的，如果承诺的信件、电报途中出现丢失，要约人在不知情的情况下，仍需要承担合同义务。

大陆法系采用的是到达生效原则，即承诺的信件、电报到达要约人时才能生效。例如，根据德国法，承诺的函电只要送达要约人的支配范围即告生效，而不管要约人是否知悉承诺的内容。如果由于邮局或其他外在因素而使承诺丢失，则由发出承诺方自负其责，即承诺不生效，合同不成立。

大陆法系的这一原则也被《联合国国际货物销售合同公约》所采纳。其第18条规定，承诺于表示同意的通知送达要约人时生效。但同时公约还规定，如果根据要约的规定，或者根据交易习惯，受约人以行为作出承诺，承诺于该行为作出时生效，无须受约人另行发出通知。《国际商事合同通则》对此也作了同样的规定。

5. 承诺的撤回

承诺在生效以前可以撤回。承诺生效后，合同就已经成立，不存在承诺的撤回问题。不同法系采用的承诺生效的时间不同，因此，承诺撤回只有在采用大陆法系的到达生效原则时才存在。《联合国国际货物销售合同公约》规定，承诺可以撤回，只要撤回通知于承诺之前或同时到达受约人。

三、合同合法性的争议

（一）英美法系

关于合同的合法性问题，英国法和美国法有着许多基本的相似之处，故在这里一并加以介绍。

第二章　国际贸易合同争议解决理论与实务

1. 合同违法的原因和表现

根据英美法的理论,合同违法的实质是违反法律背后的公共政策(public policy),即作为法律制定和实施的依据、反映社会公共利益的政策。违法的合同要么与制定法背后的公共政策相抵触,要么与普通法所贯彻的公共政策相抵触。

2. 合同的订立或履行违法的后果

早在1775年,英国历史上著名的法官曼斯菲尔德伯爵就在审理一个案件时指出:"公共政策上的原则是:*ex dolo malo non oritur actio*(拉丁文,意为:对不法诉因不准予起诉)。当一个人将其诉因建立在一种不道德的或一种非法的行为之上时,任何法院都不会向其提供援助。"在历史上,这一原则始终是英美法院处理违法合同的基本准则。

(二)大陆法系

1. 法国

(1)《法国民法典》第6条的规定及其适用。在法国,有关合同合法性的制度是依据《法国民法典》第6条规定的基本原则确立和发展的。该条规定为:"当事人不得以特别约定违反有关公共秩序和善良风俗的法律。"这一规定使"合同不违背公共秩序和善良风俗"成为合同有效成立的条件。

(2)合同违反公序良俗的后果。依多数法国学者的观点,违反公序良俗的合同是损害社会利益的合同,因而属于绝对无效的合同。根据法国法处理各种无效合同的一般原则,如果合同在被法院确认无效之前尚未履行,则合同不得再履行,这一结果对违反公序良俗的合同而言也不例外。如果一个合同在被确认无效时已得到全部或部分的履行,其无效具有溯及力,即当事人订立合同前的财产状态应予恢复。但是,从法国的司法实践来看,这种一般的处置方法在适用于违反公序良俗的合同时出现了大量的例外情况。法国法院在许多案件中作出了不准许当事人返还财产的判决。

2. 德国

(1)《德国民法典》第134条的规定及其适用。《德国民法典》第134条规定:"法律行为违反制定法的禁止性规定时无效,除非可以从制定法推定出不同动机。"即一个合同如果与制定法的规定相违背,则为无效合同。在德国的法律中,存在许多明确的可以使与之相抵触的合同归于无效的规定。以《德国民法典》本身为例,当主请求权的时效消灭时,附属于它的从属给付请求权同时消灭,无论依当事人的约定后一请求权是否消灭。由此可知,当事人不能通过订立合同排除或延长诉讼时效。

(2)对合同的合法性及其后果的裁量。关于合同的合法性,德国法院在现代的审判实践中注重对个案的具体情况进行分析,注重对社会利益、合同当事人的利益及第三人的利益进行权衡。根据《德国民法典》第134条的规定解释立法者的意图时,不轻易作出使合同归于无效的解释;在对禁止性法规中包含的社会利益与私人的合同权利以及通过确认交易的效力保护商事交易所实现的社会利益进行权衡时,对私人的合同权利和后一种社会利益给予必要的关注和重视。

在处理有关合同合法性的案件时,德国法院的方法和技巧在审理高利贷合同的过程中得到了充分的体现。在这类案件中,对于贷款利息超过法律规定的限额的情况,如果判决合同无效,并且根据《德国民法典》第812条关于不当利得应返还的规定令借方返还借款,则借方会立即陷入经济困境,因为该方不得不提前偿还未来到期的借款;如果判决贷方无权收回贷款,则使借方获得大笔的不当利得,违背了公正性原则。对此,德国法院在一系列的判决中将合同的利息条款与合同的其他部分分解,认定利息条款无效,合同的主体有效,然后判决该合同为一个免除利息的合同,即借方不用再偿付任何利息。

(三) 中国

合同无效是指合同已经具备成立要件,但欠缺一定的生效条件,因而自始、确定、当然地不发生法律效力。无效原因包括:① 一方以欺诈、胁迫的手段订立合同,损害国家利益;② 恶意串通,损害国家、集体或者第三人利益;③ 以合法形式掩盖非法目的;④ 损害社会公共利益;⑤ 违反法律、行政法规的强制性规定。合同部分无效,但不影响其他部分效力的,其他部分仍然有效。

合同无效、被撤销或者终止的,不影响合同中独立存在的有关解决争议的条款的效力。合同无效、被撤销后,因该合同而取得的财产应当予以返还;不能返还或者没有必要返还的,应当折价补偿。对于无过错一方因此受到的损失,由有过错方承担赔偿责任。恶意串通的,取得的财产收归国家所有或者返还集体、第三人。

中国《民法典》第502条规定,依法成立的合同,自成立时生效,但是法律另有规定或者当事人另有约定的除外。依照法律、行政法规的规定,合同应当办理批准等手续的,依照其规定。未办理批准等手续影响合同生效的,不影响合同中履行报批等义务条款以及相关条款的效力。应当办理申请批准等手续的当事人未履行义务的,对方可以请求其承担违反该义务的责任。依照法律、行政法规的规定,合同的变更、转让、解除等情形应当办理批准等手续的,适用前款规定。同时,第507条规定,合同不生效、无效、被撤销或者终止的,不影响合同中有关解决争议方法的条款的效力。

四、合同违约的争议

违约是指订立合同的当事人没有按照合同的规定履行其合同义务。除了由不可抗力、情势变更或合同落空等原因造成的不履行合同的行为,行为人应当承担相应的法律责任,即违约责任。要求违约方承担违约责任的权利就是法律赋予守约方的一种对利益损失的救济。

违约的表现形式各种各样,既有全部违约,也有部分违约。由于违约的情况各有不同,违约方所承担的违约责任也有所区别。

1. 大陆法系

《德国民法典》将违约分为给付不能和给付延迟。

(1) 给付不能。给付不能是指债务人由于种种原因不可能履行其合同义务。给付不能可分为以下两种情况:① 自始不能,即在合同成立时该合同就不可能履行;② 嗣后不能,即在合同成立时,该合同是有可能履行的,但是在合同成立后,由于出现了阻碍合同履行的情况从而使合同不能履行。

(2) 给付延迟。给付延迟是指合同已届履行期,而且是可能履行的,但合同当事人未按期履行其合同义务。给付延迟又分为无过失的给付延迟与有过失的给付延迟。凡合同履行期届满,经催告违约方仍不履行,则违约方自受催告时起负延迟责任;但因非违约方的过失而未按时履行,则不负延迟责任。

由于给付不能和给付延迟不可能包括违约的所有情况,德国法院在司法判决中创立了积极违约的概念。但在德国法中,未对积极违约形成统一的定义,可以将其理解为给付不能和给付延迟之外其他形式的违约,如恶意的违约行为。在适用范围内,积极违约只有在《德国民法典》的规定及传统的救济方法不能提供适当的救济时,才会被采用。

2. 英美法系

(1) 英国法。英国法根据合同条款的性质不同,将违约形式分为违反条件、违反担保和违反中间性条款。

① 违反条件。违反条件是指违反了合同中的主要条款。在这种情况下,非违约方有权解除合同,并可要求损害赔偿。

② 违反担保。违反担保是指违反合同的次要条款或随附条款。它的法律后果与违反条件不同,蒙受损害的一方不能解除合同,只能向违约的一方请求损害赔偿。

③ 违反中间性条款。违反中间性条款是指违反有别于"条件"与"担保"的条款。当一方违反这类中间性的条款时,对方是否有权解除合同,必须视此种违约的性质及其后果的严重性而定。

(2) 美国法。美国法按照违约后果的严重程度不同,将违约分为轻微违约与重大违约。

① 轻微违约。尽管债务人在履约中存在一些缺点,但是债权人已经从中得到该项交易的主要利益。当一方有轻微违约时,受损害方可以要求赔偿损失,但是不能解除合同。

② 重大违约。由于债务人没有履行合同或履行合同有缺陷,致使债权人不能得到该项交易的主要利益。对此,受损害的一方可以解除合同,同时要求赔偿全部损失。

此外,在英美法系中还有预期违约和履行不可能的概念。预期违约是指一方当事人在合同规定的履行期到来之前,就表示其届时将不履行合同。履行不可能有两种情况:一种是在订立合同时该合同就不可能履行;另一种是在订立合同后,发生了使合同不可能履行的情况。前者相当于大陆法系的自始给付不能,后者相当于嗣后给付不能。

3. 《联合国国际货物销售合同公约》的规定

《联合国国际货物销售合同公约》对违约的分类类似美国法,着重以违约造成的后果和严重程度为标准将违约分为根本违约和非根本违约。此外,也有预期违约的规定。

(1) 根本违约和非根本违约。《联合国国际货物销售合同公约》第25条规定:"一方当事人违反合同的结果,如使另一方当事人蒙受损害,以至于实际上剥夺了他根据合同规定有权期待得到的东西,即为根本违反合同,除非违反合同的一方并不预知而且同样一个同等资格、通情达理的人处于相同情况中也没有理由预知会发生这种结果。"构成根本违约的基本标准是,实际上剥夺了受损一方根据合同有权期待得到的东西。但对何谓"实际上剥夺",公约未加以规定,这就需要根据每一合同的具体情况(如合同金额、违反合同造成的金额损失,或违反合同对受损方其他活动的影响程度等）确定损害是否重大，是否严重地剥夺了对方的经济利益。对根本违约，公约规定受损的当事人可以同时采用解除合同和其他任何合法的救济方法。

根本违约以外的实际违反合同即非根本违约。对此，公约规定，受损的当事人只能采取其他合法的救济方法而不能要求解除合同。

（2）预期违约。预期违约是指合同订立后，因一方当事人履行义务的能力或信用有严重缺陷，或者在准备履行合同或履行合同中的行为表明其将不履行大部分义务，则另一方可以中止履行其义务。但应立即通知对方，当对方对履行合同提供了充分的保证时，如提供了银行保函或抵押担保等，中止履行的一方应继续履行合同。当然，中止履行的一方应有上述对方不能履行合同的确切证据，方可中止履行自己的合同义务，否则无根据地怀疑对方不能履行合同，并无确切证据即擅自中止履行合同，则应负违约责任。

如果在合同义务履行之前，明显看出一方当事人将根本违约，如特定物已经灭失，则在这种预期根本违约的情况下，双方可以解除合同。

4. 中国《民法典》

中国民法典对违约形式的规定较为全面，既借鉴了大陆法系和英美法系的相关理念，又结合了我国的实际情况，形成了具有中国特色的违约形式分类体系。

（1）迟延履行。迟延履行是指债务人未在合同约定的履行期限内履行合同义务，包括债务人迟延履行和债权人迟延受领两种情形。债务人迟延履行时，债权人可以要求其继续履行，并可主张迟延履行期间的利息损失等；债权人迟延受领时，债务人可以请求债权人赔偿因迟延受领而增加的费用。

（2）不完全履行。不完全履行是指债务人履行合同义务不符合合同约定的质量、数量、方式等要求。例如，合同约定交付的货物存在质量问题，或者交付的数量少于约定的数量等。对于不完全履行，债权人可以要求债务人补救，如更换、修理货物，或者补足数量等，同时可主张相应的损失赔偿。

（3）拒绝履行。拒绝履行是指债务人明确表示不履行合同义务，或者以自己的行为表明不履行合同义务。例如，债务人无正当理由拒绝支付合同约定的款项，或者拒绝交付合同约定的货物等。对于拒绝履行，债权人可以要求债务人继续履行合同义务，并可主张因拒绝履行而造成的损失。

（4）预期违约。预期违约是指在合同履行期限到来之前，债务人明确表示或者以自己的行为表明将不履行合同义务。例如，债务人提前通知债权人将不履行合同，或者在准备履行合同的过程中，债务人的行为表明其将不履行合同等。对于预期违约，债权人可以要求债务人承担违约责任，包括要求其继续履行合同义务、赔偿损失等。

五、买卖双方义务

（一）卖方的主要义务

在国际货物买卖中，卖方的义务主要有以下三项：第一，交付货物；第二，移交所有与货物相关的单据;第三,把货物的所有权移转给买方。

1. 交货的时间与地点

(1) 英美法系。

① 英国。按照英国法律,假如买卖双方没有在合同中规定交货的地点,一般在卖方的营业地进行交货。如果合同的标的物属于特定物,且双方在缔约时都知道该特定物所在何处,则以该地为交货的地点。

假如买卖双方对于交货时间没有约定,则卖方应该在合理的时间内交货。如果买方要求或者授权卖方把货物运交给买方,则卖方把货物交给承运人就推定已经完成交货的义务。

② 美国。根据《美国统一商法典》第2-308条的规定,假如买卖双方没有在合同中规定交货的地点,一般在卖方的营业地进行交货。卖方没有营业地的,交货地点为卖方的住所地。如果合同的标的物属于特定物,且双方在缔约时都知道该特定物所在何处,则以该地为交货的地点,所有权凭证则可以通过惯常的银行渠道交付。

根据《美国统一商法典》第2-309条的规定,买卖双方没有约定交货或者运货的时间,或者没有约定其他合同行为具体的履行时间,法律也没有强制要求的,当事人应该在合理的时间之内完成所应该的交货或者其他合同行为。

可见,在英美法系国家,当合同没有约定交货地点的时候,一般采用卖方营业地标准。在合同没有约定交货时间的情况下,一般采用合理时间作为标准,这样的规定使得法官有很大的自由裁量空间,根据判例或者商业惯例进行裁判。这样的规定也具有一定的引导作用,即要求从事买卖交易的主体(一般是商事主体)达到理性人的标准,更好地维持交易的安全和效率。

(2) 大陆法系。

① 交货地点。根据大陆法系的规定,卖方履行交货义务的地点应当是合同规定的地点;在没有约定交货地点的情况下,主要国家的规定与英美法系的观点大体一致,但《日本民法典》却规定应于买方的营业地交货。

② 交货时间。根据大陆法系主要国家的规定,如果买卖双方没有约定交货时间,则买方有权要求卖方及时交货,卖方也有权在合同成立生效之后及时交货。

(3)《联合国国际货物销售合同公约》的规定。

① 交货地点。在当事人之间没有约定交货地点的情况下,《联合国国际货物销售合同公约》采纳了各国的普遍做法,第31条规定,如果卖方没有义务要在任何其他特定地点交付货物,其交货义务如下:如果销售合同涉及货物的运输,卖方应把货物移交给第一承运人,以运交给买方;在不属于上一款规定的情况下,如果合同指的是特定货物或从特定存货中提取的或尚待制造或生产的未经特定化的货物,而双方当事人在订立合同时已知道这些货物是在某一特定地点,或将在某一特定地点制造或生产,卖方应在该地点把货物交给买方处置;在其他情况下,卖方应在其于订立合同时的营业地把货物交给买方处置。

② 交货时间。关于交货时间,《联合国国际货物销售合同公约》综合了两大法系的做法,第33条规定,卖方必须按以下规定的日期交付货物:如果合同规定有日期,或从合同可

以确定日期,应在该日期交货;如果合同规定有一段时间,或从合同可以确定一段时间,除非情况表明应由买方选定一个日期外,应在该段时间内任何时候交货;在其他情况下,应在订立合同后一段合理时间内交货。

(4)我国《民法典》的规定。买卖合同货物的交付地点,如果合同当事人约定有交付地点,出卖人应当按照合同约定的地点交付标的物。如果合同当事人没有约定交付地点或约定不明确,可以协议补充。我国《民法典》第603条规定,出卖人应当按照约定的地点交付标的物。当事人没有约定交付地点或者约定不明确,依照《民法典》第510条的规定仍不能确定的,适用下列规定:标的物需要运输的,出卖人应当将标的物交付给第一承运人以运交给买受人;标的物不需要运输,出卖人和买受人订立合同时知道标的物在某一地点的,出卖人应当在该地点交付标的物,而不知道标的物在某一地点的,应当在出卖人订立合同时的营业地交付标的物。

2. 提交有关货物的单据

在国际货物买卖中,单据是贸易的重要组成部分,是买方提取货物、办理报关手续、转售货物、保险索赔的必要凭证,具有十分重要的作用。这类与货物有关的单据主要指提单、保险单、商业发票、品质检验书、原产地证书、领事发票等。

根据《联合国国际货物销售合同公约》第34条的规定,如果卖方有义务移交与货物有关的单据,必须按照合同所规定的时间、地点和方式移交这些单据。如果卖方在那个时间以前已移交这些单据,可以在那个时间到达前纠正单据中任何不符合同规定的情形。但是,这种权利的行使不得使买方遭受不合理的不便或承担不合理的开支。而且,买方可以保留公约所规定的要求损害赔偿的权利。

3. 关于货物的品质担保义务

(1)法国。《法国民法典》规定买方只有就隐蔽的瑕疵才有向卖方主张担保的权利,隐蔽的瑕疵不会在买方检查出售货物的时候显示出来,卖方对于明显的买方自己能辨认出来的瑕疵不做担保。法国所指的货物的瑕疵是指缺乏一项所期待的质量或者缺乏一项所允诺的质量。瑕疵必须在买卖成立之前存在,或者至少与买卖同时存在,但在买卖之后才显示出来。在交付之后长期的使用即磨损造成的缺陷,更不必说拙劣使用造成的缺陷,买方不可援用担保。货物与合同不符有别于瑕疵担保,属于交货义务的领域。

(2)德国。《德国民法典》规定了货物的瑕疵担保,《德国商法典》规定了商事买卖担保。这些关于瑕疵担保的规定没有区分隐蔽和非隐蔽。卖方应该向买方保证货物在风险责任移交于买方之时不存在失去或者减少其价值,或者降低其通常使用用途或合同规定用途的瑕疵。

(3)英国。《英国1994年货物销售与供应法》引入了"令人满意的品质"的概念,规定:"(2A)为达到本法之目的,如果货物的品质包括货物的说明、价格以及其他有关情况,货物达到被合理人认为满意的标准,则该货物具有令人满意的品质。(2B)为本法之目的,货物的品质包括其状态和条件,在适当的情况下,下列(不限于这些内容)属于货物的品质:(a)适合一般供应该种货物的所有目的;(b)外观良好且已完成;(c)不存在微小的缺陷;(d)安全;(e)具有持续性。"

英国法把卖方的上述义务称为默示条件。如果当事人之间存在有关货物品质的特别规定,则默示条件补充适用,当事人也可以在合同中约定排除某些默示条件的适用。

(4) 中国。依照我国《民法典》的相关规定,卖方对买方承担的货物的品质担保主要有以下内容。

① 遵照合同约定的品质担保。卖方应当按照约定的质量要求交付标的物。卖方提供有关标的物质量说明的,交付的标的物应当符合该说明的质量要求。

② 合同无约定时的品质担保。当事人对标的物的质量要求没有约定或者约定不明确的,可以另行协商;未能达成一致意见的,按照国家标准、行业标准履行;没有国家标准、行业标准的,按照通常标准或者符合合同目的的特定标准履行。

③ 关于样品买卖的品质担保。凭样品买卖的当事人应当封存样品,并可以对样品质量予以说明。卖方交付的标的物应当与样品及其说明的质量相同。凭样品买卖的买方不知道样品有隐蔽瑕疵的,即使交付的标的物与样品相同,卖方交付的标的物的质量仍然应当符合同种物的通常标准。

④ 关于货物的包装。卖方应当按照约定的包装方式交付标的物。对包装方式没有约定或者约定不明确的,可以另行协商;未能达成一致意见的,应当按照通用的方式包装,没有通用方式的,应当采取足以保护标的物的包装方式。

⑤ 品质担保的免除。当事人约定检验期间的,买方应当在检验期间将标的物的数量或者质量不符合约定的情形通知卖方。买方怠于通知的,视为标的物的数量或者质量符合约定。当事人没有约定检验期间的,买方应当在发现或者应当发现标的物的数量或者质量不符合约定的合理期间内通知卖方。买方在合理期间内未通知或者自标的物收到之日起两年内未通知卖方的,视为标的物的数量或者质量符合约定,但对标的物有质量保证期的,适用质量保证期,不适用该两年的规定。卖方知道或者应当知道提供的标的物不符合约定的,买方不受以上通知时间的限制。

(5) 《联合国国际货物销售合同公约》的规定。

《联合国国际货物销售合同公约》第35条规定了卖方的品质担保义务。卖方交付的货物必须与合同所规定的数量、质量和规格相符,并须按照合同所规定的方式装箱或包装。除双方当事人业已另有协议外,货物除非符合以下规定,否则即与合同不符:① 货物适用于同一规格货物通常使用的目的;② 货物适用于订立合同时曾明示或默示地通知卖方的任何特定目的,除非情况表明买方并不依赖卖方的技能和判断力,或者这种依赖是不合理的;③ 货物的质量与卖方向买方提供的货物样品或样式相同;④ 货物按照同类货物通用的方式装箱或包装,如果没有此种通用方式,则按照足以保全和保护货物的方式装箱或包装。如果买方在订立合同时知道或者不可能不知道货物不符合同,卖方就无须按上述规定负有此种不符合同的责任。

同时,第39条规定了卖方品质担保责任的免除。买方对货物不符合同,必须在发现或理应发现不符情形后一段合理时间内通知卖方,说明不符合同情形的性质,否则就丧失声称货物不符合同的权利。无论如何,如果买方不在实际收到货物之日起两年内将货物不符合同情形通知卖方,就丧失声称货物不符合同的权利,除非这一时限与合同规定的保证期限不符。但是根据第40条的规定,如果货物不符合同规定指的是卖方已知道或不可能不知道而又没有告知买方的一些事实,则卖方无权援引第38条和第39条的规定。

案例讨论：关于产品质量问题合同纠纷案

一、基本案情

2015年4月，安徽某钛白粉生产公司（以下简称"安徽公司"）与美国某钛白粉设备生产公司（以下简称"美国公司"）签订一份购销合同，约定由美国公司供应9台钛白气粉机及部分配件，合同中有关设备、配件及服务的总金额为1 580 428美元。在上述合同签订前，美国公司曾向安徽公司的工作人员发送《42钛白粉气粉机建议书及技术附件》。相关文件中均没有直接约定气粉机的质量、验收标准，但购销合同第5条约定保障最终产品粒径D88≤0.6 μm，保障产能4吨/小时等。同时，"交付计划"约定：接受订货并收到定金后2~4周提交确认图纸；2周确认图纸，尽可能小改动；接受订货，收到并接受定金后22~24周进行生产。购销合同与技术附件中均明确约定设计图纸由安徽公司最终确认批准，美国公司不对经安徽公司确认批准后的设计图纸的充分性负有责任，也不对安装完成后无法与非美国公司提供的设备共同作业负有责任。后安徽公司按照购销合同约定支付了全部货款。

美国公司按安徽公司批准同意的设计图纸生产并交付了案涉气粉机，但经两次试运行后均无法正常运行，严重影响安徽公司正常生产经营。安徽公司遂于2018年首次提起诉讼，请求法院判令解除合同，并主张美国公司退还其全部货款及赔偿相应损失费用。

二、案件裁决

本案中，一审法院认为安徽公司主张案涉产品存在质量问题，证据不足，要求解除合同，缺乏法定理由及依据，故判决驳回安徽公司全部诉请。安徽公司不服提起上诉，并在二审中更换原诉讼代理人，力证案涉气粉机本身存在质量问题及设计缺陷，致使合同目的无法实现，安徽公司依法有权解除合同，并主张相应损失赔偿。

最终，该案经过一审、二审，发回重审后的一审、二审，安徽省高级人民法院作出(2022)皖民终368号民事判决，认定案涉货物存在质量问题致使合同目的无法实现，判决解除合同，并判决美国公司赔偿货款及损失共计四百余万元。后美国公司向中华人民共和国最高人民法院申请再审，最高院作出(2023)最高法民申1039号民事裁定书，驳回了美国公司的再审申请。

三、思考题

1. 当买卖合同出现纠纷时，应遵循哪些基本原则和步骤寻求解决？
2. 在国际货物贸易中，买方如何有效预防和应对供应商设备质量问题引发的重大经济损失？

四、资料来源

根据合肥市中级人民法院网站案例编写。

4. 关于货物的权利担保义务

（1）大陆法系。大陆法系国家关于卖方对货物的权利担保义务的立法起源于罗马法,集中体现在各个国家的民法典之中。关于卖方对货物的权利担保义务,大陆法系的基本观点是卖方负有义务将合同标的物的所有权移转至买方,并担保该标的物不被第三人追夺。

(2) 英美法系。《美国统一商法典》第 2-312 条规定了卖方对货物的权利担保义务。

第一,所有权的担保。卖方向买方转让的合同标的物具有完整的所有权,不存在任何买方在订立合同时不了解的担保权益或者其他的留置权,并且卖方转让所有权的方式是适当的。

第二,所有权担保的排除或修改。只有通过具体的语言表达,或者只有在客观情况使买方有理由知道卖方不保证对所交付的货物享有完整的所有权,或者卖方交易的只是卖方针对货物所享有的部分权益时,卖方才可以排除担保。

第三,排除侵权的担保。假如卖方是从事交易的商人,那么卖方应该担保在交付货物之后,买方不会受到任何第三方以侵权或者类似原因提出的有效指控。在这里,第三方所享有的权利一般是对货物所享有的知识产权,如商标权、专利权等。

第四,排除侵权担保的免除。如果卖方交付的货物是根据买方提供的技术规格生产的,则卖方免除上述担保。

(3)《联合国国际货物销售合同公约》的规定。《联合国国际货物销售合同公约》第 41—45 条就卖方对货物的权利担保义务作了明确规定,主要包括以下五点内容。

第一,卖方所交付的货物必须是第三方不能提出任何权利或要求的货物,除非买方同意在这种权利或要求的条件下收取货物。

第二,卖方所交付的货物必须是第三方不能根据工业产权或其他知识产权主张任何权利或要求的货物,但以卖方在订立合同时已知道或不可能不知道的权利或要求为限,而且这种权利或要求根据以下国家的法律规定是以工业产权或其他知识产权为基础的:如果双方当事人在订立合同时预期货物将在某一国境内转售或做其他使用,则根据货物将在其境内转售或做其他使用的国家的法律;或者在任何其他情况下,根据买方营业地所在国家的法律。

第三,卖方上述义务不适用于以下情况:买方在订立合同时已知道或不可能不知道此项权利或要求;此项权利或要求的发生,是由于卖方要遵照买方所提供的技术图样、图案、款式或其他规格。

第四,买方如果不在已知道或理应知道第三方的权利或要求后一段合理时间内,将这种权利或要求的性质通知卖方,就丧失对卖方要求担保的权利。卖方如果知道第三方的权利或要求以及这种权利或要求的性质,就无权对买方进行前述抗辩。

第五,买方如果对其未发出所需的通知具备合理的理由,仍可减低价格,或要求利润损失以外的损害赔偿。

(4) 我国的相关规定。我国《民法典》第 612 条规定:"出卖人就交付的标的物,负有保证第三人对该标的物不享有任何权利的义务,但是法律另有规定的除外。"第 613 条规定:"买受人订立合同时知道或者应当知道第三人对买卖的标的物享有权利的,出卖人不承担前条规定的义务。"

卖方要把货物的所有权移转至买方,即买方取得所有权,在一般情况下,需要满足三个要件：第一，卖方享有货物的处分权；第二，买卖双方存在合法有效的买卖合同；第三，通过卖方的交付或者其他行为，买方实质上占有了货物。

(二) 买方的主要义务

1. 大陆法系

(1) 德国。《德国民法典》明确规定，买方对卖方负有以下两项义务：一是支付合同约定的价款；二是受领卖方交付的合同标的物。如果买卖双方在订立合同时未约定成交的价款，则应该依据市场价格来确定，这里的"市场"指的是买方清偿的地方。如果合同里也没有约定清偿地，则买方应该在卖方的所在地支付货款。

(2) 法国。《法国民法典》第1650条规定，买方的主要义务是根据合同规定的时间和地点支付卖方货款。第1651条规定，如果买卖双方在订立合同时没有约定支付货款的时间和地点，则买方应该在交付货物的地点和时间支付卖方货款。第1654条还规定如果买方没有向卖方支付货款，卖方可以请求解除该买卖合同。

2. 英美法系

(1) 英国。根据英国判例法和成文法的规定，在买卖合同中，买方的主要义务是支付货款和接受货物。关于买方的义务，英国法比大陆法系的规定更为详细具体。

① 支付货款。除非买卖双方当事人在合同中有约定，否则卖方的交货与买方的付款为法定的对流条件，即买卖双方必须准备好货物和价金，双方应该同时履行义务，不可以对方的履行为己方履行的前提，也就是现实生活中人们常常提到的"一手交钱，一手交货"。

② 接受货物。英国法把买方对于货物的受领分为收到货物和接受货物。买方收到货物只是对于卖方交付货物至买方这一状态的承认。买方接受货物则是指买方通过检验货物，认可卖方交付的货物质量，主观和客观上都受领货物的意思表示。因此，英国法把买方接受货物的义务与买方检验货物的权利结合起来。

(2) 美国。《美国统一商法典》规定买方的主要义务是支付货款和受领货物，并且把它们同买方检验货物的权利结合起来。《美国统一商法典》更加注重对于买方验货权利的规范，因为其第2-513条的标题就为"买方检验货物的权利"。该条规定的主要内容有四个方面。

第一，如果任意一方当事人提示交货，或者卖方已经交货，或者货物已经特定于买卖合同之下，买方在支付货款或者接受货物之前有权在任何合理的时间和地点以任何合理的方式检验货物。

第二，检验的费用由买方承担，除非货物不符合同规定且买方拒绝受领，则由卖方承担。

第三，合同作下列规定时，买方无权在支付合同价款之前检验货物：其一，根据合同的履行过程、整个交易过程或者贸易惯例，可以对交货条款进行解释，使其排除买方在付款前验货；其二，合同规定依照所有权凭证进行付款，除非存在验货机会，而且没有界临付款期限。

第四，当事人自行选择的验货地点和标准被假定为唯一的地点和标准，除非另有协议，此种选择并不推迟货物特定化的时间，也不改变交货的地点和损失风险移转的地点。如果无法按照当事人的选择进行验货,应该按照法定的方式进行检验,除非所选择的检验地点和标准被明确作为合同有效的必要条件。

3.《联合国国际货物销售合同公约》的规定

《联合国国际货物销售合同公约》(以下简称《公约》)第53条规定:"买方必须按照合同和本公约规定支付货物价款和收取货物。"在国际货物买卖合同中,买方的主要义务也有两项:一是支付货款;二是收取货物。所谓"按照合同和本公约",指的是合同对于当事人的适用优先于公约的规定。在此根据《联合国国际货物销售合同公约》第三部分第三章的规定对买方的义务进行介绍。

(1) 支付货款。在公约的规定中,买方支付货款的义务涉及支付手续、确定支付价格、确定付款时间与地点等多个方面,比各个国家的规定都更为具体详细。

① 履行必要的付款手续。《公约》第54条规定:"买方支付价款的义务包括根据合同或任何有关法律和规章规定的步骤和手续,以便支付价款。"所谓的"步骤和手续"一般指:申请信用证或者银行保函;到政府部门或者银行进行合同注册;在实行外汇管制的国家,还需要向政府申请用于支付货款的外汇等。在该条中,买方所要进行的步骤和手续有两个依据:一是当事人签订的合同;二是法律规章。基于这两个依据而产生的买方义务是两个不同性质的义务。基于合同产生的买方履行必要付款手续的义务是一项绝对的义务,只要买方没有履行合同约定的必要付款手续,买方就应当承担这个责任。如果合同没有约定,买方履行了法定的必要付款手续,可能这些手续没有通过官方的审批,但是只要其已尽最大的努力采取各种措施,就可以免责。

② 确定货物的价格。《公约》第55条规定:"如果合同已有效地订立,但没有明示或暗示地规定价格或规定如何确定价格,在没有任何相反表示的情况下,双方当事人应视为已默示地引用订立合同时此种货物在有关贸易的类似情况下销售的通常价格。"第56条规定:"如果价格是按货物的重量规定的,如有疑问,应按净重确定。"

第一,确定价格的时间是合同订立的时间,而不是交货时间,也不是从订立合同到交货这个时间段。

第二,确定价格的市场环境是有关贸易的类似情况。从这里可以看出英美判例法的影子,遵循先例的做法在此得到应用。

第三,确定价格的数额标准是通常价格,不宜过高,也不宜过低。应该说这点是对上一点关于市场环境规定的扩展,因为价格一般由市场决定。

③ 支付货款的地点。《公约》第57条规定,如果买方没有义务在任何其他特定地点支付价款,则必须在以下地点向卖方支付价款:卖方的营业地;如凭移交货物或单据支付价款,则为移交货物或单据的地点。卖方必须承担因其营业地在订立合同后发生变动而增加的支付方面的有关费用。

买方需要在卖方营业地付款的情形主要有:第一,预付货款;第二,汇付货款;第三,买方在收货之后向卖方支付货款。

按照国际贸易的通常做法,如果采用的是跟单托收的付款方式,卖方应该通过托收银行在买方营业地向买方提交相关的单据,买方凭单据向托收银行付款。如果采用的是信用证付款,通常的做法则是由买方向设在卖方营业地的议付银行提交相关单据,由议付银行凭单据向卖方付款。

④ 支付货款的时间。《公约》第58条规定，如果买方没有义务在任何其他特定时间内支付价款，则必须于卖方按照合同和本公约规定将货物或控制货物处置权的单据交给买方处置时支付价款。卖方可以支付价款作为移交货物或单据的条件。如果合同涉及货物的运输，卖方可以把在支付价款后方可把货物或控制货物处置权的单据移交给买方作为发运货物的条件。买方在未有机会检验货物前，无义务支付价款，除非这种机会与双方当事人议定的交货或支付程序相抵触。

公约把买方支付货款的时间与卖方的权利联系起来，卖方可以把买方支付货款当作移交单据或者发送货物的前提。此外，公约还把买方交付货款的义务与检验货物的权利结合起来，这一点与《美国统一商法典》的规定很相似，趋向于保护买方的利益。

⑤ 支付货款的自觉性。《公约》第59条规定，买方必须按合同和本公约规定的日期或从合同和本公约可以确定的日期支付价款，而无须卖方提出任何要求或办理任何手续。公约这一规定采纳了英美法的观点，而没有采用大陆法的债权催告制度。

(2) 收取货物。关于收取货物，有两方面的规定。

① 采取一切理应采取的行动，方便卖方能交付货物。这一规定充分说明公约认识到，在国际货物买卖交易中，双方当事人之间的相互合作、相互配合是十分重要的。卖方交货需要买方提前采取必要的行动，如及时指定交货的地点、提前申领进口证件、按照合同的约定安排有关运输的事宜等。尤其是当双方在合同中约定适用FOB条件时，买方负责货物运输的工具，如果买方不及时将运输工具的名称、承担重量、交货时间等信息通知卖方，甚至不按照约定时间将运输工具派往装货地点，卖方就无法履行其交货的义务。对此，买方应该承担相应的责任。

> **知识链接**
>
> **FOB**
>
> FOB是国际贸易中常用的贸易术语之一。FOB的全文是"free on board"（named port of shipment），即船上交货（指定装运港），习惯称之为装运港船上交货。按此术语成交，由买方负责派船接运货物，卖方应在合同规定的装运港和规定的期限内，将货物装上买方指定的船只，并及时通知买方。货物在装船时越过船舷，风险即由卖方转移至买方。
>
> 在FOB条件下，卖方要负担风险和费用，领取出口许可证或其他官方证件，并负责办理出口手续。采用FOB术语成交时，卖方还要自费提供证明其已按规定完成交货义务的证件。如果该证件并非运输单据，在买方要求并由买方承担风险和费用的情况下，卖方可以给予协助以取得提单或其他运输单据。

② 接受货物。买方有义务在卖方提交货物的时候及时受领，否则将可能损害卖方的利益。一般情况下，卖方会要求买方在货物到达交货地点时及时卸货并提走货物。如果买方迟延提货，货物将由承运人替代保管，影响承运人的经营安排，从而产生滞期费和其

他费用。这些费用和因此产生的损失可能需要卖方来支付。对此,卖方可以要求买方承担责任。

4. 货物的所有权转移

(1) 英国。英国法认为,货物所有权的移转对风险承担及保险利益具有决定意义,并直接影响到对违约所能采取的救济方法。具体来说,英国法对货物所有权的移转区分了特定物买卖和非特定物买卖两种不同的处理规则。

在特定物买卖合同中,所有权何时转移完全取决于双方当事人的约定。若合同未予明确约定,则由法院根据合同的条款、双方当事人的行为以及整个交易的具体情况来确定缔约双方的意旨。

非特定的货物是指"仅凭说明"进行交易的货物,在将货物特定化之后,其所有权才移转于买方。所谓特定化,就是把处于可交付状态的货物无条件地划拨于合同项下的行为。这种划拨行为可以由买卖双方的任意一方提出,征得对方同意即可。但是,如果卖方在合同中特别声明在买方付款以前保留对货物的处分权,则在该条件满足以后,货物的所有权才移转于买方,而不论该货物是否已经特定化。

(2) 法国。按照《法国民法典》第1583条的规定,当事人就货物及价款协商达成一致时,即使卖方没有交货,买方没有付款,买卖合同仍告成立,而货物的所有权依法由卖方移转至买方。可见,法国法确定的原则是买卖合同的成立决定了货物所有权的移转。但是实践中,法官可以根据实际情况适用如下原则:第一,当事人在合同中有关于货物所有权移转的规定的,首先适用合同的约定;第二,如果买卖附有条件,则在条件满足的时候,所有权才发生移转;第三,如果货物是种类物,则在货物被特定之后才发生所有权的移转。

(3) 国际贸易惯例。《国际贸易术语解释通则》只涉及货物的风险移转,而对货物所有权的移转问题没有具体的规定。一般认为,卖方有义务交付提单的货物买卖合同,如CIF、CFR、FOB合同,货物的所有权在卖方向买方交付代表货物所有权的单据如提单时移转于买方,而其他合同多为在卖方将货物交给买方支配时,所有权才由卖方移转于买方。

法 律 链 接

《国际贸易术语解释通则》

《国际贸易术语解释通则》是由国际商会制定的国际贸易的基础性国际通行规则。《国际贸易术语解释通则》旨在尽可能清楚而精确地界定买卖双方当事人的义务,为方便商业界广泛采用本规则,以现行国际贸易实务上最普遍的做法为基础制定,所规定卖方义务系最低限度的义务,因此,当事人在其个别契约中可以本规则为基础,增加或变更有关条件,加重卖方义务,以适宜其个别贸易情况的特别需要。例如,在CIF条件下,卖方须投保的海上保险种类为平安险,倘若当事人依其交易货物性质、航程及其他因素,认为应投保水渍险较妥时,可在其买卖契约中约定卖方应投保水渍险。

（4）《联合国国际货物销售合同公约》。《联合国国际货物销售合同公约》第 4 条规定："本公约只适用于销售合同的订立和卖方和买方因此种合同而产生的权利和义务。特别是，本公约除非另有明文规定，与以下事项无关：（a）合同的效力，或其任何条款的效力，或任何惯例的效力；（b）合同对所售货物所有权可能产生的影响。"

正是由于各国对于货物所有权移转的不同规定，难以达到高度的统一，所以公约放弃了对各国法律的调和，而只是原则性地规定了卖方具有把货物所有权移交给买方的义务。

（5）中国。我国立法关于货物所有权移转的态度更趋近德国，即基于有效的买卖合同，货物所有权根据卖方的交付行为发生移转。我国《民法典》第 209 条、第 224 条确定了所有权转移时间，即标的物的所有权自标的物交付时起转移，但法律另有规定或者当事人另有约定的除外。

《民法典》第 209 条规定："不动产物权的设立、变更、转让和消灭，经依法登记，发生效力；未经登记，不发生效力，但是法律另有规定的除外。依法属于国家所有的自然资源，所有权可以不登记。"

第三节　国际贸易合同争议解决的实践

案例讨论：拒收瑕疵货物争议案

一、基本案情

申诉人（买方）和被诉人（卖方）于 1990 年 3 月 13 日签订了编号为 JHC9004 号买卖合同一份。合同约定，被诉人出售给申诉人 L-半胱氨酸-氯化氢-水化物（L-Cysteine HCL Monohydratel SP21）1 200 千克。交货时间为 1990 年 4 月 30 日以前。价格条件是 CIF 墨西哥港口，每千克 16 美元，总货款次 19 200 美元。货物采用每铁圆桶 25 千克包装。付款条件是不可撤销的见票即付信用证。合同中有关品质保证和检验索赔的第 6 条规定：卖方保证提供的产品系以最好的材料、一等的工艺制造，产品应是新的和未用过的，其品质、规格完全符合合同要求，品质保证期为从到达目的港之日起 12 个月，货到目的港后，由当地中国商品检验局进行复检，如果发现品质规格或数量不符合合同规定，买方有权在卸货后 90 天内，根据中华人民共和国国家质量监督检验检疫总局下属的进出口商品检验部门出具的检验证书书面向卖方提出索赔（属于保险公司或船公司负责赔偿的除外）。卖方对于与合同不符部分的货物，应予无偿换货。补发短少或除低价格，并负担由此而产生的提货运费、装运费、仓租、买方检验费、利息等一切损失，并以现款立即汇交买方。如果检验不能在规定的期限内完成，买方有权延长索赔期，但得事先通知卖方。

合同订立后，被诉人按期装运交付了全部货物 1 200 千克。该货物按合同约定运到墨西哥后，申诉人的客户经质检认为质量有问题，向申诉人要求退货，运费到付。申诉人于 1990 年 7 月 27 日电传被诉人，要求处理该问题。被诉人于 1990 年 7 月 30 日答复申诉人，认为所谓质量问题可能是长期海运受潮所致,并声明如要坚持退货,被诉人只负担深圳至墨西哥的运费。1990年9月6日,被诉人回电同意运回货物,指定目的港为中国深圳,收货人为深圳新华进出口贸易公司,通知人为被诉人。被诉人在答复中强调其不负责支付运费。1990年9月14日,被诉人在给申诉人的电传中再次表示,同意运回货物,同时表示将与申诉人分担支付从墨西哥到深圳的运费,并将提炼这批原料,然后再安排船只。

申诉人的墨西哥客户将该批货物装运后,货物于1990年12月运抵香港。申诉人称提货单送给被诉人指定的收货人后,无人提货,货物存放香港至今。申诉人要求被诉人退还货款,被诉人未予支付。申诉人遂向深圳分会提出仲裁申请,其在仲裁申请书和之后提交的补充材料中请求:① 退回货款19 200美元;② 支付货款利息5 597美元;③ 支付退货运费1 750美元;④ 支付所退货物仓储费12 618美元(1993年5月1日后的费用应另计支付)

申诉人称,货物于1990年12月退运抵香港后,船运公司已将提单送给被诉人指定的收货人,但无人提货。后同被诉人一起查明,收货人已被撤销,申诉人代付仓租至今,被诉人应退还货款,并赔偿有关损失。

被诉人称,其于1990年9月6日指定退货目的港及收货人后,收货人未收到过申诉人开出的任何单证。另外,申诉人未按通知要求将货物运抵深圳,而是将货物运抵香港滞留至今。在未收到退货的情况下,被诉人无法开出信用证,也不可能支付任何费用。关于收货人被撤销一事,直至申诉人来深圳才查知此情况,属于不可抗力事件。对货物不能退回一事,被诉人不负任何责任,也不接受申诉人的索赔要求。申诉人称,货物没有运抵深圳是因为货物无法报关,只有被诉人指定的收货人办理报关手续,才可运抵深圳,因此,对于货物未运抵深圳,申诉人没有责任。

经查:

被诉人依JHC9004号合同的约定将货物运抵墨西哥后,货物经申诉人的客户墨西哥国际香料调味有限公司(IFF)检验,认为货物质量不合乎要求。申诉人据此检验结果要求被诉人换货。根据合同规定,卖方对于合同不符部分的货物,应予无偿换货,但合同还规定,买方向卖方提出该主张,应根据中华人民共和国商品检验局出具的检验证明书。经调查,在墨西哥目的港并无中华人民共和国设立的检验机构。在此情况下,依国际贸易惯例,买方通常应提请与买方和卖方均无直接利害关系的第三者担任商品复检工作。

在本案中,IFF是申诉人的客户,因而申诉人根据IFF的检验证书提出换货主张不够适当。但双方当事人实际上已就退货一事达成协议,仅在承担运输费用上尚有分歧。申诉人要求以"运费到付"方式付运,被诉人则要求以"运费已付"方式付运。在这以后,被诉人在1990年9月14日的电传中又表示"同意运回货物,我们将与你方分担从墨西哥到深圳的运费"。

根据所提供的证明材料,申诉人所退的货物是于1991年1月24日运达香港的。货到后申诉人的客户IFF的船运代理人(香港)Votainer联合服务有限公司将货物到达通知寄给被诉人委托的收货人深圳新华进出口贸易公司。由于无人收货,Votainer联合服务有限公司于1991年2月25日发函给申诉人告知这一情况,申诉人得知此情况后于1991年2月26日通知被诉人所退货物已到香港。

证据材料还表明,被诉人在1990年9月6日给申诉人的电函中曾明确指示,退货的目的港应为深圳,收货人为深圳新华进出口贸易公司,通知人为被诉人。但事实上,在1990年12月13日的退货提单上,所标明的卸货港是香港,而不是深圳,通知人是深圳新华进出口贸易公司,而不是被诉人。转运目的地一栏则没有填写。

案情梳理如图2-1所示。

墨西哥IPF检验公司进行质检发现货物质量有问题,要求退货并且由卖方支付全部运费。

同意退货,但与A分担支付从墨西哥到深圳的运费,并指定了收货人,指定了目的港为中国深圳。

货物运至香港,A将提单发给指定收货人后无人提货,货物在香港存放。

B表示未收到提货单,经查发现由于不可抗力因素收货人被撤销,且货物运至香港,并不是B指定的深圳。由于未收到退货,无法开出信用证,不能支付任何费用。

A称货物没有运抵深圳是因为货物无法报关,只有B指定的收货人才能办理报关手续。

争议点:
1. 合同中规定,如果货物不符合规定,需凭中华人民共和国商品检验局出具的检验证书向卖方提出索赔,经查在墨西哥并无中华人民共和国设立的检验机构,A提出换货的主张不够适当。
2. B在2003年9月6日的电函中明确指示退货目的港应为深圳,但在12月13日的退货提单上标明卸货港为香港,是否可以转运没有规定。

图 2-1 案情梳理

二、案件裁决

(一)申诉人对货物未能及时被接收并仓储于香港至今应负主要责任

(1)申诉人违背了被诉人关于退货目的港和通知人的指示,将所退货物运抵香港。在货物装运后和抵达香港后,又未及时通知被诉人。

(2)货到香港后,申诉人可以而且应该将货物转运至被诉人指定的目的港深圳,但申诉人一直没有采取任何措施将货物转运。货物如已运至深圳并已通知被诉人,货物能否报关,这是被诉人的责任,但申诉人没有这样做。因此,申诉人以无法报关作为货物未运抵深圳的理由不能成立。

(3)《联合国国际货物销售合同公约》第86条第1款和第88条第2款规定,如果货物易于迅速变坏,或者货物的保全涉及不合理的费用,有义务保全货物的买方必须采取合理措施把货物出售,在可能的范围内,必须把出售货物的打算通知另一方当事人。本案申诉人所退货物于某年1月24日抵达香港至今已近三年,据申诉人所提供的证明材料,截至2003年5月1日,货物在香港仓储费已达12 618美元。如将2003年5月1日后的费用计在内,仓储费在17 000美元左右,接近本案涉及的货款总额。可见,申诉人在长达近三年时间里,因未采取合理措施把货物出售,使得仓储费增至不合理的程度。同时,货物仓储香港年旷日久,很可能已经变质,造成本可以避免或减少的损失。

因此,申诉人提出的由被诉人退还全部货款和利息以及负担全部仓储费的主张不予支持。

(二) 被诉人对货物未能及时被接收,应负相应责任。

被诉人收到申诉人发出的关于货到香港无人收货的通知后,没有与申诉人共同采取措施进行查询。被诉人同申诉人一起查明原指定的收货人新华进出口贸易公司被撤销后,被诉人仍没有采取任何措施予以补救。被诉人关于收货人被撤销属不可抗力事件,因而可免除其有关责任的主张不能成立。

(三) 本合同争议最初起因为货物的质量

申诉人出具的商检证明虽是由其墨西哥客户 IFF 提供,但被诉人已明示同意申诉人退货的请求,故被诉人实际上承认货物存在质量问题。

(四) 退货装运费由双方共同分担

虽然申诉人对退货未成应负主要责任,但考虑到被诉人已同意退货以及其对退货未成的相应责任,退货装运费1 750美元由双方当事人共同分担。

鉴于前述分析和判断,退货已不具有实质性意义,但基于对被诉人责任的分析,被诉人对货物的最初质量问题和退货未能实现所产生的损失理应向申诉人支付适当的费用作为补偿。

从墨西哥至香港的退货装运费1 750美元,应由申诉人承担875美元,被诉人承担875美元。被诉人应向申诉人支付适当补偿费3 000美元。货物由申诉人自行处理。

(五) 裁决结果

(1) 驳回申诉人关于退回全部货款19 200美元及其利息5 597美元的请求。

(2) 被诉人应在本裁决作出45日内,向申诉人支付部分退货装运费875美元,补偿费3 000美元。逾期不付,加计利息。

(3) 仓储在香港的货物由申诉人自行处理。

三、思考题

1. 在处理此案时,你会如何解决双方就运输费用付款方式的分歧?

2. 根据案例描述,申诉人和被诉人在处理货物质量问题和退货事宜中存在不同观点和行为。请分析双方的主要责任,并讨论他们应如何合理处理这一纠纷。

四、资料来源

根据 www.jiaoyanshi.com/article-2096-1.html 案例资料编写。

课程实践

案例讨论：贸易公司诉讼案

一、基本案情

2020年4月17日，外国某公司作为买方与上海某纺织公司作为卖方共同签订了一份编号为STE20/08A11020的售货确认书，约定购买300万个一次性保护性口罩（非医用），总价3 642 000美元，FOB上海，目的地德国法兰克福。外国某公司于2020年4月17日向上海某纺织公司付款3 642 000美元。后因口罩生产厂商山东某药业公司的原因，该批货物未实际交付。

2021年12月27日，上海某纺织公司向第三人杨某、周某某发送联络函，表示：2020年4月期间，上海某纺织公司作为杨某、周某某的出口代理，负责外国某公司的口罩出口业务，并由杨某、周某某选定山东某药业公司为口罩生产商。为完成代理出口，上海某纺织公司根据杨某、周某某指示，与外国某公司签订售货确认书，并与山东某药业公司签署对应的采购合同（口罩）。

2020年4月17日，上海某纺织公司收到外国某公司支付的合同款364.2万美元，同日上海某纺织公司根据第三人指示向山东某药业公司支付口罩款人民币2 281.59万元。后因山东某药业公司无法依约交付货物，外国某公司要求返还已经支付的货款。经第三人与山东某药业公司、外国某公司交涉解约及退款事宜，上海某纺织公司于2020年4—5月收到山东某药业公司退款人民币365万元，上海某纺织公司于2020年6月—2021年4月陆续向外国某公司归还货款178万美元（折合人民币12 571 606元），其中上海某纺织公司垫付资金共计人民币6 379 355.75元。

后因上海某纺织公司未能在期限内归还外国某公司剩余货款1 156 811.22美元，外国某公司向人民法院提起诉讼，请求判令上海某纺织公司返还剩余货款及相应的利息损失。上海某纺织公司辩称，上海某纺织公司仅是本案的出口代理商，代表委托人周某某及杨某与外国某公司签署涉案的售货确认书；外国某公司在售货确认书签署前就已经知悉上海某纺织公司的出口代理商身份，涉案售货确认书应当约束外国某公司及委托人周某某和杨某，上海某纺织公司不是外国某公司的合同相对方，并非本案的适格主体，不应承担还款责任。第三人杨某、周某某述称，其与上海某纺织公司不存在委托代理关系。

二、案件裁决

本案中，外国某公司已经向上海某纺织公司支付了全部货款，双方之间的买卖合同关系成立并开始实际履行。上海某纺织公司辩称是第三人杨某、周某某的出口代理商，第三人是本案系争合同的相对方。但从合同的磋商和签订看，外国某公司与上海某纺织公司签订有售货确认书，上海某纺织公司和供货商山东某药业公司签订有采购合同（口罩），第三人杨某、周某某均未出现在上述合同中。

周某某在与外国某公司代表人马某某、工作人员M的微信群聊中，均以上海某纺织公司工作人员口吻参与磋商。周某某与杨某的微信聊天记录中亦处处显示系争合同的条款均需要上海某纺织公司员工华某某确认。并且2020年4月13日晚，马某某、华某某、杨某和周某某等在上海某纺织公司处见面磋商。各方关系梳理如图2-2所示。

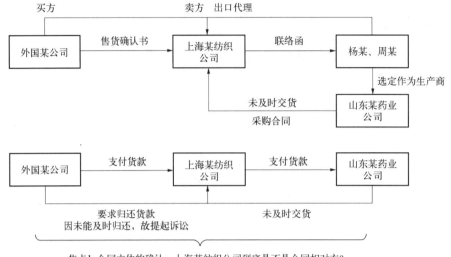

图 2-2 案情梳理

审理中,外国某公司及第三人杨某、周某某当庭表示上海某纺织公司是系争合同相对方。因此,外国某公司有理由相信买卖合同建立在外国某公司与上海某纺织公司之间,上海某纺织公司没有充分证据证明第三人是合同的实际相对方。从实际退款情况看,除人民币500万元系供货商山东某药业公司直接退款外国某公司中国子公司外,其余已退款项均由上海某纺织公司直接向外国某公司归还。同时,负责本案交易的上海某纺织公司员工华某某向外国某公司出具了还款计划,明确注明退款时间和金额,落款中注明"上海某纺织公司 华某某"。上海某纺织公司虽然否认还款计划的真实性,但从上海某纺织公司实际向外国某公司的退款金额和退款时间看,与还款计划相符。因此,人民法院认定上海某纺织公司是本案系争合同的相对方。因供货厂商山东某药业公司的原因导致上海某纺织公司无法按时交货,上海某纺织公司已构成违约,应承担相应的违约责任。

2020年4月22日,山东某药业公司向外国某公司的中国子公司退款人民币500万元,应视为双方以自己的实际行动宣告系争合同无效。审理中,外国某公司、上海某纺织公司对此予以确认,人民法院依法予以认可。根据《联合国国际货物销售合同公约》第81条的规定,宣告合同无效解除了双方在合同中的义务,但对应负责的任何损害赔偿仍应负责。已全部或局部履行合同的一方,可以要求另一方归还其按照合同供应的货物或支付的价款。公约第84条第1款规定,如果卖方有义务归还价款,必须同时从支付价款之日起支付价款利息。现外国某公司主张上海某纺织公司退还剩余货款,并从合同宣告无效之日起支付相应的利息损失,人民法院依法予以支持。

据此,浦东新区人民法院判决:外国某公司与上海某纺织公司签订的售货确认书于2020年4月22日宣告无效;上海某纺织公司返还外国某公司剩余货款以及相应的利息损失。宣判后,双方均未上诉。

三、思考题

1. 就上海某纺织公司支付部分货款给山东某药业公司的情况进行评价,分析其是否能向外国某公司主张相应权利。

2. 论述上海某纺织公司的代理身份是否能免除其在合同履行中的责任,并分析其主张的合法性。

四、资料来源

根据 https://www.jfdaily.com/sgh/detail? id=1162575 案例编写。

案例讨论：印刷机买卖合同争议案

一、基本案情

2004年8月27日,申请人中国山东A公司(买方)与被申请人丹麦B公司(卖方)签订了本案争议的合同与附件1、附件2。合同约定：申请人向被申请人购买九色柔版丝网组合印刷(以下简称"柔性印刷机")一台,合同价为954 932美元。

后申请人全额支付了该设备价款,货物由美国运达中国通关后,双方于2005年6月15日对设备进行了验收并出具设备验收报告及附页,该报告记载"经过安装和调试,机器功能正常,本机各项功能通过验收",但附页中载明印刷单元与模切单元的套印精度尚未测试,被申请人回复模切单元问题可再进行测试。

此后,申请人发现设备存在严重缺陷,一直无法正常投入使用,该设备的多项指标均无法达到附件2第6条的印刷验收标准规定。围绕设备缺陷,双方多次交涉,并将验收调试过程以四次会议纪要的形式完整记录,由被申请人的工作人员签字确认。2006年7月中旬,被申请人派出技术人员对设备进行了修理调试,但是设备缺陷最终没有得到有效解决。2006年7月25日,申请人向泰安出入境检验检疫局申请对该设备进行技术性能鉴定,泰安出入境检验检疫局于同年7月27日出具了检验证书。

随后,申请人依据合同中的仲裁条款向华南国际经济贸易仲裁委员会申请仲裁。仲裁请求如下：

（1）由被申请人在仲裁裁决生效后60日内将不达标柔性印刷机更换为合格柔性印刷机,并以合格新柔性印刷机验收合格后12个月为质量保证期;如被申请人在仲裁裁决生效后6个月内无法交付新的合格设备或新交付的设备仍无法通过设备验收,解除原设备购买合同,双方各自返还已交付的设备及价款。

（2）以柔性印刷机合同价款954 932美元为基数,按照5%的标准,由被申请人承担赔偿责任。

（3）被申请人承担本案仲裁费。

二、案件裁决

（一）关于本案合同及其附件的内容和效力

本案合同包括合同主体与附件两大部分,均系双方当事人真实的意思表示,内容合法有效,形式要件齐备,自签字之日起,即对双方当事人具有法律约束力。合同第20条载明："本合同如有任何附加条款将自动地优先执行附加条款。如附加条款与本合同条款有抵触,以附加条款为准。"该合同有两个附件,附件1是机器的配置表,附件2是机器的(质量及交货时间)验收标准。两个附件均为合同的"附加条款",在约束双方当事人的效力上优于合同主体条款。其中,附件 2 所确定的验收标准是解决本案争议焦点的货物质量问题最重要的合同依据。

(二)关于设备验收报告及其附页内容以及证据效力问题

双方当事人对设备验收报告及其附页这组证据材料的证明目的持截然相反的主张:申请人援引此证据材料中附页部分所含一系列质量瑕疵的记载认为该次验收"为不完整验收"或"初步验收",而被申请人仅以设备验收报告中"经过安装和调试,机器功能正常,本机各项功能通过验收"这一条款为依据主张设备验收报告证明设备质量合格。仲裁庭认为,设备验收报告及其附页相互矛盾,后者所列质量问题,如"印刷单元与模切单元的套印精度尚未测试",已涉及本案合同双方就质量要求所作约定中最核心的内容,附页中的上述具体内容实际上已经推翻了设备验收报告中"机器功能正常"这一结论。

(三)对违约责任的认定

本案合同签订后,申请人依约支付了货款,完全履行了合同义务。被申请人所供设备与合同附件 2 约定的验收标准不符,有双方签字确认的会议纪要、附页、泰安出入境检验检疫局出具的检验证书为证。合同第 14 条载明:"卖方保证货物是全新的,其质量、规格和性能与本合同规定相符,卖方负责在设备到货后 30 个工作日内完成安装调试,保质期为货物验收后 12 个月,或装船后 18 个月,以先发生者为准。"鉴于装船发生在先,根据该条规定,本案货物保质期为 2005 年 3 月 1 日货物装船启运起至 2006 年 9 月 1 日为止的 18 个月。在本案货物保质期内,申请人多次将该设备不符合同约定的相关情形告知被申请人,要求被申请人采取补救措施,这构成《联合国国际货物销售合同公约》第 39 条意义上的"通知卖方",因此申请人并未"丧失声称货物不符合同的权利"。但是,被申请人最终仍未能排除质量瑕疵,从而使申请人的买货目的落空,剥夺了申请人根据合同约定有权期待得到的利益,且双方当事人就该设备中心特征的要求在合同中已有明确约定,被申请人作为卖方无法辩称其没有预见到因此给买方带来的损害。根据《联合国国际货物销售合同公约》第 25 条的规定,被申请人的违约行为使申请人从根本上失去了其本来依据合同可以期待得到的利益,已构成根本违约,必须按照公约和中国法律的规定以及合同约定承担相应的违约责任。

(四)裁决结果

(1)由被申请人在本裁决书生效后 60 日内将不符合同约定的本案柔性印刷机更换为与合同约定相符的柔性印刷机,并以合格新柔性印刷机验收合格后 12 个月为质量保证期;逾期不交付与合同约定相符的柔性印刷机,则解除本案合同,被申请人返还申请人合同价款 954 932 美元,同时撤回原设备。

(2)被申请人按本案合同总价 954 932 美元的 5%承担赔偿责任,给付申请人 47 746.60 美元损失赔偿费。

(3)被申请人承担本案仲裁费。

三、思考题

1. 本案中存在合同矛盾条款,对合同矛盾条款的解释应当遵循哪些基本原则?
2. 本案中,被申请人的哪些行为构成了根本违约?

四、资料来源

根据公众号:深圳国际仲裁院案例编写。

学习重点与难点

- 国际贸易合同有效成立的条件
- 国际贸易书面合同的订立
- 各类国际贸易合同争议

练习与思考

(一) 名词解释

国际贸易合同　要约　给付不能

(二) 填空题

1. 《联合国国际货物销售合同公约》对违约的分类类似美国法,着重以违约所造成的后果和严重程度为标准将违约分为_____和_____。

2. 对于要约的生效,大陆法系与英美法系采用了不同的标准。前者采用_____,以要约送达受约人作为生效条件;后者采用_____。

(三) 单项选择

1. 要约撤回与要约撤销最根本的区别是(　　)
   A. 撤回与撤销的通知应同时到达对方
   B. 撤回通知先于撤销通知到达对方
   C. 撤销通知先于撤回通知到达对方
   D. 要约先于或同时到达是撤回,反之是撤销

2. 国际贸易合同主体部分的一般交易条款不包括(　　)
   A. 数量条款　　　B. 商品检验　　　C. 仲裁　　　D. 保险

(四) 多项选择

1. 国际贸易合同有效成立的条件包括(　　)
   A. 当事人必须具备订立合同的能力
   B. 当事人之间必须通过要约和承诺达成协议
   C. 合同必须有对价或合法的约因
   D. 合同必须符合法律规定的形式
   E. 合同的标的和内容必须合法
   F. 合意必须真实

2. 承诺构成的有效条件是(　　)
   A. 由受约人作出
   B. 向要约人做出
   C. 内容应当与要约的内容一致
   D. 在规定的承诺期限内并以适当方式作出
   E. 应以订立合同为目的

F. 应具备确定内容
3. 在我国合同无效的原因包括（　　　　）
   A. 一方以欺诈、胁迫的手段订立合同，损害国家利益
   B. 恶意串通，损害国家、集体或者第三人利益
   C. 以合法形式掩盖非法目的
   D. 损害社会公共利益
   E. 违反法律、行政法规的强制性规定
   F. 损害了一方当事人的利益

(五) 简答题
1. 国际贸易合同争议的内容大致有几方面？
2. 请简述要约失效的原因。

(六) 思考题
1. 公正与信任在国际贸易合同中的作用是什么？
2. 国际贸易合同中的诚信有什么意义？

实践活动：阅读以下销售合同书，简要谈谈在签订合同时要注意哪些问题？

销售合同书
SALES CONTRACT

特别提示：
1. 合同中的中方应具备相应的经营权，对外方的资信情况有一定的了解。
2. 合同条款的增减应明确，有专人负责交易的全过程及处理相关事宜。
3. 交易过程中收发的信件、传真或电子邮件等文件应妥善保存或仔细斟酌，因为其有可能构成对合同的补充或修改。
4. 认真对待影响合同正常履行的事件，及时采取合理措施并主张权利，不轻易承诺对合同的修改或承担赔偿责任。慎重行使合同的撤销权、不安抗辩权，并及时通知对方。

卖方：　　　　　　　　　　　　The Seller：
地址：　　　　　　　　　　　　Address：
电话 Tel：
电子邮箱 E-mail：
传真 Fax：

买方：　　　　　　　　　　　　The Buyer：
地址：　　　　　　　　　　　　Address：
电话 Tel：

电子邮箱 E-mail：
传真 Fax：

编号 No：
日期 Date：
签订地：   Signed at：

买卖双方同意成交下列产品，订立条款如下：
The undersigned Seller and Buyer have agreed to conclude the following transaction(s) on terms and conditions as specified below：

1. 货物名称、品质规格、质量 Commodity, Specifications, and Quality	2. 包装、装运唛头 Packing and Shipping Mark	3. 数量 Quantity	4. 单价 Unit Price	5. 总价 Total Amount
总计 TOTAL				

6. 允许溢短装 More or Less：   %

7. 贸易术语：本合同使用的 FOB、CFR、CIF 术语系根据国际商会 2020 年版《国际贸易术语解释通则》。
Incoterms：The terms FOB、CFR、CIF in the Contract are based on Incoterms® 2020 of the International Chamber of Commerce.

8. 装运时间：   Time of Shipment：
   装运港：   Port of Shipment：
   目的港：   Port of Destination：

9. 付款条件：   Payment：

10. 保险：按发票金额的_____%投保_____险，由_____负责投保。
    Insurance：Covering _____ Risks for _____% of Invoice Value to be effected by the _____.

11. 数量/品质异议：如买方提出数量或品质不符的索赔，凡属数量异议须于货到目的港之日起 15 天内提出，凡属品质异议须于货到目的港之日起 30 天内提出。

其中，品质索赔买方须提供国际公证机构或其他代表性或代理签发的检验证书，检验费及证书费由买方承担。

因保险公司、航运公司、其他运输机构或邮局负责的原因造成的货物不符，卖方不承担任何责任。

Quantity/Quality Discrepancy: In case of quantity discrepancy, claim should be filed by the Buyer within 15 days after the arrival of the goods at the port of destination, while for quality discrepancy, claim should be filed by the Buyer within 30 days after the arrival of the goods at the port of destination.

In case of quality discrepancy, an inspection certificate issued by an international surveyor or its agent (or representative) is requested. All charges and costs of the inspection and certificate shall be borne by the Buyer.

It is understood that the Seller shall not be liable for any discrepancy of the goods shipped due to causes for which the Insurance Company, Shipping Company, other Transportation Organization/or Post Office are liable.

12. 不可抗力：如果遭遇无法控制的事件或情况应视为不可抗力，包括但不限于火灾、风灾、水灾、地震、爆炸、叛乱、瘟疫、隔离。如受不可抗力影响的一方不能履行合同规定下义务，另一方应将履行合同的时间延长，所延长的时间应与不可抗力事件的时间相等。在发生上述情况时，受影响的一方应立即通知另一方，并在 15 天内提供相应证明。

Force Majeure: For the purpose of this Contract, Force Majeure means events or circumstances beyond a non-performing party's control, including but not restricted to fire, wind, flood, earthquake, explosion, rebellion, epidemic, and quarantine. Performance of contractual obligations impeded by Force Majeure shall be suspended during the period of delay caused by Force Majeure and shall be automatically extended, without penalty, for a period equal to the suspension. Either party to a contract that is unable to perform the contract due to Force Majeure shall notify the other party immediately after the impediment occurs and shall provide corresponding proof within 15 days.

13. 适用法律：双方同意本合同管辖法律是中华人民共和国法律。

Applicable Law: Both parties agree that the governing law of this Contract is the law of the People's Republic of China.

14. 通知：所有通知用_____文写成，并按照如下地址用传真/邮件/快件送达给各方。如果地址有变更，一方应在变更后_____日内书面通知另一方。

Notices: All notice shall be written in _____ and served to both parties by fax/e-mail/courier according to the following addresses. If any changes of the addresses occur, one party shall inform the other party of the change of address within _____ days after the change.

15. 争议解决：凡因本合同引起的或与本合同有关的任何争议，双方同意提交_____（示例：浙江省国际商事法律服务中心）进行调解。一方当事人不愿意调解或调解不成的，提交中国国际经济贸易仲裁委员会浙江分会，按照申请仲裁时该会现行有效的仲裁规则进行仲裁。仲裁裁决是终局的，对双方均有约束力。

Dispute Resolution：Any dispute arising from or in connection with this Contract shall be submitted to _____ (e. g. Zhejiang International Commercial Legal Service Center) for mediation. If one party is unwilling to mediate or mediation fails, the dispute shall be submitted to China International Economic and Trade Arbitration Commission (CIETAC) Zhejiang Sub-Commission for arbitration which shall be conducted in accordance with the CIETAC's arbitration rules in effect at the time of applying for arbitration. The arbitral award is final and binding upon both parties.

16. 本合同由中、英文写成，两种文本具有同等效力。

This Contract is written in Chinese and English. Both versions shall be equally authentic.

17. 本合同一式_____份。自双方签字(盖章)之日起生效。

This Contract is in _____ copies effective since being signed/sealed by both parties.

卖方(签章)　　　　　　　　　　　　买方(签章)
The Seller (Signature)　　　　　　　The Buyer (Signature)

第三章 WTO法律制度与争端解决机制

■ 知识目标 ■

1. WTO的基本原则和规则
2. WTO三大协议
3. WTO争端解决机制的运作流程

■ 能力目标 ■

1. 实操WTO争端解决机制的运作流程
2. 结合学习的知识点进行案例分析与讨论
3. 模拟法庭实践操作,培养学生的法律综合素养

■ 思政目标 ■

1. WTO与人类命运共同体的关系
2. WTO发展过程中的中国话语权

■ 基本概念 ■

WTO　WTO争端解决机制

第一节　世界贸易组织

一、世界贸易组织简介

世界贸易组织,简称世贸组织,是一个独立于联合国的永久性国际组织,其前身是《关税与贸易总协定》(General Agreement on Tariffs and Trade, GATT)。第二次世界大战后,国际贸易环境十分萧条,为了恢复国际贸易,同时重建国际贸易秩序,1946年2月,联合国经济及社会理事会举行第一次会议,并起草了《国际贸易组织宪章》(即《哈瓦那宪章》),进行全球性削减关税的谈判。随后,经济及社会理事会设立了一个筹备委员会。后来由于美国的反

对,世界贸易组织未能成立。1947年,23个国家进行了关税减让谈判,签订了关税减让协议,1947年10月,签订了《关税与贸易总协定》。

由于《关税与贸易总协定》建立背景的特殊性,所以该协定并不具有长期性。因此,1947—1993年,《关税与贸易总协定》进行了八轮关于多边关税与贸易的谈判,在第八轮乌拉圭回合谈判期间,提出了建立多边贸易组织的倡议,得到了众多国家的支持。1993年形成了《建立多边贸易组织的协议》,后改名为世界贸易组织。1995年1月1日,世界贸易组织正式运行;1995—1996年,世界贸易组织与《关税与贸易总协定》并行运行了一年;1996年1月1日,世界贸易组织正式取代《关税与贸易总协定》临时机构。中国于2001年12月11日正式加入世界贸易组织。截至2024年10月,世界贸易组织一共有166个成员方,成员方贸易额达到全球贸易总额的98%,其总部位于瑞士日内瓦。

二、WTO三大协议

(一) 货物贸易

《关税与贸易总协定》(GATT)是一个政府间缔结的有关关税和贸易规则的多边国际协定。它的宗旨是通过削减关税和其他贸易壁垒,消除国际贸易中的差别待遇,促进国际贸易自由化,以充分利用世界资源,扩大商品的生产与流通。

《关税与贸易总协定》的宗旨是:缔约各国政府认为,在处理它们的贸易和经济事务的关系方面,应以提高生活水平、保证充分就业、保证实际收入和有效需求的巨大持续增长、扩大世界资源的充分利用以及发展商品生产与交换为目的。通过达成互惠互利协议,大幅度地削减关税和其他贸易障碍,取消国际贸易中的歧视待遇等措施,以对上述目的做出贡献。

(二) 服务贸易

《服务贸易总协定》(General Agreement on Trade in Service, GATS)是世界贸易组织管辖的一项多边贸易协定,是历史上第一个专门调整服务贸易的国际条约。它的签订有着深刻的历史背景。随着服务贸易在各国国民经济中的地位日益提升,越来越多的国家(特别是发达国家)开始意识到实现服务贸易自由化的重要性。此时,国际贸易方式发生了很大变化:由原来的货物贸易一枝独秀,发展成为货物贸易、服务贸易和技术贸易多种贸易方式共存并进的格局。

《服务贸易总协定》的宗旨是通过建立服务贸易多边规则,在透明度提升和逐步自由化的条件下,扩大全球服务贸易,并促进各成员的经济增长和发展中国家成员服务业的发展。协定考虑到各成员服务贸易发展的不平衡,允许各成员对服务贸易进行必要的管理,鼓励发展中国家成员通过提高其国内服务能力、效率和竞争力,更多地参与世界服务贸易。建立一套包括服务贸易各项原则和规则的多边贸易框架,借以在有透明度和逐步实现自由化的条件下扩大服务贸易,作为促进所有贸易伙伴和发展中国家经济增长和发展的一种手段。GATS的最终目标是通过服务贸易自由化,使得各成员方能够获得经济增长,并提升世界福利。

(三)知识产权贸易

《与贸易有关的知识产权协议》(Agreement on Trade-Related Aspects of Intellectual Property Rights,TRIPS),简称《知识产权协定》,是当今世界范围内知识产权保护领域中涉及面广、保护水平高、保护力度大、制约力强的一个国际公约。该协定吸收了世界知识产权组织(World Intellectual Property Organization,WIPO)所管理的多项知识产权公约的内容。TRIPS 为 WTO 成员设定了有关知识产权保护的最低标准,在此基础上形成了一个国际性的知识产权保护体系。

TRIPS 规定,各成员方缔约的目的是减少国际贸易中的扭曲和障碍,有效和充分地保护知识产权,确保知识产权的实施和程序不对合法贸易构成壁垒。

三、WTO 的基本原则

(一)非歧视原则

该原则是指成员方在进行某种限制或禁止措施时,不得对其他成员方实施歧视性待遇。非歧视原则包括两方面,即最惠国待遇原则和国民待遇原则。

1. 最惠国待遇原则

最惠国待遇原则是 WTO 最基本、最核心的原则之一,它是指给惠国给予受惠国或者与该受惠国有确定关系的人或物的优惠,不低于该给惠国给予第三国或者与该第三国有同样关系的人或物的待遇。最惠国待遇原则要求,成员方在货物贸易、服务贸易和知识产权保护领域等各个方面,给予任何第三方的减让、优惠或者豁免,缔约另一方或其他缔约方可以得到相同的待遇。

在货物贸易方面,WTO 及其他协议在有关条款中规定了成员方之间应相互给予最惠国待遇。最惠国待遇要求在 WTO 成员方之间进行贸易时彼此不能搞歧视,大小成员方一律平等,只要其进出口的产品是相同的,享受的待遇就也应该相同,不能附加任何条件,并且这一要求是永久的。

货物贸易最惠国待遇原则主要针对以下八个方面:① 进出口关税;② 对进出口本身征收的任何形式的费用,如进口附加费;③ 与进出口相关的任何形式的费用,如海关手续费、领事发票费、质量检验费等;④ 对进出口的国际支付与转账收取的费用,如由政府对进出口国际支付收取的一些税或费用;⑤ 征收上述税、费的方法,如征收关税时对进口商品进行价值评估的标准、程序、方法均应在所有成员间一律平等;⑥ 与进出口相关的所有法规及手续,如对进出口在一定时间内规定特定的信息披露要求或说明;⑦ 国内税或其他国内费用的征收,如销售税、由地方当局征收的有关费用等;⑧ 任何影响产品在国内销售、购买、提供、运输、分销等方面的法律、规章及要求等,如对进口产品的品质证书的要求,对进口商品移动、运输、储藏或零售渠道的要求,对产品的特殊包装及使用的限制等。

在服务贸易方面,GATS 第 2 条规定,WTO 在服务和服务的提供者方面,各成员方应该立即和无条件地给予任何其他成员方的服务及服务提供者相同的待遇。

鉴于服务贸易发展的水平参差不齐，GATS 允许少数成员方在 2005 年以前，存在与最惠国待遇不符的措施，但要将这些措施列入一个例外清单。这些措施是暂时性的，在 2005 年之后要取消。在那之后，最惠国待遇原则上应无条件、永久地在所有成员方之间实施。

与贸易有关的知识产权方面，TRIPS 将最惠国待遇规定为其成员方必须普遍遵守的一般义务和基本原则。TRIPS 第 4 条规定，在知识产权保护方面，某一成员方提供给其他成员方国民的任何利益、优惠、特权或豁免，均应立即无条件地给予 WTO 全体其他成员方的国民。也就是说，WTO 要求在知识产权保护方面，各成员方的国民应当享受同等的待遇，而不能对某一成员方的国民实行歧视。

2. 国民待遇原则

国民待遇原则是 WTO 基本原则中非歧视原则的支柱之一，指一成员方对来自其他成员方的产品、服务及服务提供者、知识产权所有者或持有者所提供的待遇，不低于本国同类产品、服务及服务提供者以及知识产权所有者或持有者享有的待遇。

国民待遇原则解决的是任一外国地区与该成员方境内的某种主体的法律地位平等问题。它包括三个要点：第一，其适用的对象是产品、服务或服务提供者及知识产权所有者或持有者，但因产品、服务和知识产权领域的具体受惠对象不同，国民待遇条款的适用范围、具体规则和重要性有所不同；第二，国民待遇原则只涉及其他成员方的产品、服务或服务提供者及知识产权所有者或持有者，在进口成员方境内所享有的待遇；第三，国民待遇定义中"不低于"一词的含义是指，其他成员方的产品、服务或服务提供者及知识产权所有者或持有者，应与进口成员方同类产品、服务或服务提供者及知识产权所有者或持有者享有同等待遇，如果进口成员方给予前者更高的待遇，并不违背国民待遇原则。

在货物贸易方面，GATT 第 3 条是"国内税与国内规章的国民待遇"条款。根据该条的规定，每一成员方对来自任何一个其他成员方的进口商品所直接或间接征收的国内税或其他国内收费均不得高于其自身境内的同类产品；在进口商品从通过海关进入进口方境内至该商品最终被消费期间涉及的销售、推销、购买、运输、分配或使用的法令、条例和规章方面，所享受的待遇应不低于相同的自身境内商品所享受的待遇。GATT 订入该国民待遇条款的目的是防止政府实行保护主义，干预进口货物，保证各成员方享受关税减让带来的利益，并保障进口商品与境内同类商品获得同等的竞争条件。

在服务贸易方面，GATS 规定，在其承诺表所列服务部门中和在遵守该表内所列任何条件和资格的情况下，每一成员方在所有影响服务提供的措施方面给予任何其他服务和服务提供者的待遇，不应低于给予其自身境内相同服务和服务提供者的待遇。这一规定明确了服务贸易领域的国民待遇原则，也明确了享受国民待遇的范围。服务贸易国民待遇原则的实施应本着利益互惠的原则，但这种利益互惠不应是绝对数量上的"对等优惠"，而是"相互优惠"，以符合水平不同国家的需要。

在与贸易有关的知识产权方面，在乌拉圭回合达成的 TRIPS 的总则和基本原则中，明确规定了有关知识产权的国民待遇原则，即：除《保护工业产权巴黎公约》《保护文学和艺术作品伯尔尼公约》《保护表演者、录音制品制作者和广播组织罗马公约》《关于集成电路知识产权的华盛顿条约》中分别规定的例外条款以外，各成员方在知识产权保护方面给予其他成员方国民的待遇，不得低于给予其自身国民的待遇。这一规定将 GATT 仅适用于外国进口

第三章　WTO 法律制度与争端解决机制

产品的国民待遇扩大适用到包括商标权、专利权和版权等内容的知识产权领域。

(二) 关税减让原则

关税减让原则又称关税保护原则,是指仅允许"以关税作为保护手段",原则上不允许其他一切非关税措施,但这并不意味着可以随意使用这一原则。

关税保护原则包含以下两层含义:一方面,各成员方可以把关税作为保护本国工业的合法手段,一般应禁止、取消或限制各种非关税措施;另一方面,在肯定关税保护作用的前提下,各国应通过多边贸易谈判来削减关税,以促进贸易自由化。

(三) 透明度原则

透明度原则是指 WTO 的成员方所实施的与国家贸易有关的法令、条例、司法判决、行政决定,都必须正式公布,使各成员方及贸易商熟悉。一成员方政府与另一成员方政府所缔结的影响国家贸易的协定,也必须公布,以防止成员方之间不公平的贸易,从而造成对其他成员方的歧视。

根据 WTO 的主要协定,WTO 成员需要公布的贸易法规有:① 关税相关规章制度,包括普通关税、最惠国待遇关税、特惠关税、各种临时性关税措施和关税外的其他收费;② 海关法规,即海关估价制度;③ 进出口管理的有关法规和行政规章制度;④ 进出口商品的国内税、费和相关的规章制度;⑤ 进出口商品的检验制度和标准,动植物卫生检验检疫制度和标准;⑥ 外汇管理制度和有关外汇管理的一般法规和规章;⑦ 利用外资的立法规章制度;⑧ 有关出口加工区、自由贸易区、边境贸易区、经济特区的法规规章;⑨ 有关服务贸易的法规规章;⑩ 有关知识产权的法规规章;⑪ 有关法律诉讼和仲裁的规定;⑫ 与国外签订的有关贸易政策的现行双边和多边规定;⑬ 影响贸易政策的其他相关国内立法和行政规章。

(四) 公平贸易原则

公平贸易原则包含互惠互利原则和公平竞争原则。

1. 互惠互利原则

互惠互利原则也叫对等原则,是指两成员方在国际贸易中相互给予对方贸易上的优惠待遇。一成员方在给予其他成员方优惠待遇的时候,也享有其他成员方给予的相同的优惠待遇;一成员方在享受其他成员方的优惠待遇的同时,也必须要给予其他成员方相同的优惠待遇。它明确了成员方在关税与贸易谈判中必须采取的基本立场和相互之间必须建立一种什么样的贸易关系。

2. 公平竞争原则

公平竞争原则指在 WTO 框架下,成员方应避免采取扭曲市场竞争的措施,纠正不公平贸易行为,在货物贸易、服务贸易和与贸易有关的知识产权领域,创造和维护公开、公平、公正的市场环境。

公平竞争原则包含三个要点:① 公平竞争原则体现在货物贸易领域、服务贸易领域和与贸易有关的知识产权领域;② 公平竞争原则既涉及成员方的政府行为,也涉及成员方的企业行为;③ 公平竞争原则要求成员方维护产品、服务或服务提供者在本方市场的公平竞争,不论他们来自本方还是其他任何成员方。

在货物贸易领域,GATT 始终遵循公平竞争原则。为减少关税给外国产品带来的不利竞争影响,要求成员方逐步降低进口关税并加以约束;为使外国产品与本国产品处于平等的竞争地位,要求成员方取消数量限制,实施国民待遇;为使来自不同成员方的产品公平竞争,要求成员方实施最惠国待遇。即使某些产品由国营贸易企业经营,包括把经营的专有权和特权授予某些企业,这些企业的经营活动也应以价格、质量等商业因素为依据,使其他成员方的企业能够充分参与竞争。

在服务贸易领域方面,WTO 鼓励各成员方通过相互开放服务贸易市场,逐步为外国的服务或服务提供者创造市场准入和公平竞争的机会。为使其他成员方的服务或服务提供者在本方市场上享有同等待遇,进行公平竞争,GATS 要求成员方实施最惠国待遇,无论有关服务部门是否被列入服务贸易承诺表。为在本方市场给其他成员方的服务或服务提供者创造公平竞争的环境,GATS 要求成员方提供的国民待遇和市场准入机会不低于服务贸易承诺表中所作的承诺。对于本方的垄断和专营服务提供者,GATS 要求成员方保证服务提供者的行为符合最惠国待遇原则及该成员方在服务贸易承诺表中的具体承诺,不得滥用其垄断地位。

在知识产权领域方面,公平竞争原则主要体现为对知识产权的有效保护和反不正当竞争。TRIPs 要求成员方加强对知识产权的有效保护,防止含有知识产权的产品和品牌被仿造、假冒、盗版。无论自身国民的知识产权,还是其他成员方国民的知识产权,都应得到有效保护。

案例讨论:美国诉土耳其市政税争端案

土耳其根据《土耳其市税收法》对播放原产地是外国的电影所得的收入征收 25% 的市政税,但对原产地是本国的电影则不加征类似的税。1996 年 6 月 12 日,美国向 WTO 争端解决机构提出磋商申请,要求与土耳其按照《关于争端解决规则与程序的谅解》(Understanding on Rules and Procedures Governing the Settlement of Disputes, DSU)以及 GATT 第 22 条的规定进行磋商。1996 年 7 月 23 日,双方进行磋商,但最终并未在争端解决上达成一致。因此,1997 年 1 月 10 日,美国要求成立专家小组,对争端进行审查。1997 年 7 月 14 日,美国与土耳其经过磋商就争端达成协议。依据该协议,土耳其应根据 GATT 第 3 条规定的义务,尽快同意对播放国内电影和进口电影所得收入以同等待遇征税。

思考题:
1. 货物贸易和服务贸易在国民待遇方面有哪些不同?
2. 土耳其之后应如何保护国内的服务产业?

四、WTO 的主要规则

(一)关税减让规则

关税减让规则是指通过谈判削减关税并尽可能地消除关税壁垒,并且削减后的关税应得到约束,不得再进一步提高。关税减让规则的宗旨是降低各成员方进出口关税的总体水平,尤其是降低阻碍商品进口的高关税,以促进国际贸易的自由化发展。

关税减让规则具体体现在三个方面。第一,在互惠互利的基础上实现关税减让;GATT序言将大幅度削减关税确定为其基本宗旨之一,并且规定取消国际贸易中的歧视待遇,以互惠互利协议的形式实现关税减让。第二,非歧视性地征收关税,这是最惠国待遇的基本要求。WTO的关税减让是通过双边或多边贸易谈判,经由各成员方权衡各自的利益,主动承诺,并将其削减关税的承诺载明在关税减让表中,其后运用无条件最惠国待遇原则,适用于所有成员方。第三,直接降低关税税率并约束关税。大幅度地普遍地降低关税水平是GATT关税减让原则的重要体现。根据GATT第2条减让表的规定,WTO成员方在加入时或通过多边贸易谈判达成的关税减让,采用约束税率的形式来表现,载于各成员方的关税减让表中。各成员方不能对进口产品征收高于约束税率的关税。减让表中按产品逐项载明产品谈判前的税率以及经过谈判该国或地区同意约束的税率。任一成员方不得随意将关税税率提高到超过其减让表所载明的约束税率的水平。约束税率是一成员方承诺开放自身市场的重要基础,也是其在WTO中可以获取利益的重要条件。

(二)贸易救济规则

贸易救济是指在对外贸易领域或在对外贸易过程中,当国内产业由于受到不公平进口行为或过量进口的冲击,造成了不同程度的损害,各国政府给予它们的帮助或救助。

贸易救济法律包括国内法和国际法两部分,作为国内法的贸易救济法律是国内法律制度的有机组成部分,而作为国际法的贸易救济法律是 WTO 法律体系的一个重要内容。WTO 有关规则主要体现在 GATT 以及《反倾销协议》《补贴与反补贴措施协议》《保障措施协议》之中。这些协议分别就 GATT 中的贸易救济规则作了进一步的细化与阐述,GATT与这些协议共同构成了 WTO 的贸易救济规则。

WTO 贸易救济制度的主要方式是反倾销、反补贴和保障措施。

1. 反倾销措施

WTO 允许的反倾销措施不是针对倾销行为,而是针对造成损害的倾销行为。判断损害性倾销的标准有两个:第一,来自外国的出口产品以低于正常价格在本国市场上销售,即存在倾销的幅度;第二,倾销对本国同类产品工业造成了严重或实质性损害,或形成了实质性损害的威胁,或实质性阻碍了某项新兴产业的建立。

倾销幅度即出口价格低于正常价格的差额。因此,确定倾销幅度,关键是确定出口价格、正常价格和两者之间的比较规则。反倾销措施包括临时性措施、价格承诺、反倾销税的征收以及反倾销税的追溯征收。

2. 反补贴措施

1947 年 GATT 就对补贴与反补贴作了原则规定。东京回合中又作了较为详细的规定。在乌拉圭回合中,经谈判各方的共同努力,最终达成了更为明确、更易操作的《补贴与反补贴措施协议》。但该协议只处理影响货物贸易的补贴,根据《补贴与反补贴措施协议》第 1 条,补贴是指成员方政府或任何公共机构提供的财政资助,或其他任何形式的收入或价格支持。根据这一定义,补贴只有在满足下列三个条件时才能成立:① 提供了财政资助;② 资助是成员方领域内的公共机构提供的;③资助授予了某项利益。反补贴措施包括临时措施、补救承诺和反补贴税。

3. 保障措施

保障措施是公平贸易条件下WTO成员的自我保护性措施,其目的是给本国的产业发展提供一定的保护期,以便对其产业结构进行调整或提高,加强本国产业竞争力。《保障措施协议》规定,一成员方在实施保障措施时,应当具备进口激增、进口激增原因、进口激增后果三方面的条件。

(三) 非关税保护规则

WTO的非关税保护规则是指一国在国际贸易中运用的除关税之外的影响国际贸易的措施,包括《技术性贸易壁垒协定》规则、《实施卫生与植物卫生措施协定》规则、《政府采购协定》规则、《装运前检验协议》规则,以及《关于实施关税与贸易总协定第七条的协议》(即《海关估价协议》)。

(四) 重要商品贸易规则

重要商品贸易规则包括纺织品贸易规则、农产品贸易规则和其他重要贸易品协定。

第二节　WTO争端解决机制的主要内容

一、WTO争端解决机制的内涵

WTO争端解决机制是在GATT争端解决机制的基础上产生和发展的,其中最重要的文件即第八轮谈判即乌拉圭回合通过的《关于争端解决规则与程序的谅解》(DSU),是WTO争端解决机制赖以运转的法律依据。WTO争端解决机制以解释WTO现有规则和解决各方经贸摩擦为基本职责,由WTO争端解决机构(DSB)、WTO总干事和总干事领导的秘书处、上诉机构(appellate body, AB)、非常设专家组(panel)和仲裁员(arbitrator)等构成。WTO争端解决机构负责WTO争端解决机制的运作,由专家组对案件进行全面审查,由上诉机构对专家组报告涉及的法律问题和法律解释进行上诉审查。

从和平解决国际争端法律制度的历史发展来看,WTO独特的争端解决机制(尤其是专司复审法律程序和法律解释的上诉机制两项制度)是独一无二的。WTO争端解决机制与其他国际争端解决机制相比,有两大突出特点:① 包含上诉机制的两审终审;② WTO裁决具有约束力和强制执行力。美国著名WTO专家约翰·杰克逊(John Jackson)教授对WTO争端解决机制作出高度评价:包含上诉审议的两审终审制确保WTO裁决结果的稳定性(security)、一致性(uniformity)、可预见性(predictability),而WTO争端解决报告的准自动通过机制赋予了WTO裁决约束力,并辅以强有力的执行监督程序。因此,WTO争端解决机制也实现了从GATT时期的"外交导向"到WTO时代的"规则导向"的实质性转变,与多边贸易谈判和贸易政策审议并列成为WTO的三大支柱功能。

WTO争端解决机制是WTO最核心的支柱功能之一,其将WTO法制化水平提高到了一个前所未有的高度。在国际争端解决机制体系中,它的司法性、授权性、明确性和强制性等方面均堪称典范,为WTO多边贸易体制实现权威性、可靠性和可预见性保驾护航。WTO争端解决机制鼓励通过多边途径积极有效、迅速善意解决争端。DSU明确规定,成员应援用并遵守DSU规则和程序,以寻求纠正违反WTO义务行为的解决方案。WTO自正式成立以来,截至2023年12月,共受理了621起案件,WTO成员对于该机制的大量使用本身即表明成员对于争端解决机制的信任,普遍认可该机制是维护成员贸易利益及多边贸易体制的有效手段。它支持通过多边途径积极有效、迅速善意地解决各方之间的贸易纠纷,对保障WTO多边贸易体制的高效运转发挥了巨大作用。

在受理案件数量、审理效率、裁决质量等方面,WTO争端解决机制领先于其他国际司法机构。WTO平均结案时间比国际法院和国际投资争端解决中心的结案时间短。WTO争端案件执行率很高,尤其是中国在执行WTO裁决的实践中维持了良好的记录。WTO争端解决机制是保证多边贸易体制可靠性和可预测性的一个重要因素,是维护多边贸易规则(包括无条件最惠国待遇基石条款、关税减让消除关税壁垒原则、反倾销和反补贴的公平贸易原则、透明度原则、多边解决争端原则以及对发展中国家的特殊和差别待遇原则)的执法机制。WTO的60个涵盖协定是权利与义务的一揽子协定,对所有成员具有约束力,没有保留条款。

二、WTO争端解决机制的组织机构与主要内容

WTO争端解决机构(DSB)由WTO总理事会组成,即由所有成员方的代表组成,并向部长级会议报告工作。在部长级会议休会期间,总理事会负责行使部长级会议的职能。DSB是WTO争端解决机制的管理和监督机构,有权设立专家组,通过专家组和上诉机构报告、监督裁决和建议的执行以及授权报复等,负责监督WTO争端解决机制的顺利运行。除了争端案件的流程管理外,DSB的另外一个重要职能是提供了一个平台,使WTO成员能够表达他们的意见,并就专家组和上诉机构的法律解释和理由进行评论。各成员也可以自由提出与《关于争端解决规则与程序的谅解》运作有关的任何程序问题,以保持其对程序的影响,并对专家组和上诉机构正在做的工作行使一定的控制权。由于"反向协商一致"在争端解决程序中的适用,DSB对争端案件最终的结果影响有限,因而其在争端解决中的参与在本质上更具有外交和政治性而非司法性色彩。

总干事主要在斡旋、调解和调停程序中发挥作用。秘书处作为辅助机构,主要履行协助专家组工作、提供法律帮助或法律咨询和培训等职责。

WTO争端解决机制的司法性机构是专家组和上诉机构。专家组是非常设机构,由资深专业人士3人或5人组成,根据争端方援引的WTO规则,对争议事项作出客观评估并作出可协助DSB提出建议或作出裁决的其他认定。上诉机构是DSB的常设机构,由7名在法律、国际贸易和WTO各协定方面公认的权威专家组成。每一案件由其中的3人组成裁判庭任职审理,范围"应限于专家组报告涉及的法律问题和专家组所作的法律解释","上诉机构可维持、修改或撤销专家组的法律调查结果和结论"。

《关于争端解决规则与程序的谅解》(DSU)是 WTO 关于争端解决机制的主要核心法律文件。DSU 共 27 条和 4 个附录，主要内容包括 WTO 争端解决机制的适用与范围、基本方法和程序、建议与裁决的实施和监督、贸易报复程序等，并对相关程序和具体操作均作了较为详细的规定，而最为核心的内容就是对磋商机制，专家组组成、职责和工作程序，上诉机构组成、程序以及执行机制的规定。在 WTO 争端解决机制框架下解决经贸争端，一般完整的争端解决程序主要包括磋商、专家组程序、上诉机构程序、裁决执行程序四个环节。

（一）WTO 争端解决机制中的磋商程序

"磋商"(consultations)是指经贸争端各方进行谈判，寻求各方均可以接受的解决问题的和解方案。如果一个成员认为另一个成员的措施不符合 WTO 规则，就可以提出磋商请求。根据 DSU 的规定，磋商是 WTO 争端解决机制中的一项必经程序和前置程序，并贯穿 WTO 争端解决的全过程，与国内的"和解"程序极为相似。磋商是目前最为优选的救济形式，如果在解决争端的磋商阶段中争端各方就能够达成各方均可接受的解决方案，那是最好不过的，因此，磋商是 WTO 比较推荐的解决成员间经贸争端的最优救济措施。

磋商意味着 WTO 争端解决机制已经启动，但也只是一个开始。虽然磋商是 WTO 争端解决的第一步程序，但争端双方最初大多希望能够通过磋商的方式快速有效地将争端解决好。DSU 第 4 条第 1 款规定："各成员确认决心加强和提高各成员使用的磋商程序的有效性。"第 4 条第 2 款规定："每一成员承诺对另一成员提出的有关在前者领土内采取的、影响任何适用协定运用的措施的交涉给予积极考虑，并提供充分的磋商机会。"DSU 第 4 条第 3 款规定："如磋商请求是按照一适用协定提出的，则请求所针对的成员应在收到请求之日起 10 天内对该请求作出答复，并应在收到请求之日起不超过 30 天的期限内真诚地进行磋商，以达成双方满意的解决办法，除非双方另有议定。如该成员未在收到请求之日起 10 天内作出答复，或未在收到请求之日起不超过 30 天的期限内或双方同意的其他时间内进行磋商，则请求进行磋商的成员可直接开始请求设立专家组。"

1. 磋商的具体要求

DSU 第 4 条第 4 款规定："所有此类磋商请求应由请求磋商的成员通知 DSB 及有关理事会和委员会。任何磋商请求应以书面形式提交，并应说明提出请求的理由，包括确认所争论的措施，并指出起诉的法律根据。"在实践中，请求磋商的成员应该将磋商请求通知 DSB 及有关理事会和委员会。例如，若磋商请求涉及对进口钢铁采取保障措施的问题，则请求磋商的成员应将磋商请求分别通知 DSB 及货物贸易理事会和保障措施委员会的主席。同时，该条涉及两个十分重要的概念，即"涉案措施"和"法律依据"。涉案措施可能包括一成员的立法、方针政策、决定等，范围比较广泛。法律依据则包括所有 WTO 涵盖协定，以及一成员自己作出的承诺等。在 WTO 争端解决过程中，需要列明涉案措施和法律规则违反的 WTO 协定，保证其磋商请求中所述内容充实有效，申辩也有比较明确的法律依据。此外，DSU 第 4 条第 6 款规定："磋商应保密，并不得损害任何一方在任何进一步诉讼中的权利。"磋商的保密是为了保障双方能够尽量在一种宽松的环境中，善意地解决争端，不必担心相关信息外泄，但是对于磋商中所获事实的使用，专家组和上诉机构则持肯定态度。在韩国酒类案中，专家组认为，如果在磋商过程中获得的此类信息不能被任何当事方使用，将严重阻碍 WTO

争端解决程序。

2. 磋商的时间以及磋商不成的结果

关于磋商的时间要求,DSU 第 4 条第 7 款作了详细的规定:"如在收到磋商请求之日起 60 天内,磋商未能解决争端,则起诉方可请求设立专家组。如磋商各方共同认为磋商已不能解决争端,则起诉方可在 60 天期限内请求设立专家组。"DSU 第 4 条第 8 款规定:"在紧急案件中,包括涉及易腐货物的案件,各成员应在收到请求之日起不超过 10 天的期限内进行磋商。如在收到请求之日起 20 天的期限内,磋商未能解决争端,则起诉方可请求设立专家组。"此外,磋商程序中也关注到了发展中国家的特殊和差别待遇问题,具体而言,DSU 第 4 条第 10 款规定:"在磋商中,各成员应特别注意发展中国家成员的特殊问题和利益。"不过由于其表述的高度概括性,实践中发展中国家能够享受的实际待遇并不明确。

(二) WTO 争端解决机制中的专家组程序

专家组审查属于磋商不成时的"下一步程序",即起诉方可以申请设立专家组审理此案。WTO 秘书处会从其专家库和相关领域专家中推荐专家组成员,征求争端双方意见,并在双方不能达成一致意见时由 WTO 总干事指定。每个案件由 3 名专家组成专家组进行审理。专家组成立后,与双方商定工作程序,随后就开始提交书面材料和开庭审理的程序,专家组需要在 6 个月内作出裁决。

在磋商不能达成一致的情况下,WTO 争端解决程序的下一阶段,即所谓的专家组审理阶段就会启动。根据 DSU 第 6 条第 2 款的规定,在这个阶段,起诉方需要提交第二份极其重要的文件——要求设立专家组,而在这份文件中将会明确载明起诉范围。

与普通仲裁庭的组成方式不同,通常情况下,DSB 专家组的组成方式是分别由起诉方与被诉方将其选择专家组的标准告知秘书处,由秘书处选择 6 人,然后由起诉方和被诉方确认是否同意由其审理。如果双方未对审理人员达成合意,则由 WTO 总干事指定 3 人组成专家组。专家组组成后将会召开组织会议,讨论专家组的时间表,并根据案件情况确定审理期限。

1. 专家组的设立条件和职权

DSU 第 6 条第 2 款规定:"设立专家组的请求应以书面形式提出。请求应指出是否已进行磋商,确认争论中的措施并提供一份足以明确陈述问题的起诉的法律根据概要。在申请方请求设立的专家组不具有标准职权范围的情况下,书面请求中应包括特殊职权范围的拟议案文。"根据 DSU 的规定可以明确,申请设立专家组需要满足 4 个条件:① 书面提出申请;② 指出磋商是否举行;③ 确认争论中的措施;④ 提供一份法律依据概要。专家组一般由 3 名成员组成,其中 1 名成员担任主席。特别设置了对发展中国家成员的特殊安排,即如果争端发生在发展中国家成员和发达国家成员之间,如果发展中国家成员提出要求,专家组应至少有 1 名成员来自发展中国家。

DSU 第 7 条规定了专家组的职权范围,即"按照(争端各方引用的适用协定名称)的有关规定,审查(争端方名称)在……文件中提交 DSB 的事项,并提出调查结果以协助 DSB 提出建议或作出该协定规定的裁决"。实践中,起诉方可能提出该事项没有提请磋商程序,鉴于磋商请求对后续程序的重要性,加之在磋商之前很难准确描述有关措施和法律依据,应尽可能把磋商请求写得更周全,尽量涵盖所有可能的问题,在提出磋商时考虑得更加全面一些。关于专家组成员的来源,DSU 第 8 条第 1 款规定:"专家组应由资深政府和/或非政府个人组成,包括曾在专家组任职或曾向专家组陈述案件的人员、曾任一成员代表或 GATT1947 缔约方代表,或任何适用协定或其先前协定的理事会或委员会的代表的人员、秘书处人员、曾讲授或出版国际贸易法或政策著作的人员,以及曾任一成员高级贸易政策官员的人员。"

2. 专家组的审理程序

根据 DSU 的规定,专家组有两项基本职能,即认定事实和适用法律。案件一旦被上诉,上诉机构不再审议事实问题,仅对法律问题进行裁定。因此,专家组认定事实的职能尤为重要。专家组应当对有关事项进行客观评估,包括客观评估案件事实以及相关协议的适用性和一致性。上诉机构多次对专家组审查标准的问题作出解释。上诉机构认为,就专家组查明事实而言,其采用的标准既不是"重新审查",也不是"完全采纳",而是对事实的客观评估。事实上,虽然上诉机构明确表示专家组不应对有关事项进行重新审查,但有时候自己也会寻找证据。

DSU 第 12 条和附录 3 中对专家组审理案件的具体程序作了明确规定。DSU 第 12 条规定了专家组制订工作程序的要求:① 专家组应尽可能在专家组组成及职权范围议定后一周内,决定专家组程序的时间表,但在紧急案件中,包括易腐货物的案件,时间表应加快;② 在确定专家组程序的时间表时,专家组应为争端各方提供充分的时间准备陈述;③ 专家组应明确设定各方提供书面陈述的最后期限,各方应遵守此最后期限;④ 专家组的程序应具有充分的灵活性,以保证提出高质量的专家组报告,同时不应不适当地延误专家组程序。

自专家组组成和职责范围确定,到最终报告提交争端各方,专家组报告一般应当在 6 个月之内作出。对于紧急案件,审期则为 3 个月。但自专家组审理到报告散发 WTO 成员,最长的审期不得超过 9 个月。另外,应起诉方请求,专家组可以随时中止其工作。如果专家组中止工作 12 个月以上,则设立专家组的授权应当结束。另外,DSU 第 14 条还规定,专家组的审议情况应保密,并且专家组报告中专家个人发表的意见应匿名。

3. 专家组中期报告与最终报告的通过

DSU 第 15 条规定了专家组中期审议事项:"专家组应向各方提交一份中期报告,既包括描述部分也包括专家组的调查结果和结论。在专家组设定的期限内,一方可提出书面请求,请专家组在最终报告散发各成员之前,审议中期报告中的具体方面。应一方请求,专家组应就书面意见中所确认的问题,与各方再次召开会议。"关于专家组报告的通过,DSU 第 16 条第 4 款规定:"在专家组报告散发各成员之日起 60 天内,该报告应在 DSB 会议上通过,除非一争端方正式通知 DSB 其上诉决定,或 DSB 经协商一致决定不通过该报告。如一方已通知其上诉决定,则在上诉完成之前,DSB 将不审议通过该专家组报告、该通过程序不损害各成员就专家组报告发表意见的权利。"此外,第 16 条第 1 款、第 2 款规定:"为向各成员提供充足的时间审议专家组报告,在报告散发各成员之日 20 天后,DSB 方可审议通过此报告。""对专家组报告有反对意见的成员应至少在审议该报告的 DSB 会议召开前 10 天,提交供散发的解释其反对意见的书面理由。"

(三)WTO 争端解决机制中的上诉机构程序

争端任何一方或多方对专家组裁决不服,可以提起上诉。上诉机构是 7 人常设机构,上诉案件由其中3人负责具体案件审理。

上诉审属于"法律审",只审查专家组裁决中的法律适用和法律解释是否存在错误。经审查书面材料和开庭审理后,上诉机构在90日内作出裁决。这个裁决是终局的,经WTO争端解决机构通过后生效。上诉机构的裁决基本上使用"国际公法的习惯解释规则",特别是《维也纳条约法公约》第31条和第32条所提出的文本、上下文和宗旨目的等方法,上诉机构审理案件时对协议条款字斟句酌,试图得出令人心服口服的结论。

专家组的报告发布之后将会有一个比较复杂的规定来确定双方的上诉期限,通常情况下这个上诉期限为60天左右。上诉阶段的审理由WTO常设的上诉机构7人大法官中的3人完成,审理有关专家组报告中法律问题的上诉。上诉机构的裁决是终审判决,各方必须执行。上诉机构成员由"被公认的法律、国际贸易和WTO专家"组成,其国籍地理分布具有广泛代表性。每位成员任期4年,经WTO成员一致同意还可以连任一届,最长为8年。

上诉裁决通常会有如下几种结果:① 上诉机构完全支持专家组意见;② 对于专家组作出裁决的原因上诉机构表示不同意,但对他们的结论却表示同意;③ 对于专家组的结论上述机构表示不赞同,即可将专家组的结论推翻,另作裁决。

1. 上诉机构的设置

DSU第17条规定,由WTO上诉机构审理专家组案件的上诉,只有争端各方可以对专家组报告进行上诉,第三方无权上诉。该机构应由7人组成,任何一个案件应由其中3人任职,上诉机构人员任职应实行轮换制。上诉机构任职的人员,任期4年,每人可连任一次,空额一经出现即应补足。如一人被任命接替一任期未满人员,则此人的任期即前任余下的任期。上诉机构的成员应由具有公认权威并在法律、国际贸易和各适用协定所涉主题方面具有公认专门知识的人员组成。他们不得附属于任何政府。上诉机构的成员资格应广泛代表世贸组织的成员资格。上诉机构成员不得参与审议任何可产生直接或间接利益冲突的争端。

2. 上诉机构人员的权限和裁判依据

上诉审应限于专家组报告涉及的法律问题和专家组所作的法律解释,上诉机构可维持、修改或撤销专家组的法律调查结果和结论。上诉机构的程序应保密,报告中由任职于上诉机构的个人发表的意见应匿名。由于WTO协定是一个自给自足的法律体系,专家组和上诉机构唯一正式适用的法律就是WTO协定的条文。先前的专家组和上诉机构报告、一般国际法、权威学者的学说可成为专家组和上诉机构解释WTO协定的辅助资料。

3. 上诉机构的审理期限和裁决报告的通过

DSU第17条第5款规定:"诉讼程序自一争端方正式通知其上诉决定之日起至上诉机构散发其报告之日止通常不得超过60天。……当上诉机构认为不能在60天内提交报告时,应书面通知DSB迟延的原因及提交报告的估计期限。但该诉讼程序决不能超过90天。"上诉机构报告除非协商一致不通过,否则争端各方应无条件接受。DSU第17条第14款规定:"上诉机构报告应由DSB通过,争端各方应无条件接受,除非在报告散发各成员后30天内,DSB经协商一致决定不通过该报告。"各成员可就上诉机构的报告发表意见,目前相关成员对上诉机构审理延期表现出一定程度上的不满。当前,上诉机构成员不足导致上诉机构停摆,也正成为WTO最大的危机。

(四) WTO 争端解决机制中的执行程序

执行裁决,主要是指被诉方修改或取消被 WTO 认定为不符合协议的措施,同时还有两项临时执行措施,即补偿和"中止减让",就是在立即修改或取消措施不可行的情况下,经与起诉方协商,或经 WTO 授权,可以提供一定的补偿或暂停给其他国家的优惠。从实际情况来看,截至 2022 年 12 月 31 日,WTO 争端解决机构共受理成员方提起的争端案件 615 件,作出了 376 项专家组裁决。在诉诸争端解决机制的案件中,有超过 90% 的案件最终被裁定违反了 WTO 规则,涉及执行的案件有 197 件。在几乎所有作出裁决的案件中,败诉方均声明愿意执行裁决,且裁决执行的情况和效果都不错,只有极个别案件中出现了执行不力的问题,诉诸报复的案件更是屈指可数。良好的执行状况也许说明了该机制以及整个 WTO 规则的可信度和有效性。也就是说,各成员方尊重 WTO 规则,相信 WTO 争端解决机制,所以才会认真执行对己不利的裁决。

一般为期 15 个月的执行阶段届满,如果胜诉方对败诉方的执行结果不满意,那么胜诉方可以重新提起执行程序,然后快速进行专家组程序或者上诉程序。如果败诉方没有执行裁决的结果,根据 DSU 第 22 条的规定,胜诉方拥有申请授权报复的权利以进行救济。报复制度是一项十分有效的制度,其产生的法律效果就是赋予胜诉方直接限制败诉方贸易的权力。

1. WTO 争端解决执行程序的法律依据

WTO 执行机制建立在 WTO 争端解决裁决的基础上,当 DSB 通过了专家组或上诉机构的裁决后,则意味着接下来该裁决必须得到执行。WTO 裁决执行的法律依据主要是 DSU 第 21 条"对执行建议和裁决的监督"、第 22 条"补偿和中止减让"以及第 23 条"多边体制的加强"的法律规定。WTO 执行机制涉及众多的法律问题,其中主要包括通报执行裁决的意向、对执行裁决的监督、执行裁决的合理期限、对执行裁决的异议复审、执行中的补偿和报复机制,以及对补偿和报复的仲裁机制等。对这些问题,DSU 都有较为详细的规定。

2. 执行建议和裁决的监督

关于执行的期限,根据 DSU 第 21 条第 3 款,如立即遵守建议和裁决不可行,则应确立一个合理期限,这包括:① 有关成员提议的期限,只要该期限获 DSB 批准即可适用;② 如未获批准,则为争端各方在通过建议和裁决之日起 45 天内双方同意的期限;③ 如未同意,则为在通过建议和裁决之日起 90 天内通过有约束力的仲裁确定的期限,该合理期限一般不超过专家组或上诉机构报告通过之日起 15 个月。关于执行过程中的分歧,根据 DSU 第 21 条第 5 款,如在是否存在为遵守建议和裁决所采取的措施或此类措施是否与适用协定相一致的问题上存在分歧,则此争端也应通过援用这些争端解决程序加以解决,包括只要可能即求助于原专家组,专家组应在此事项提交其后 90 天内散发报告。

3. "仲裁"作为解决争议的方式之一

DSU 第 25 条第 1 款规定:"WTO 中的迅速仲裁作为争端解决的一个替代手段,能够便利解决涉及有关双方已明确界定问题的争端。"考虑到上诉机构的停摆危机,目前欧盟和中国倡导的《多方临时上诉仲裁安排》(Multi-Party Interim Appeal Arbitration Arrangement,MPIA)正是依据该条设立的,后续实践运行效果如何还有待观察。

三、WTO 争端解决机制的主要特点和优势

WTO 有一套完善而有效的争端解决机制,该机制自 1995 年 1 月 1 日成立起运行至今,在增强多边贸易体制的可预见性、保障该体制的有效运作和遏制贸易保护主义盛行等方面发挥了巨大作用。

（一）WTO 争端解决机制的主要特点

WTO 争端解决机制是在 GATT 争端解决规则的基础上形成的具有司法功能的机制,其克服了 GATT 体制中存在的弊端并加以完善,使现行的 WTO 争端解决机制在实现促进各国发展目标时表现更为有效和突出,被誉为"WTO 皇冠上的一颗明珠"。与 GATT 争端解决机制相比,WTO 争端解决机制最大的特点主要体现在三个方面。

1. 强制性

WTO 争端解决机制的强制性在批准设立专家组的申请、适用反向协商一致原则实现专家组报告和上诉机构报告的通过以及授权报复这三个方面表现得最为直接和明显,即强制管辖、强制裁决和强制执行。这意味着只要有成员提起诉讼,WTO 就必须受理,WTO 成员不可随意逃避其管辖;相关专家组和上诉机构裁决经 DSB 通过后即具有约束力,被裁违规的成员如果不执行就需要承受贸易报复后果,可谓有"牙齿"的争端解决方式。

这种规定明显避免了在 GATT 时期出现的被诉方利用正向协商一致原则直接阻挠专家组设立以及专家组和上诉机构报告的通过,从而导致争端最终无法得到有效解决的现实问题。GATT 时期,成员方之间的争端只能依赖谈判协商,却难以在"法律性"层面得以解决,由此导致 GATT 法纪松弛。相应地,自由贸易规则与争端解决机制均实效有限。WTO 争端解决机制放弃了传统的正向协商一致决策机制,适用反向协商一致原则,即"除非一致不同意,否则视为一致同意"的原则,这一原则实质上就是"一票通过制"。WTO 适用的反向协商一致原则与 GATT 时期采取的正向协商一致原则构成本质上的区别,这是 WTO 的重大改革和创新,并因此产生了与 GATT 时期截然不同的适用效果。一方面,大大减小了专家组成立的阻力;另一方面,专家组报告几乎实现了自动通过的目标。

就此,WTO 争端解决机制也就具有约束力、排他性和强制执行力。任何成员不得以其国内法对抗 WTO 法,任何成员的贸易措施不得违反 WTO 涵盖协定。经过 WTO 专家组和上诉机构两级审理的最终裁决对于争端当事方具有法律约束力,DSU 第 17 条第 14 款规定"上诉机构报告应由 DSB 通过,争端各方应无条件接受",败诉方必须执行裁决。如果败诉方在合理期限内未执行裁决,申诉方可以申请启动执行程序,并依据申诉方的损失通过仲裁确定向败诉方执行的报复金额,裁决经过 DSB 发布执行。从实践情况来看,WTO 成员基本上都普遍遵守和执行了 WTO 裁决,败诉方在绝大多数案件中均通过修改违规措施的方式执行了 WTO 裁决;当然,也有败诉方在极少数案件中以 WTO 争端解决机制允许的其他方式处理争端,如暂时提供补偿(如 DS160"美国版权法第 110(5)节案"),或由胜诉方得到授权暂时中止减让(即授权报复,如 DS26/DS48"欧盟影响肉及肉制品措施案"等)。WTO 争端解决机制据此被外界誉为"有牙齿",对于违反 WTO 涵盖协定的措施具有"杀伤力"。争

端解决是 WTO 三项功能(即多边贸易谈判、贸易政策审议、多边解决争端)中最成功的。

2. WTO 创新设立了上诉机构，实现两审终审制

国家间争端解决的模式走过了从战争到外交、从双边解决到第三方裁决，又从个案裁决到机构仲裁、从一裁终裁到两级裁决的历程。

WTO 创新建立的由专家组和上诉机构共同组成的争端解决机制是国际经贸制度中两级裁决制度的首创和典范，类似国内的二审法院，它可以维持、修改或撤销专家组报告中的结论或裁决。基于常设的上诉机构创立的两审终审制是全球正在运行的多边贸易裁决机制中唯一具有上诉职能的争端解决机制。因此，WTO 争端解决机制是国际经贸争端裁决机制的一次重大制度革新，具有跨时代的进步意义。任何争端方对专家组报告不满意均可以提起上诉审，由上诉机构对案件进行审议。根据 DSU 的相关规定，上诉机构在 WTO 中具有准司法职能，不仅创新了国际社会贸易争端解决机制的新模式，而且有效地规避了专家组报告可能出现的错误，发挥准司法机构和监督机构的双重作用。

3. WTO 建立了强而有力的裁决执行和监督机制

对拒绝、拖延执行 WTO 裁决的败诉方，WTO 可以授权当事方实施贸易报复，进一步加强了 WTO 争端解决机制的威力和执行力。WTO 争端解决机制使得发达国家成员尤其是美国无法再以 GATT 效力和强制性不足为借口实施单边措施，除非根据 DSU 诉诸 WTO 争端解决机制，各成员不得作出实际上等同于认定违反相关协议、导致利益丧失或损害、以及阻碍实现相关协议目标的决定。相关成员应遵守 DSU 的规定，确定有关成员执行裁决的合理期限，确定中止减让或中止其他义务的程度，并获得相应授权。通过鼓励并要求成员通过多边贸易体制解决成员间的贸易争端，WTO 旨在阻止成员通过单边措施解决贸易争端，同时增强了 WTO 的确定性和可预见性，这一方面对于发展中国家成员尤为重要。

除此之外，WTO 争端解决机制也是一个"讲理"的法律规范。专家组和上诉机构的裁决报告中有非常详尽的法律解释和充分的法律论证，这对确保 WTO 争端解决机制的权威性和有效性是相当必要的。一般专家组报告长达 400 多页，上诉机构报告也长达 150 多页，两份报告均对"涉案措施是否符合相关协定"这一核心基本问题进行了详细的解释和充分的论证。因此，WTO 裁决是通过"以理服人"来实现其执行目标的。

综上所述，WTO 在尊重国家主权的同时，建立起一套因其理由令人信服而使成员决定遵守的裁判程序。事实上，WTO 争端解决机制能否有效运作取决于争端解决裁判的公信力。为此，如前所述，在制度设计上，相对独立的司法机构、不受外方干预的独立裁判都使 WTO 争端解决机制在为 WTO 多边贸易体制提供安全性和可预测性方面发挥着一定的司法性功能。体制的安全性和可预测性在激励决策者在经济上将资源从保护性用途转移到生产性用途的同时，也获得了成员方的信任。反向协商一致规则的引入极大地强化了 WTO 规则的有效性。专家组和上诉机构裁判在澄清和执行 WTO 各项协定所包含的法律义务方面发挥了核心作用，从而在体制功能上维护着 WTO 体制的权威，使之不再是一个简单地建立在一致意见、互惠与让步平衡基础上的体系。相反，它是建立在反映行政国家(administrative state)现实规则基础上的体系。作为政府间定分止争的制度安排，WTO 争端解决机制以和平手段解决贸易争端，避免争端政治化并升级为更大冲突，更是澄清多边贸易规则的重要平台，通过澄清规则增强多边贸易体制的可预见性，有效抑制违规行为。以规

则为基础的世贸组织争端解决机制,已成为世贸组织成员间解决纠纷的重要手段,使世贸组织虽历经规则谈判停滞的挑战和区域经贸合作体系"碎片化"的冲击,仍然持续发挥国际贸易领域定分止争的主平台作用。

(二) WTO 争端解决机制的优势

《建立世界贸易组织的马拉喀什协定》(简称《WTO 协定》)强调 WTO 体制是一个更有力和更明确的法律体制,包括更有效和更可靠的争端解决机制。具有司法化特质的 WTO 争端解决机制恰恰为维护 WTO"规则导向"之法治核心价值提供了强有力的制度支撑,得到了 WTO 绝大多数成员的积极肯定与坚定拥护。

1. WTO 争端解决机制的制衡关系

WTO 争端解决机制在许多方面还存在制衡关系,保证机制的有效运作。

第一,WTO 最高权力机构部长级会议与 DSB 之间存在制衡关系。从某种意义上来说,DSB 与专家组和上诉机构存在赋权和被赋权的关系,专家组和上诉机构隶属于 DSB 并对其负责。WTO 争端解决机制是部长级会议以及代行部长级会议职能的总理事会下的三大职能之一,即通常所称的 WTO 三大支柱之一。根据《WTO 协定》,部长级会议(包括部长级会议闭会期间代行部长级会议职能的总理事会)有权对 DSB 运行的规则进行修改,并对 WTO 争端解决机制执行中出现的问题进行讨论并作出决定。负责 WTO 争端解决机制的最高权力和决策机构是 DSB,它由全体 WTO 成员组成,每个月召开一次例会。个案专家组由 DSB 设立,上诉机构成员的遴选和任命由 DSB 进行。专家组和上诉机构关于争端案件的裁决报告旨在为 DSB 解决 WTO 贸易争端提供裁决和建议(ruling and recommendation),专家组与上诉机构报告须经 DSB 通过方能生效。同时,由于常设上诉机构是 DSU 设立的专门负责上诉事务的机构,其具有条约赋予的一定的独立性。因此,部长级会议对 DSB 具有制衡效力。

第二,DSB 内部的决策机制也存在制衡机制。DSB 针对不同的争端解决事项实行自动性(反向协商一致)和非自动性(正向协商一致)两种决策程序。对于专家组和上诉机构作出的关于争端案件的裁决报告,DSB 是通过反向协商一致原则通过的,即如果不是全体成员都反对,则报告将直接通过,这就是通常所说的 WTO 裁决报告的自动通过机制;对于 DSB 的会议日程、上诉机构成员的遴选和任命、专家组成员名单库的提名和增补等程序性事项,DSB 则是通过正向协商一致原则予以通过的,即需要全体成员达成一致意见才能通过并生效。正是上诉机构成员的遴选和任命程序的正向协商一致决策机制直接导致了当前上诉机构停摆危机的发生。WTO 成员对上诉机构成员的遴选和任命必须通过正向协商一致决策程序以具有控制力,对专家组名单的通过、DSB 会议议程也具有同样的控制力。因此,乌拉圭回合以后,虽然专家组和上诉机构报告通过反向协商一致原则具有自动通过的效力,即通常所说的准司法效力,但 DSB 仍保留了对于其他 WTO 争端解决事项的最高决策力,即 WTO 成员对除通过专家组和上诉机构报告以外的争端解决机制事项享有控制力。现实情况就是,如果在对上述事项经过协商不能达成一致,WTO 成员可以行使一票否决权。

第三,专家组、上诉机构两级审理机制之间也存在着审议和被审议以及相互影响和制衡的关系。上诉机构对专家组报告中被上诉的法律事项具有纠错的职能。在相同法律问题上,后续专家组是否能够参照上诉机构在以往案件中作出的裁决,这也是WTO成员和国际贸易界普遍关注的问题。因此,上诉机构与专家组构成的两级审理机构之间存在着一定的相互影响和制衡的关系。

第四,在上诉机构、专家组与WTO秘书处的法律团队之间也存在着指导与被指导以及相互制衡和约束的关系。按照DSU的相关规定,WTO上诉机构秘书处的法律团队对上诉机构的工作提供法律协助,上诉机构对秘书处法律团队的工作给予总的指导,在个案中给予具体的指示。WTO秘书处的规则司和法律司的法律团队对专家组的工作提供法律协助,专家组仅对协助他们工作的法律团队的个案工作给予指示。因此,上诉机构和专家组与协助他们工作的法律和秘书团队之间存在着指导、协作和相互监督,乃至相互制衡和约束的关系。

综上所述,WTO争端解决机制的制度设计和实际运作存在着多重制衡机制。WTO争端解决机制的团队工作及其所具有的内部制衡关系对保障案件的公正裁决是非常有利的。

2. WTO争端解决机制运转的高效性和裁决的稳定性

WTO争端解决机制因其高效的运转而闻名,在解决WTO成员之间贸易争端的贡献方面成效突出。GATT争端解决机制与WTO争端解决机制之间最重要的区别是对裁决程序的修改。协商一致是《关税与贸易总协定》决策规则的指导原则,而WTO争端解决机制则采用反向协商一致原则,除非所有各方一致反对,否则可以作出决定。因此,除非各方以协商一致方式否决作出的决定,否则没有一个或多个缔约方可以阻止争端解决进程的进行。这一规定有效地消除了阻碍GATT规则下的多边争端解决程序的因素,使争端解决更快、更有效率。

在受理案件数量、案件裁决时间、案件执行效率等方面,与其他争端解决机制相比,WTO争端解决机制更是脱颖而出。首先,从受理争端案件的数量来看,自WTO正式成立至2023年12月,受理了621起争端案件,不仅远远超越GATT时代,在当今所有国际组织的争端解决中也难得一见,WTO成员方对于WTO争端解决机制的信赖与依靠可见一斑。其次,从争端类别来看,尽管各协定的援引与适用频率、案件分布存在明显落差,但WTO多边体制下所有涵盖协定已为WTO争端解决机制全面覆盖。再次,WTO规则及其所涉概念内涵通过争端解决中的反复适用和解释得以澄清、明确,从而使国际贸易法律体制的确定性、一致性和有效性不断增强。最后,从案件裁决的遵守情况来看,到目前为止,没有一个WTO成员在争端解决会议上表示不执行专家组或上诉机构的裁决报告。在司法实践中,除个别案件外,绝大部分案件得到了成员的全面履行或部分履行,DSB裁决的执行率高达83.8%。这意味着,即便争端成员对专家组和上诉机构的裁决存有质疑,但仍然接受并普遍自觉遵守及执行这些不利裁决。由此可见,专家组和上诉机构成员高超的司法能力使多边贸易体制基本实现了公平、有效和可预测,WTO争端解决机制以及WTO体制的权威性均由此得到了成员方的广泛认可和积极维护。

WTO争端解决机制之所以运行成功并获得如此高的赞誉,与WTO争端解决机制基本保持了裁决在相同法律问题上的一致性和稳定性是密不可分的。DSU第3条第2款明确规定,WTO争端解决机制处于为多边贸易体制提供可靠性和可预测性的核心地位。WTO成员认为,争端解决的目的是维护WTO成员在多边贸易协议下的权利与义务,依据国际公法的习惯解释规则澄清这些协议条款。DSU第3条第3款指出,迅速解决争端对于有效发挥

WTO 的功能和平衡各成员之间的权利与义务至关重要。尽管专家组和上诉机构对案件的裁决是个案性质的，但同案同裁是 WTO 争端解决机制维护其稳定性、一致性和可预见性的重要保障。

3. WTO 争端解决机制制度设计的司法性和政治性

WTO 争端解决机制的重要贡献主要源于其制度设计，既表现出司法性（正如成立之时美国强调的对成员施加较强的约束力），又表现出政治性，即保留了一定的政治余地。

（1）WTO 争端解决机制的司法性。与 GATT 机制的妥协性相比，WTO 争端解决机制最常见的方法是，如果一方违反协议，另一方可以要求撤销与 WTO 协议不一致的措施；如果因其他原因不能撤销，违规方也可以选择赔偿作为替代补救措施。如果违约方也拒绝提供赔偿，受害国可以在争端解决机构的授权下，暂停适用针对违约成员的贸易优惠或承诺。除了进一步约束争端各方的权利和义务外，这种具有强制性的司法裁定也有利于解决各方之间的争端。

① WTO 争端解决机制的独立性。根据 DSU，专家组和上诉机构作为 WTO 争端解决机制司法裁判机构，均具独立的裁判地位。首先，就专家组和上诉机构的组成而言，专家组和上诉机构的成员必须是"完全合格的政府和/或非政府个人"，并且以个人身份接受任命，不代表任何成员方政府，也不属于 WTO 争端案件中的任何一方。这一原则决定了专家组和上诉机构的成员组成不受争端相关成员方的影响而独立于争端之外，这也是 WTO 争端解决机制成立之初各成员方为保证其独立性而专门制定的规则。专家组成员的选择应以保证各成员的独立性、完全不同的背景和丰富的经验为目的进行，除非争端各方另有议定，争端当事方和第三方的公民不得在与该争端有关的专家组中任职，争端各方不得反对秘书处建议的专家组成员提名。除非由于无法控制的原因，专家组成员应以其个人身份任职，各成员方不得就专家组审议的事项向他们作出指示或试图影响他们个人，上诉机构成员不附属于任何政府，不得参与审议任何可产生直接或间接利益冲突的争端。其次，就审议活动而言，专家组和上诉机构的审议情况均应保密，裁决报告在争端各方不在场的情况下起草，报告中个人发表的意见应匿名，而且所有成员方均不得就专家组和上诉机构审议的事项与其进行单方面联系。最后，就裁决结果而言，除有上诉或一致否决情形，裁决报告即获通过并为各当事方无条件接受。

② WTO 争端解决机制的程序规定和裁决的约束力。DSU 明确规定了 WTO 争端解决机制的程序，并且其裁决和执行都适用反向协商一致原则，即各成员方无法影响和改变裁决的通过及其结果，更无法阻挠和拒绝其执行，这事实上赋予了 WTO 争端解决机制超主权国家之上的权力。此外，如果败诉方未能全部履行 WTO 裁决，DSU 规定，胜诉方可以申请适用平行报复、跨领域报复、跨协议报复等方式实施不同程度的报复措施，这也给当事方施加了巨大的压力，使其执行裁决。

③ WTO 争端解决机制的强制管辖权。DSU 第 6 条第 1 款规定，如果有成员发起设立专家组的请求，将适用反向协商一致原则，即除非经过协商一致决定不成立专家组，否则必须成立专家组对此争端进行审理，并且被诉方必须配合应诉。即便国际法院等类似国际机构也需要征求被诉国的意愿才进入审理程序，WTO 争端解决机制的独特性即在此体现。

④ WTO争端解决机制审理的强制性。DSU第17条第6款规定,上诉机构的权限仅限于对专家组报告中存在的法律问题和解释进行审理,并未赋予其拒绝审理的权力,即争端解决机构法官不得以政治原因或者其他任何原因拒绝成员方的申请,同时必须按照规定对各方进行调查审理。这种审理的强制性充分体现了司法性。

(2) WTO争端解决机制的政治性。尽管在WTO成立时接受了美国的提法,强化了WTO争端解决机制的司法性,但其还是不可避免地需要政治权力的支持和配合。

① WTO争端解决机制的磋商程序。WTO审理案件必须先进行磋商,这是强制的必经过程,旨在为各方提供一个沟通平台,给在协商基础上解决争端提供一个机会,如果经过磋商能够达成解决方案,则不会进入专家组审理程序。据统计,1995年1月1日—2022年12月31日,发起争端请求的案件共615件,有406起案件进入设立专家组的程序,即有209起案件未进入专家组程序。在磋商的过程中,各方根据自己的利益需求进行判断协调,政治力量在其中发挥了不可忽视的重要作用。

② WTO争端解决机制的裁决执行。虽然WTO对执行程序作出了明确的规定,也采取了反向协商一致的原则,使其在通过执行过程中不受各成员方的影响,但在执行的策略和方式选择上并未施加强约束。在很大程度上,政府对WTO裁决的服从与否是其利益衡量的结果,即在WTO体系中,将长期获得的收益与不执行裁决时的收益进行比较。这表明,各成员方对WTO争端解决机制裁决结果的执行建立在裁决结果在可以接受的范围内的基础上,一旦裁决结果的执行会严重损害自身利益,导致不执行的收益更高,此时成员方政府就可能选择不执行WTO裁决而获取更大的利益。

③ WTO争端解决机制裁决的约束力。DSU规定,在败诉方不执行WTO裁决的情况下,胜诉方可申请授权报复。这虽然在一定程度上给败诉方施加了巨大的压力,但它并非强制要求败诉方给予胜诉方相应的补偿,而是胜诉方可以歧视性地对败诉方暂停WTO协议下的减让或其他义务,而授权报复措施的实际使用未必会给胜诉方带来利益或产生有利作用,极有可能造成一损俱损和两败俱伤的不利后果。这就导致成员方政府决定不执行WTO裁决的成本并没有那么高,因此,成员方政府可以衡量自身的利益得失,决定是否执行WTO裁决。但由于现实中存在各个成员方实力不均的情况,可能会出现恃强凌弱等现象。

综上所述,在WTO争端解决机制框架内,存在着国际组织权力与成员权力之间的微妙制衡,即WTO争端解决机制首先给予成员方通过磋商的方式协商谈判的余地,只有在谈判不成的情况下,才会以第三方(专家组和上诉机构)的形式介入,通过强制参与审理以及裁决结果近乎自动通过的方式保持其权威性。在案件裁决上,各方根据自身利益平衡选择是否执行,即使在不执行裁决的情况下,也不会出现强制执行的后果。在整个过程中,存在国际组织与成员权力之间的互相补充和配合。如果WTO的司法性过大,则可能挫伤成员方对国际组织的信心,转而寻找其他的解决方式;如果成员方权力过大,可以任意对国际组织发起质疑,那么国际组织就会出现屡屡受阻的情况,无法保证正常程序的执行。当前美国对WTO争端解决机制发起的挑战实际上是意图打破这一旧的平衡,试图建立某种新的平衡,即为了维护美国利益,希望回归到一个约束力不强的WTO争端解决机制,建立一种新的权力平衡。

第三节　WTO 争端解决机制实践

一、GATT-WTO 争端解决机制实践基本情况

WTO 争端解决机制自开始运行以来,已经成为世界上最为繁忙的国际司法机制之一,在为多边贸易体制提供可靠性和可预测性方面发挥了巨大的作用。从 WTO 争端解决实践中可以发现,WTO 是和平解决成员方之间经贸争端的必要场所。受成员方广泛信任的 WTO 争端解决机制,通过其繁重而高效的工作卓有成效地保证了多边贸易体系的正常运作。

从案件数量上看,1948—1995 年 GATT 运行期间,48 年共发生贸易争端 316 起,平均每年不到 7 起;而根据 WTO 统计,1995—2023 年,WTO 争端解决机制共受理争端案件 621 起,平均每年约 22 起。这一数据充分体现了 WTO 成员方对 WTO 争端解决机制的信任、需求与依赖,其成效及权威亦有目共睹,为全球经济发展提供了强有力的支持,是全球经济治理体系的重要支柱之一,而且是非常有效的支柱。各成员方通过这一机制投诉违规行为、维护自身利益,防止贸易摩擦升级为严重的对抗,许多贸易争端在还未升级到诉讼阶段之前就已经被解决。即使真的经过了诉讼阶段,DSB 裁决的执行率仍高达 86.3%。因此,虽然 WTO 争端解决机制存在缺失,甚至目前面临极大的危机,仍为绝大多数成员方所需要。

从成员方参与度的情况来看,WTO 现有 166 个成员方。109 个成员方参与过争端案件,参与率约为 66.5%。成员方的总参与度约为 2/3,但除有 1/3 成员方从未参与争端解决外,参与成员方本身的参与度存在很大悬殊。仅作为第三方参与的又有 1/3,其中仅参与过一次的占 26%,既提出申诉又曾被诉的活跃成员方也仅占约 1/3。美国作为最活跃成员方,参与了 73% 的争端案件。总体来看,成员方参与程度与其贸易水平成正比,最活跃的成员方集中于贸易大国,特别是其中的发达经济体和新兴经济体。一方面,发达经济体中,除居首位的美国之外,欧盟位列第二,参与了 67% 的案件。换言之,WTO 争端案件的 40% 由美国和欧盟提起,又有超过 40% 是针对美国和欧盟的,与此同时,加拿大、日本、澳大利亚等成员方也属于最活跃的成员方。另一方面,新兴经济体虽然作为当事方的案件总数与美欧差距较大,但其积极程度不容忽视,中国、印度、巴西以及后来居上的俄罗斯都有引人注目的表现。

从争端解决的结果动态方面来看,WTO 争端解决机制的功效很大程度上是由争端解决的结果状况反映出来的。已结案数量与正在经历争端解决机制的案件数量相当,说明当前 WTO 争端解决机制运行良好,成效显著。WTO 争端解决机制结案率已达近 50%,其中经由专家组或上诉机构以裁决方式了结的超过一半,其他案件均以非裁决方式处理为主,包括启动专家组程序之前的磋商、当事方自行和解结案、授权专家组终止和执行和解等。由此表明,争端解决并不是必须通过强制性来发挥作用的。以磋商为例,仅 2014 年没有留存"磋商"案件,而且至今尚有 1995—2014 年累积的 141 件。有 406 起案件成立了专家组。事实上,并不是所有成立了专家组的案件都会发布专家组报告,因为专家组成立后也可以由当事

方通过其他途径解决争端,如达成和解方案或双方都同意的解决方案(mutually agreed solutions,MAS)等。通过WTO争端解决机制解决成员方之间的经贸争端,对成员方之间关系的健康发展极为有利,中国运用WTO争端解决机制的实践活动验证了这一点。

总体来说,在WTO运行的第一个十年,基于DSU的成员间贸易争端解决机制运行良好,该机制被认为是"以规则为基础的多边贸易体制的最重要因素之一"。但随着逆全球化趋势的不断显现,加上WTO各主要成员方在国际经济地位上的变化以及政策的调整等原因,WTO争端解决机制的实践情况发生较大的变化,甚至引发了上诉机构危机而导致整个WTO争端解决机制处于困境。

二、中国参与WTO争端解决实践

2001年12月11日,中国正式成为WTO的第143个成员,也是中国与世界经济关系发展的一个重要分水岭。中国加入WTO 20多年来,一直认真履行各项"入世"承诺,成功融入并推动WTO多边贸易体制向着更加平衡、多元的方向发展,并为WTO的顺利运行、世界经贸的快速增长做出了实质性贡献。同时,中国经贸的飞速发展也超出了当初所有WTO成员方的预期和期待,中国与世界经济、中国与WTO的关系也在发生快速和根本性的变化。在WTO影响中国经济的同时,中国也在影响WTO的运行方式、利益结构和权力框架。

积极运用WTO争端解决机制化解贸易争端是中国参与全球经济治理的一个缩影,也是中国支持和践行多边主义、参与国际经贸规则发展和完善的重要实践。历经20余载WTO争端解决实践,大大提升了中国运用WTO规则坚定捍卫自身合法权益的能力和水平,中国已然从旁观者、学习者逐渐成长为积极参与者、重要贡献者。

自2001年"入世"以来,中国积极参与WTO多边贸易争端解决。中国依据WTO规则主动将遭遇的不公平贸易限制措施诉诸WTO争端解决机制,这充分表明中国政府对WTO独立性和公正性的信任,也展现出中国对国际贸易治理体系的尊重和维护。在这过程中,中国第一个十年先作为第三方参加WTO争端解决的全部程序;第二个十年再通过更高的平台(即专家组和上诉机构的开庭审理)学习和熟悉WTO争端解决程序和WTO涵盖协定的解释规则,参与争端解决实践,理性务实开展案件处理,表现可圈可点,实现了由充分参与到积极运用的有序转变;最后,中国作为被诉方或起诉方参与WTO争端解决,直接用WTO规则作为法律武器维护中国合法利益。经历了20多年的磨砺和锻炼,中国通过不断学习和实战历练,做到了融入和提升,从旁观者、初学者逐渐成长为积极的参与者和主要的使用者,在应对心态、诉讼团队建设、敢于和善于斗争等方面取得显著进步,大大提升了运用WTO规则捍卫自身合法权益的能力和水平。中国在WTO争端解决中贡献了很多条约解释的方法,数项主张获得WTO专家组和上诉机构的支持,发挥了澄清多边规则、遏制单边贸易限制措施、稳定多边贸易体系的重要作用。中国向WTO上诉机构推荐了多名法官候选人,经过DSU全体成员甄选,其中两名中国法律专家先后成为WTO上诉机构法官。中国还基于多年的WTO争端解决实战经验,积极参与WTO争端解决机制改革的讨论,提出中国方案,为WTO争端解决机制的完善做出自己的贡献。

事实证明，中国作为WTO重要成员，一直是WTO争端解决机制的支持者和践行者，在摸索和实践中逐步熟悉制度、善用规则，坚决维护自身合法权益，增强了在WTO争端解决机制中的话语权。一方面，中国充分运用WTO争端解决机制维护了国家主权、安全、发展利益和产业利益；另一方面，中国尊重并认真执行WTO裁决，以实际行动切实维护了多边贸易体制的权威性。通过一个个案例，中国实质性参与了WTO争端解决专家组和上诉机构对多边贸易规则的澄清，诉讼经验快速累积，人才队伍建设稳步提升。在这个过程中，中国作为负责任大国，认真遵守规则，善意履行义务，是WTO多边贸易体制的坚定支持者，积极维护WTO规则的权威性和严肃性。

通过WTO官网统计分析可以发现，中国是涉案动态最积极、最活跃的成员方之一。中国迅速成为WTO争端解决机制的重要参与者和主要运用者之一，无论是起诉案件还是被诉案件数量，中国在WTO成员方中均位居第三。

自2001年12月11日中国正式加入WTO以来，中国一直积极参与国际法实践，直接或间接地参与WTO争端解决机制，由WTO争端解决机制的"后进者"发展成为其最主要参与者和最活跃成员方之一。

仔细梳理中国加入WTO之后利用WTO争端解决机制的实践情况，可以发现中国在WTO争端解决实践过程中表现出明显的"中国特色"。首先，中国涉诉案件呈逐年递增的态势，且分水岭出现在2007年。2002—2006年，这一阶段被称为"初期阶段"或"过渡期阶段"，因为这一时期中国作为当事方参与的WTO争端解决案件数量非常少（申诉方1件，被诉方4件），而作为第三方参与的案件高达59件，是中国的"入世过渡期"。2007年至今被称为"成长期"或"后过渡期阶段"，这一阶段中国已经逐渐全面参与WTO争端解决案件，一直处于一种"适应"和"成长"的状态，一边学习、一边实践。其次，中国作为第三方参与WTO争端解决的案件几乎贯穿了中国"入世"至今的整个过程。2007年之前的"初期阶段"，中国以第三方的身份几乎参与了WTO争端解决的所有案件；在"成长期"，虽然中国以第三方身份参与的WTO争端解决案件数量有所下降，但仍然维持着较高的比例，说明中国是一个"善于虚心学习的国家"。最后，以往中国作为被诉方的涉案比例往往高于其作为申诉方的涉案比例，这也反映出中国在利用WTO争端解决机制解决贸易争端过程中一直处于一种相对被动的规则遵循者的地位。但2018年是有所突破的一年，中国作为申诉方的涉案数量首次高于其作为被诉方的涉案数量（申诉方5件，被诉方4件），说明中国已经开始尝试利用WTO争端解决机制这一有力"武器"进行"适时的反击"。

中国参与WTO争端解决机制的过程分为几个历史阶段，是有其特定原因的。第一个阶段是"过渡期"。在"入世过渡期"，中国采用非常谨慎的态度，只在有把握的情况下，才会动用WTO争端解决机制，如参与对美国钢铁保障磋商案的申诉。在这一时期，中国政府原则上不会主动发起WTO争端解决，其他成员威胁要提交WTO争端解决时，中国政府力求协商解决，主要以中国方面让步为结局。这一阶段，中国政府从全局考虑，认为需要一个稳定的贸易外部环境。但是中国政府同时也意识到，在必要的时候，适时动用WTO争端解决机制也是中国遵守WTO规则的表现，即贸易纠纷就应该按照WTO规则来解决，如果一味地单方面妥协让步，反而可能会给欧盟和美国等西方发达国家发出误导信号，以为只要它们威胁进行WTO诉讼，中国就会让步。不仅如此，中国还应该积极主动地利用WTO争端解决机制,才能遏制一些WTO成员单方面频繁地对中国发起WTO诉讼。第二阶段是"成长期"。中国政府意识到,无论主动还是被动,都无法避免利用WTO争端解决机制。因此,在这一阶段,中国在WTO的涉案数量大幅度增加,而且中国政府对待WTO争端解决的态度也趋于理性。中国政府明确表示:"在WTO争端解决机制下,起诉是运用规则为导向的法律手段督促成员切实遵守WTO规则和承诺,应诉是通过正当法律程序捍卫成员的合法权利和贸易利益。"

通过参与WTO争端解决机制,我们发现,WTO争端解决并不是简单的输与赢的关系,有时看起来在裁决上输了,但是时间上却赢了,如争取到了保护产业的时间。

中国是WTO裁决的认真执行者,认真执行WTO案件裁决结果给中国带来良好的国际声誉,表明中国是一个承担国际义务、遵守国际规则的负责任的主要成员。2021年,张月姣在对外经济贸易大学举办的中国参与WTO争端解决20周年论坛上说,"入世20年,它产生的无形资产怎么估计都不过分。从推动中国法治前进的角度来说,这是历史性的。因为要遵守国际公约和法律,所以中央政府清理法律法规2300多件,地方政府清理了19万多件,这不仅在中国法制史上是历史性的,在国际法制史上也是历史性的。""不论争端解决结果如何,中国都执行,特别是为此修改了著作权法第四条,这在国际上来说令大家都很感动。我们做了很大的贡献,也做了一些牺牲,但是建立了中国的信誉,信誉是一种巨大的生产力,是不可估量的。"WTO前总干事帕斯卡尔·拉米(Pascal Lamy)就跟张月姣讲过几次,中国在WTO拥有了国际性的广泛影响力。在中国履行WTO裁决方面,拉米曾经给过A+(的评级),是历史最好。"从执行来说,我们这么多团队都亲眼见证了这段历史。"自改革开放以来,中国已逐渐成为全球经济和贸易体系不可分割的一部分,并在许多国际组织中发挥着积极和不可或缺的作用。在和平崛起的过程中,中国正在重新寻找与校准自身在世界政治舞台上的定位,包括努力塑造一个负责任大国的形象。当今国际社会,国际法具有号令天下的道义力量。一个国家是否善于运用国际法来维护本国形象,这是检验该国在国际社会上"软实力"强弱的重要标志之一。

由此可见,中国作为全球第二大经济体,已经成为WTO争端解决机制的积极运用者和重要参与者,深度参与WTO争端解决机制改革,这对中国和WTO都意义非凡。

中方充分利用WTO争端解决机制,坚决捍卫自身合法权益,坚定维护多边贸易体制,有力反击单边主义和贸易保护主义。

(一)中国作为起诉方

首先,针对其他WTO成员系统性、持续性违反规则的做法,"打包诉讼",一追到底,为系统性解决违规做法奠定坚实基础。

贸易救济领域是中国企业遭受歧视性待遇的重灾区,特别是美国等少数WTO成员对中国产业政策和管理方式长期持有偏见,对中国企业违规采取反倾销、反补贴措施,征收高额反倾销税和反补贴税。为有力反击美国滥用贸易救济手段的错误做法,中方在2012—2013年在WTO争端解决机制下,集中针对美方贸易救济措施出击,打出"组合拳",连续发起三个案件(DS437、DS449和DS471),打包起诉至WTO。中方对于公共机构、专向性、外部基准、双重救济、目标倾销"归零"、单一税率推定等的主要诉点和核心主张得到WTO专家组和上诉机构支持,美方涉案的数十项反倾销和反补贴措施被裁违反WTO规则,中方取得案件诉讼的重大胜利。

同时,对于美方不愿执行裁决的WTO案件,中方充分利用程序规则"一追到底"。在中国诉美国反倾销措施案(DS471)中,中方诉讼团队提起合理执行期仲裁,避免了美国对裁决执行期的无限期拖延,并首次启动报复授权程序,进行贸易报复水平仲裁,经过逾六年时间的全部WTO争端解决程序,DSB于2019年11月1日公布裁决报告,WTO仲裁裁定了中国对美国年度35.79亿美元的报复额,是截至目前WTO历史上第四大贸易报复金额。此后,中国诉美国反补贴措施案(DS437)历经10年,适用了WTO争端解决的全部程序,包括原审专家组审理、原审上诉、合理执行期仲裁、执行之诉专家组审理、执行之诉上诉、贸易报复水平仲裁等程序。2022年1月26日,WTO宣布中国在此案中胜诉,裁决中国在货物贸易领域有权对美国实施每年6.45亿美元的贸易报复,DSB作出其历史上第六大贸易报复额的裁定。这两起案件作为中国在WTO争端案件中的胜诉意义重大,最终都以获得DSB授权报复取得胜利,不仅给中国在WTO争端解决机制中适用报复制度积累了丰富的经验,也给案件的败诉方美国施加了巨大压力,敦促其执行WTO裁决。这也给中国未来的改革带来一定启示。通过这些案件,中国对于程序参与环节持续探索和延伸,不断充实和完善中国对WTO争端解决程序的经验积累,更为中方后续对美实施贸易报复这一"撒手锏"奠定了坚实基础。

其次,针对个案诉讼需要,充分利用程序规则,坚决维护个案贸易和规则利益。

随着中国经济体量不断增大,与经济全球化融合度越来越高,作为世界第一货物贸易大国和主要的服务贸易和双向投资大国,中国的经贸利益无处不在,与国际经贸交流深度互联。

实践证明,中国通过WTO争端解决机制为业界争取到了实实在在的利益。以中国诉欧盟紧固件反倾销措施案(DS397)为例,该案历时逾六年半,历经原审专家组和上诉机构、执行之诉专家组和上诉审等阶段,最终获得重大胜利。欧盟最终执行了WTO裁决,修改了相关反倾销立法,删除了将中国企业视为"单一实体"并征收单一反倾销税的推定,并彻底取消了紧固件反倾销措施。本案还进一步澄清了WTO规则,为其他有相同或相似做法的WTO成员划出了规则边界。此外,在中国诉欧盟禽肉关税配额措施案(DS492)中,中方诉讼团队与国内产业及商会密切配合,多次召开案件协调会听取产业诉求,案件的磋商和专家组审理程序历时两年有余,中方最终胜诉。根据中欧双方签署的裁决执行协议,欧盟于2019年4月对中方开放新的禽肉关税配额,中国的禽肉生产和出口企业进一步打开了欧盟市场。

最后,坚决回击单边主义和保护主义,赢得"史诗级"战役胜利成果。

在中国加入WTO第二个十年的后期,单边主义和贸易保护主义横行,多边贸易体制受到前所未有的挑战。中国作为世界上的贸易大国,同时也是单边主义和贸易保护主义的主要受害方,主动运用WTO争端解决机制,对无视多边贸易规则的恶劣行径和做法进行了坚决回击。中国诉美国"301条款"关税措施案(DS543)就是典型代表。2017—2018年,美国无端发起"301条款"调查并对中国数千亿美元出口产品加征关税,引发了被很多媒体和专家形容为"史诗级"的中美经贸摩擦。美国对华"301条款"关税措施毫无事实基础和规则依据,明显违反最惠国待遇、约束税率等世贸组织规则的基石性条款。对于美国践踏规则的单边行径,中国毫不迟疑,第一时间果断出手,在WTO争端解决机制下打赢了一场"史诗级"战役。从2019年1月案件专家组设立到2020年9月专家组报告散发,案件审理历时一年八个月。在案件进行过程中,特别是在专家组审理的关键期和冲刺阶段,遭遇新冠疫情全球暴发,诉讼团队在疫情防控巨大压力下,科学判断、果断决策,毅然派员赴瑞士日内瓦参加了专家组第二次听证会(2020年2月下旬召开),诉讼团队的果断决策和无畏精神确保了这一"史诗级"战役胜利成果如期作出并对外公布,很好地实现了既定的诉讼目标。

此外,美国从2018年2月开始以所谓国家安全为由,先后出台针对钢铝的"232条款"措施,对包括中国在内的众多WTO成员加征"232条款"钢铝关税。由于美"232条款"钢铝措施以国家安全为名行贸易保护主义之实,中方第一时间与欧盟、俄罗斯、土耳其、印度、瑞士、挪威等诸多WTO成员一道,将美"232条款"钢铝措施起诉至WTO组织。如此众多的WTO成员起诉相同措施,在WTO历史上实属少见。

(二)中国作为被诉方

首先,推动对内改革和对外开放。

中国在加入WTO的第二个十年,不仅善于主动出击,充分利用WTO规则捍卫自身合法权益,维护多边贸易规则体系,同时也善于化危为机、危中寻机,把被诉案件的挑战转变为推动内部改革和发展的契机。以美国诉中国电子支付服务案(DS413)为例,该案是继美国诉中国出版物市场准入案(DS363)之后,中方第二次在WTO争端解决机制项下就有关服务贸易减让表的问题与美方进行针锋相对的法律诉讼。通过此案,中方在跨境交付问题上取得胜利,打消了美方试图通过诉讼达到无须设立商业存在即可进入中国支付卡交易市场的企图。但同时,专家组也认定有关电子支付服务属于中方承诺的银行服务项下的"支付和汇划服务",中方需要按照减让表要求,在模式3(商业存在)市场准入和国民待遇方面承担义务。

本案相关诉讼和执行程序历时三年。为执行WTO裁决,中方于2013年发布公告,废止了涉嫌违规的统一银联标志等文件。同时,为有序推进银行卡清算市场开放、规范银行卡清算机构管理、促进金融市场健康发展,2015年4月,发布《国务院关于实施银行卡清算机构准入管理的决定》。2016年6月,中国人民银行会同中国银监会共同发布了《银行卡清算机构管理办法》。一年后,中国人民银行于2017年6月发布了《银行卡清算机构准入服务指南》。中方通过一系列举措进一步放开和规范银行卡清算市场,设立了有关市场准入的行政许可,统一了内外资准入标准,对外资机构全面给予国民待遇,符合条件的内外资企业均可申请成为银行卡清算机构。中方上述主动开放举措并非案件执行措施,但该案的确助推了中国银行卡清算市场开放。中方通过主动作为,进一步完善了管理,防范了风险,促进了金融市场的开放和便利,也惠及了广大消费者。

其次,促进政府管理体制机制不断完善。

中国加入WTO第二个十年,国际环境发生深刻复杂变化,要求我们善于在危机中育先机、于变局中开新局。通过WTO争端解决案件应对,不断建设和提升政府治理能力和治理水平,推动相关体制机制建设和完善,是政府有关部门紧密配合,在危机中捕捉契机、将压力和挑战转化为改革动力的具体体现。在美国、欧盟、日本诉中国稀土、钨、钼出口管理措施案

(DS431/DS432/DS433)裁决执行中,中国取消了相关出口配额,改为自动出口许可管理,变数量限制为出口监测,取得了较好的管理效果。在案件应对过程中,政府有关部门同步完善国内监管制度,整合了稀土开采资源,扭转了稀土乱采滥挖对资源和环境的巨大破坏,为综合施策完善和提升资源管理水平、解决"贵土贱卖"问题做出了有益探索。在美国诉中国外贸转型升级示范基地和外贸公共服务平台措施案(DS489)中,通过案件磋商应对,商务部修改了相关文件,进一步明确相关政策目标是促进外贸转型升级和高质量发展,并非增加出口。相关文件调整后,既符合我国际义务,也更加聚焦政策初衷,为合规高效认定和考核外贸转型升级基地理清了管理思路,明晰了执行和操作标准。在美国诉中国取向电工钢反倾销反补贴措施案(DS414)中,相关"双反"措施被裁违规后,商务部于裁决执行期间起草并出台了《执行世界贸易组织贸易救济争端裁决暂行规则》,为后续被诉贸易救济案件执行工作提供了国内法上的规范。

最后,维护管理制度,争取政策空间。

对于被诉案件,中方充分利用WTO争端解决程序,通过积极抗辩,维护合法权益,为构建和完善制度设计、采取合规的管理措施争取政策空间。以美国诉中国粮食补贴案(DS511)为例,2016年9月,美国将中国对小麦、稻谷最低收购价和玉米临时收储政策起诉至世贸组织,挑战中方对三大主粮的国内支持水平超出承诺,违反WTO义务。2019年4月,WTO争端解决机构通过了本案专家组报告。由于玉米临时收储政策在美方起诉前已停止实施,且美方未能证明目前正在实施的"市场化收购加生产者补贴"政策是临时收储政策的延续,专家组驳回了美方该诉请。对于小麦与稻谷最低收购价政策,专家组虽裁定中方补贴水平超出加入承诺,但在固定外部参考价基期、稻谷出米率等重要问题上支持了中方主张。从美方起诉到专家组裁决报告发布,案件历时两年半,中方积极抗辩,成功将玉米补贴政策排除出专家组审理范围,并在小麦、稻谷补贴水平计算上争取到了最大的政策空间,为后续政策的调整奠定了较好的基础。

通过对中国参与WTO争端解决机制案件的总结分析,可以发现中国在WTO争端案件中的胜诉意义重大:捍卫了WTO争端解决机制;体现了中国积极参与建设国际法治;坚定维护了多边贸易规则,抑制了贸易保护主义。中国未来应继续坚持统筹推进国内法治和涉外法治,并积极参与建设国际法治。在国内法治层面,中国应按照WTO规则合理使用补贴促进外贸发展;做好贸易统计和补贴通报工作,增强透明度;加强对WTO贸易救济规则的研究和运用;积极推进国有企业改革。在国际法治层面,中国应积极参与WTO争端解决,用法律维护中国企业合法权益;努力推动WTO上诉机构尽早恢复正常运转,恢复二审终审制;积极参与WTO改革和贸易救济规则修改。

案例讨论:欧盟、美国、加拿大诉中国影响汽车零部件进口的措施案

(DS339/DS340/DS342)

一、基本案情

为了适应加入WTO后汽车产业发展的新形势,中国颁布的影响进口汽车零部件的三项政策措施具体如下:① 国家发改委于2004年6月1日颁布实施新的《汽车产业发展政策》,以下简称《政策》。② 据其中第 60 条,海关总署、国家发改委、财政部和商务部于 2005 年 2 月 28 日联合颁布了《构成整车特征的汽车零部件进口管理办法》,以下简称《办法》,对构成整车特征的进口零部件按照汽车整车的税率计征关税。③ 为具体实施这一政策,规范进口零部件构成整车特征的核定工作,海关总署又于 2005 年 3 月 28 日颁布了《进口汽车零部件构成整车特征核定规则》,以下简称《规则》。

2005 年 4 月 1 日,《办法》开始实施,根据《办法》规定,对等于或超过整车价值 60% 的零部件征收与整车相同的关税(28%),而不是 WTO《中华人民共和国加入议定书》中规定的 10%～14% 的税率。根据《中华人民共和国加入世界贸易组织关税减让表》(以下简称《减让表》)的规定,在 2006 年 7 月 1 日之前,进口客车和进口小汽车的关税税率应当不超过 25%,货车不超过 15%～25%,车盘和车身不超过 10%,零部件平均不超过 10%,其结果是中国进口整车与零部件之间的关税税率差高达 15%。这些措施规定,如果进口汽车零部件在整车中的比例超过门槛标准,则按照整车征收关税。

本案涉及中国对于汽车零部件进口采取的有关措施,主要涉及从政策方面规定的内容:①"用进口零部件生产汽车构成整车特征的,应如实向商务部、海关总署、国家发展改革委报告,其所涉及车型的进口件必须全部在属地海关报关纳税,以便有关部门实施有效管理。"②"严格按照进口整车和零部件税率征收关税,防止关税流失。国家有关职能部门要在申领配额、进口报关、产品准入等环节进行核查。"③"中国政府对进口汽车零部件构成汽车总成(系统)[包括进口整套散件组装总成(系统)的;进口关键零部件或分总成组装总成(系统),其进口关键零部件或分总成达到及超过规定数量标准的;进口零部件的价格总和达到该总成(系统)总价格的及以上的情况],海关经核定按照整车归类,并按照整车税率计征关税和进口环节增值税,而不再按照税率较低的零部件的进口征收关税。"

欧盟、美国和加拿大均认为,中国对外国进口汽车零部件的税收政策有歧视嫌疑,目的在于鼓励中国汽车企业使用国内汽车零配件。综合其针对上述规则和措施提出的诉讼主张,涉及的主要 WTO 规则包括:①《与贸易有关的投资措施协定》第 2 条第 1 款和第 2 款及相关附件清单第 1 段 a 项所构成的关于违反 GATT 1994 国民待遇规则和一般消除数量限制的与贸易有关的投资措施规则;② GATT 1994 第 3 条第 2 款、第 4 款和第 5 款关于国内税费征收、允许的数量限制和法律、法规以及影响国内销售、购买、销售、运输分销和使用要求的国民待遇规则;③ GATT 1994 第 2 条第 1 款甲项和乙项所构成的按照关税减让表的产品待遇和产品类别规定履行关税义务的要求;④《补贴与反补贴措施协议》第 3 条第 1 款和第 2 款所构成的法律或事实上的禁止性补贴规则;⑤《中华人民共和国加入议定书》第一部分第 1 条第 2 款及相关的《中国加入工作组报告书》第 342 段,第 7 条第 2 款和第 3 款中国执行 WTO 规则的承诺,特别是执行 GATT 1994 关于国民待遇和数量限制规则的承诺。美国和加拿大还特别提出中国违反了在《中国加入工作组报告书》第 93 段中针对以全散件形式作为进口整车(CKD)和半散装件(SKD)关税分类所作的解释,并违反"如中国设立此类税号,则关税将不超过 10%"的承诺。

在谈判未果的情况下,2006年3月30日,欧盟和美国分别向WTO请求与中国进行磋商。2006年4月13日,加拿大请求与中国进行磋商。

2006年10月26日,DSB决定就该争端设立单一专家组;2007年1月29日,专家组成立;2008年2月13日,专家组发布中期报告;2008年7月18日,专家组发布最终报告,裁定中国相关措施违反了WTO有关规则。2008年9月15日,中国提起上诉。2008年12月15日,上诉机构发布裁决报告,维持了WTO专家组的裁决结果,认为中国涉案措施违反了国民待遇,但是上诉机构报告推翻了专家组的部分裁决。2009年1月12日,DSB通过了本案专家组和上诉机构报告。

二、案件裁决

专家组最终得出结论认为争端的性质应当依欧、美、加所主张的,适用GATT 1994第3条第2款关于国民待遇的规定,而不是中国所主张的第2条第1款乙项的"普通关税"。

专家组认定争议措施改变了中国市场的竞争条件,且给予进口汽车零部件的待遇低于国内汽车零部件,违反GATT 1994第3条第2款关于国民待遇原则的规定。

专家组认定中国未能证明争议措施是为确保遵守中国的关税减让表,此外中国未能证明争议措施满足第20条丁项的例外情形。

专家组和上诉机构均认为,中国涉案措施违反了GATT 1994第3条第2款和第3条第4款,且不能根据第20条丁项获得正当性。因此,对该案作出了不利于我国的初步裁决。

2009年2月11日,中国表示将执行上诉机构的裁决报告,但需要一个合理的期限。2009年3月3日,欧盟、美国、加拿大和中国分别通知DSB,就本案合理实施期限达成了协议:自DSB通过专家组和上诉机构报告之日起,执行合理期限为7个月零20天,于2009年9月1日到期。

2009年8月15日,工业和信息化部、国家发改委共同发布第10号令,决定自2009年9月1日起停止实施《汽车产业发展政策》中涉及汽车零部件进口的相关条款。8月28日,海关总署、国家发改委、财政部和商务部共同发布第185号令,决定自2009年9月1日起废止《构成整车特征的汽车零部件进口管理办法》。8月31日,海关总署发布第58号令,决定自2009年9月1日起废止《进口汽车零部件构成整车特征核定规则》。由于这些新法令于2009年9月1日生效,中国对外宣布已经执行了DSB建议和裁决。

三、案例总结与反思

本案是中国加入WTO后第一个经历完整WTO争端解决程序的被诉案件,即包括磋商、专家组、上诉机构审理和执行裁决程序。本案给我们的启示是,今后出台相关政策需要在WTO规则范围内进行,特别要注意行文措辞。

鉴于中方在本案中败诉,中国政府应当做好WTO裁决的执行工作。由于本案的被诉措施属于行政法规和规章,中方政府调整措施内容并不需要经过全国人民代表大会的立法程序。根据WTO争端解决裁决执行的一般情况,如果WTO裁决的执行是不涉及立法机构立法程序的行政措施或规则的修改,由于所需程序相对简单,通常不受立法机构立法程序的限制,只需要一个较短的合理执行期限。因此,针对本案裁决的执行,中国政府对于修改与被诉措施和实施被诉措施相关的《中华人民共和国进出口货物原产地条例》等规则,只是申请了一个较短的执行裁决的合理期间——7个月零20天。根据上诉机构报告中适用的法律推理,中国政府可以通过修改相关条例和执行汽车零部件入关的行政程序规则的办法来使被诉措施与WTO规则保持一致,而不必撤销相关措施。

本案的裁决和执行告诉我们,面对WTO发达成员加紧对中国适用WTO争端解决机制的残酷现实,一方面,中国政府应当在宏观上调整中国的贸易和产业发展政策,使之符合多边贸易体制的宗旨和规则;另一方面,也应当在具体案件的审理过程中据理力争,力求准确与公正地适用WTO规则。

四、思考题

1. 针对中国汽车零部件进口关税问题,欧盟、美国、加拿大和中国之间产生上述分歧的关键原因是什么?
2. 通过本案例分析,中国在WTO的框架下可以如何正确运用相关规则维护自身利益?
3. 本案例对中国汽车产业发展的启示是什么?

五、资料来源

根据中华人民共和国商务部网站的案件概况及网络资料编写。

学习重点与难点

- WTO三大协议
- WTO的规则
- WTO争端解决机制的运作流程
- WTO法律制度的发展趋势

练习与思考

(一) 名词解释

1. 非歧视原则
2. WTO争端解决机制
3. 反倾销
4. 最惠国待遇

(二) 填空题

1. 贸易救济制度是世界贸易组织的非关税保护制度之一。主要包括:反倾销、_____、_____。
2. WTO的三大协议分别是_____、_____和_____。

（三）单项选择题

1. 《关于争端解决规则与程序的谅解》的简称是（　　）
   A. GATT　　　　B. DSP　　　　C. DSU　　　　D. GATS
2. "发达的成员方有必要认识到促进发展中成员方的出口贸易和经济发展可以带动整个世界贸易和经济的发展"是（　　）
   A. 公平解决争端原则　　　　B. 对发展中成员优惠原则
   C. 透明度原则　　　　D. 公平竞争原则

（四）多项选择题

1. 非歧视原则包括（　　）
   A. 最惠国待遇原则　　　　B. 透明度原则
   C. 取消数量限制原则　　　　D. 国民待遇原则
2. 反补贴措施包括（　　）
   A. 临时措施　　　B. 补救措施　　　C. 反补贴税　　　D. 反倾销税

（五）简答题

1. 简述 WTO 争端解决机制的流程。
2. 目前 WTO 可能的改革方向有哪些？

（六）主题讨论

人类命运共同体（a community with a shared future for mankind）的理念旨在追求本国利益时兼顾他国合理关切，在谋求本国发展中促进各国共同发展。人类只有一个地球，各国共处一个世界，要倡导人类命运共同体意识。人类命运共同体是中国就人类未来发展提出的"中国方略"。

当今世界面临着百年未有之大变局，政治多极化、经济全球化、文化多样化和社会信息化潮流不可逆转，各国间的联系和依存日益加深，但也面临诸多共同挑战。粮食安全、资源短缺、气候变化、网络攻击、人口爆炸、环境污染、疾病流行、跨国犯罪等全球非传统安全问题层出不穷，对国际秩序和人类生存都构成了严峻挑战。不论人们身处何国、信仰如何、是否愿意，实际上已经处在一个命运共同体中。与此同时，一种以应对人类共同挑战为目的的全球价值观已开始形成，并逐步获得国际共识。

人类命运共同体这一全球价值观包含相互依存的国际权力观、共同利益观、可持续发展观和全球治理观。

请分析：
1. 人类命运共同体能如何带领 WTO 法律制度走出现如今的困局？
2. WTO 法律制度在全球化背景下有哪些价值和意义？
3. WTO 法律制度的研究与应用对中国对外贸易有哪些影响和挑战？

实践活动：模拟法庭

请根据以下案例，分组进行辩论并回答案例之后的思考题。

【案例背景】

2009 年 6 月 23 日，欧盟、美国发表声明，已就中国限制战略原材料出口正式向 WTO 提起诉讼,美国和欧盟此次提出的贸易诉讼涉及的产品包括铝土、焦炭、锌、锡、钨、镁、锰、金属硅、碳化硅、黄磷等。美国和欧盟认为,中国对这些产品采取的出口配额、出口税以及最低出口限价等措施对两国的利益造成了损害,同时也违反了 WTO 规则和中国加入 WTO 时的承诺。

中国商务部有关负责人表示,中方有关出口政策主要的目的是保护环境、保护自然资源,中方认为相关政策是符合 WTO 规则的。中方已经收到美国和欧盟的磋商请求。有关原材料的出口政策,中方和美国、欧盟也一直保持着沟通和接触。中方将根据 WTO 争端解决程序,妥善处理相关的磋商请求。

【小组划分】

班级同学分为若干小组,每组 7 人,小组内部分成中方代表团 3 人(2 名同学作为发言人,代表己方发言并对对方观点进行抗辩;1 名同学作为调查员,负责在开庭过程中针对对方的观点快速找到反驳观点,为发言人准备发言材料),美欧方代表团 3 人(2 名发言人,1 名调查员),以及法官 1 人。

(1)中方代表团:负责为中国的政策辩护,解释政策背后的环境保护和资源管理等理由,并论证中方有关出口政策符合 WTO 规则。

(2)美欧方代表团:负责指控中国有关出口政策措施违反相关的 WTO 规则,说明这些措施损害了美国和欧盟等方的利益,并论证中国的措施不符合 WTO 的相关规则。

(3)法官:负责小组内模拟法庭的主持和记录工作。

【模拟法庭流程——小组】

1. 开庭前准备

双方代表团成员共同收集尽可能多的己方有利资料(包括对对方可能提出的观点的反驳),由调查员负责整理,调查员需要熟悉所有资料,以便在开庭过程中辅助发言人发言。部署好发言人的发言顺序,发言人做好发言准备。

2. 开庭陈述

法官介绍:法官陈述案件背景,并介绍双方代表团,同时简要说明模拟法庭的相关流程。

双方第一次陈述:中方代表团和美欧方代表团分别作第一次陈述,主要阐述各自的立场和主要的观点、论点等。

3. 证据展示和论证

美欧方证据展示:美欧方代表团首先提出具体证据,论证中国的出口限制措施违反 WTO 规则,并展示这些措施对美欧方造成的具体损害。

中方证据展示:中方代表团回应美欧方的指控,提供证据解释中国措施的合法性和合理性,特别是环境保护和资源管理方面的理由。

4. 交叉质询

美欧方代表团质询中方代表团:美欧方代表团向中方提问,质疑中方的证据和论点。

中方代表团质询美欧方代表团:中方代表团向美欧方提问,质疑美欧方的证据和论点。

5. 辩论和反驳

美欧方代表团进行反驳,进一步强调中国有关出口政策和措施的非法性和对国际贸易的负面影响。

中方代表团进行反驳,进一步说明中国有关出口政策和措施是在 WTO 的相关规则下进行的,不违反相关规则,没有损害任何国家和个人的利益。

6. 总结陈述

中方代表团和美欧方代表团分别重申各自的立场并总结各自的主要论点。

以上步骤结束后,双方代表团协助法官进行记录,形成一份开庭记录。

【模拟法庭流程——班级】

由老师作为法官进行主持,随机抽取两队分别作为中方代表团和美欧方代表团依次进行开庭陈述、证据展示和论证、交叉质询、辩论和反驳、总结陈述,最后由老师评估双方的陈述过程,宣布模拟法庭的结果,并提供详细的反馈。

【思考和讨论】

小组讨论以下思考题,并分享讨论结果:

(1) 欧盟起诉中国限制战略原料出口的原因是什么?

(2) 欧盟认为中国的限制措施是否违反了 WTO 规则?请解释相关规则。

(3) 中国限制战略原料出口的目的是什么?是否有其他可行的替代方案?

(4) 欧盟向 WTO 起诉中国后,可能面临哪些挑战和风险?

(5) 中国的反制措施可能有哪些?是否会进一步加剧贸易紧张局势?

(6) 这个案件对中欧关系的影响会有多大?是否有可能通过谈判或其他方式解决争端?

(7) 从长远来看,这个案件对国际贸易体系和全球供应链会产生怎样的影响?

第四章 国际物流争议解决理论与实务

■ **知识目标** ■

1. 国际物流争议的概念及其特点
2. 各类国际物流争议及其索赔与诉讼的相关知识

■ **能力目标** ■

1. 识别并理解不同类型的国际物流争议及其解决办法
2. 结合学习的知识点进行案例分析
3. 引导学生积极参与案例讨论活动,提高学生的思辨能力和表达能力

■ **思政目标** ■

1. 国际公约领域的中国话语权
2. 国际协调与合作的重要性

■ **基本概念** ■

国际物流　国际物流争议

第一节　国　际　物　流

一、国际物流的概念

对于国际物流的定义,国内外学者的认识大同小异。近现代海上贸易发达,特别是随着20世纪90年代后贸易全球化的快速发展,依靠更先进的科学技术水平,西方发达国家跨国公司的经济产业迅速遍布全球,使其得以更早触及研究国际物流的理论与实践。如艾伦·拉什顿(Alan Rushton)认为,国际物流是一个计划、管理并实施将原材料、在制品、成品及其产品信息从生产地向消费地转移、运输的过程。

虽然我国在改革开放后几十年间的经济发展实现了巨大跨越,但物流行业的发展先天

落后于发达国家,对物流行业特别是国际物流的研究,无论在理论基础研究还是实践研究方面都相对落后。但是,随着我国参与国际贸易的程度的提高和规模的不断扩大,国内学者对国际物流的研究也在不断深入。国内学者杨晓菲认为,国际物流是发生在不同国家之间的物流,随着国际贸易的发展而产生,逐渐发展为国际贸易的一个重要组成部分。

综上所述,国际物流又称全球物流,是基于国内物流的延伸和拓展,是指生产和消费分别在两个或两个以上的国家独立进行时,为克服生产和消费之间的空间距离和时间距离,对物资进行物理性移动的一项国际商品交易或交流活动,从而实现国际商品交易的最终目的,即实现卖方交付单证、货物和收取货款,而买方接受单证、支付货款和收取货物的贸易对流条件。

二、国际物流的发展特点

（一）复杂性和差异性

国际物流相对于国内物流而言,呈现出更为复杂的关系,各国物流环境尤其是物流软环境存在差异。不同国家的物流适用不同法律,使国际物流的复杂性远高于一国的国内物流,甚至会阻断国际物流;不同国家的不同经济和科技发展水平会造成国际物流处于不同科技条件的支撑下,甚至因为有些地区根本无法应用某些技术而导致国际物流全系统水平的下降;不同国家的不同标准也造成国际"接轨"的困难,使国际物流系统难以建立;不同国家的风俗人文也使国际物流受到很大局限。所以,在物流运输的过程中,应充分考虑各个地区物流平台、系统建设等因素的差异。此外,各国的经济、科技、文化水平各不相同,也给国际物流未来的发展带来了诸多的影响和挑战。

（二）国际信息系统的支持

国际物流的发展要有国际信息系统的支持,国际信息系统是国际物流非常重要的支持手段。建立国际信息系统的难度,一在于管理困难,二在于投资巨大,再加上世界上有些地区物流信息水平较高,有些地区则较低,所以会出现信息水平不均衡,使得信息系统的建立更为困难。各个国家物流信息水平不同,因此,在建立国际信息系统时有一定的难度,国际物流信息系统要与各国的海关信息系统连接,以便随时掌握国际物流的实际情况,为国际物流的供应和销售提供支持。

（三）高标准化要求

要使国际物流畅通起来,国际物流的发展需要统一的标准,更高的要求可以提高国际物流的水平,降低物流的成本以及物流运转的难度,如统一运输、装载工具的标准,统一集装箱的规格和条码技术等。国际物流标准化能使各国之间的物资流通更加便利,让各国之间的物流贸易更具效率性。

（四）远洋运输为主,复合运输

国际运输的方式有海洋运输、铁路运输、航空运输、公路运输和国际复合运输等。远洋运输是国际物流运输最常用的方式,如何降低远洋运输的成本与缩短运输时间是各个国家需要解决的问题,也是各个国家在国际物流市场上相互竞争的要素。国际复合运输有效提升了物流运输的效率,缩短了远洋运输的时间,提高了运输服务水平。

三、国际物流的业务

（一）国际货物运输代理

国际货物运输代理也被称为国际货运代理或者国际货代,是国际贸易与国际运输间的桥梁和纽带,属于中介服务行业。国际货运代理业的形成是国际贸易因素、国际运输因素两种因素共同作用的结果。

根据规定,国际货运代理是在接受货主委托后,以委托人名义或自己名义,为委托人办理一系列国际货物运输及相关业务,扮演货主和跨境贸易运输之间的中介角色。国际货运代理的主要业务流程是将货物从境内客户处提取,并通过一系列包括前端服务、出口仓储、离岸管理、国际运输和目的港服务在内的国际运输活动,将货物运送至境外收货人处,对物流链条上的货物流、单证流、信息流和资金流进行具有快速响应能力和低成本的控制,在跨境物流流程中充分整合各方资源,协调货主、收货人、海关、运力方等多个主体完成履约。本质而言,国际货运代理属于一种提供全程服务的类似中介的代理行为。

国际货物运输代理服务的定义是：接受货物收货人或其代理人、发货人或其代理人、运输工具所有人、运输工具承租人或运输工具经营人的委托,以委托人的名义或者以自己的名义,在不直接提供货物运输服务的情况下,直接或间接为委托人办理货物的国际运输,从事国际运输的运输工具进出港口,联系安排引航、靠泊、装卸等货物和船舶代理相关业务手续的业务活动。

（二）国际物流运输

就国际物流本身而言,"运输"是核心和本质,而在整个国际物流业务中,国际运输更是重中之重,整个运输过程的效率和安全决定了交易的成功与否。根据运输工具,国际运输方式可分为国际海运、国际航运、国际陆运以及国际多式联运。

1. 国际海运

国际海运是指承运人以船舶作为运输工具,将托运人托运的货物从一国港口通过海上运输方式运至另一国港口,以此获取约定的报酬。

海运是国际贸易中最主要的运输方式,尤其是一般工业品和大宗货物、大宗散杂货以及大型设备等,绝大多数都是通过国际海运的方式运输的。国际海运的运输量占整个国际贸易运输量的70%以上,我国将近95%的进出口货物均采取海上运输方式。一方面,海上运输具有运量大、费用低、航道发达等优势;另一方面,海运又具有速度慢、海上不确定风险多等缺点。但是,海运仍然是绝大部分国际贸易采用的国际运输方式。

国际海运当下的船舶经营方式主要有班轮运输、租船运输两种方式。按照其运输货物的种类和性质,还可以分为集装箱国际海运、大宗货物国际海运、私人物品国际海运、危险品国际海运、滚装船国际海运等。

2. 国际航运

国际航运也叫作国际空运,是指在两个或者两个以上国家、地区之间以空运方式进行货物运输的一种国际物流方式。具体来说,它是指各大航空公司、物流公司以航空公司的航空飞机作为运载工具,采取机场到机场的运作方式将货物运输到指定的目的地。国际空运以其迅捷安全、准时高效特点占据了相当大的市场。但是,航空运输本身的高昂成本也极大地限制了其发展规模。

3. 国际陆运

国际陆运主要包括铁路、公路以及管道运输。当货物起运地或者目的地非港口时,除非采用航空运输,否则一般会采用陆路运输方式。

铁路运输方式在国际贸易中仅次于海运,相较于海运具有运量大、速度更快、运输风险更小、长期保持准点等优势。公路运输既可以独立完成进出口货物运输,也可以配合其他方式完成运输,我国的边境贸易中有相当一部分通过公路运输单独完成。管道运输在国际运输中并不常见,由于其本身的专项性,一般用于国家间的石油、天然气等资源运输。

4. 国际多式联运

国际多式联运简称多式联运,是指通过采取至少两种不同的运输方式,对海上运输、航空运输、铁路运输、公路运输等传统的单一运输方式进行有机结合、综合利用,将货物从某一国境内起运地运至另一国境内指定交付地点,具有系统性、高效率、成本更低等特点。

(三)仓储服务

仓储是指通过仓库对商品的储存与保管。仓储是物流的一种形式,是物流系统中的一个重要环节。在物流系统中,仓储处于流通领域的中间环节,起着调节、缓冲、平衡的作用,是各种矛盾相互交织、相互制约并对其在宏观上加以调控的重要环节。仓储是随着商品生产和商品交换的发展而产生的,并且随着生产力的发展不断完善和复杂化。不同的国家在不同的历史阶段,仓储的形式与内容也有所不同。仓储活动的意义在于它能对社会生产、流通、消费各个领域的各个环节起到保障和促进的作用,是加速社会再生产过程、提高经济效益和物资效用的重要手段。

仓储服务是指利用仓库、货场或者其他场所代客贮放、保管货物的业务活动。这种服务是通过专业的仓储企业或机构提供的,旨在为生产企业、贸易企业、电商平台等提供存储、分拣、配送、物流支持等综合性服务。仓储服务的范围广泛,包括各种类型的仓储服务,如冷冻仓储、鲜活仓储等,但保税仓储需要由海关批准。

1. 仓储服务的类型

仓储服务的类型多种多样,以满足不同行业和企业的需求。以下是一些常见的仓储服务类型。

(1)普通货物仓储。适用于大多数企业,主要涉及货物存储、装卸、搬运等基本业务。

(2)危险货物仓储。涉及危险物品的存储、管理、运输等环节,需要专业的技能和设备。

(3) 冷链物品仓储。适用于需要冷藏、冷冻的食品、药品等物品的存储、管理、运输等环节,需要专业的制冷设备和技术。

(4) 医药物品仓储。专门针对药品的存储、管理、运输等环节,需要专业的药品管理和储存设备。

2. 仓储服务的流程

仓储服务的流程通常包括以下五个步骤。

(1) 接收订单。仓储物流服务提供商接收客户下达的订单,并进行验证和处理。

(2) 进货和入库。接收物品,检查物品的质量和数量,并将物品妥善存放在仓库中。

(3) 库存管理。对库存进行管理,包括定期盘点库存、更新库存记录、关注库存水平和预警等。

(4) 拣货和打包。从库存中选取所需物品,进行组装或打包,并为其标记和记录。

(5) 运输和配送。一旦货物出库,运输和配送过程就开始了,确保货物安全、准时地送达目的地。

3. 仓储服务的技术与设备

随着物流技术的不断发展,仓储服务也在逐步应用各种先进技术和设备,以提高效率和准确性。以下是一些常见的仓储服务技术与设备。

(1) 物流自动化技术。如自动化搬运设备、机器人等,实现货物的自动搬运、分拣和打包等作业。

(2) 条码与自动识别技术。通过扫描商品的条码或二维码等信息,实现商品的快速识别、跟踪和管理。

(3) 地理信息系统(geographic information system,GIS)和全球定位系统(global positioning system,GPS)技术。用于实现仓库地理位置的精确定位和导航,提高货物的运输效率和准确性。

4. 仓储服务的管理规范

为了保障仓储服务的质量和效率,需要制定并执行一系列管理规范。以下是一些常见的仓储服务管理规范。

(1) 物资保管规范。做好物资的保管工作,据实登记仓库实物账,及时编报库存报表,经常清查、盘点库存物资。

(2) 废旧物资处理规范。积极开展废旧物资的回收、整理、利用工作,协助做好呆滞物资的处理工作。

(3) 安全保障规范。做好仓库安全保卫、防火及卫生工作,确保仓库和物资的安全,保持库容整洁。

(四) 装卸搬运业务

装卸搬运通常是指在物流运作过程中,工作人员采取人工装卸或机器设备装卸的方式,使货物在运输工具之间、装卸点之间以及运输工具与装卸点之间转移的活动。装卸搬运服务是运输、仓储、流通、加工、配送作业等物流环节相互配合、衔接、流动的不可或缺的重要配套工种,区别于交通运输服务。

在物流活动的全过程中,装卸搬运是频繁发生的,其占用的成本、时间是影响物流效率的重要因素。可以说,没有装卸搬运业务,整个物流过程就无法实现;没有高效率、高质量的装卸搬运,整个物流过程的效率和质量也会受到严重影响。

(五)清关业务

国际物流中的清关业务是确保货物能够顺利进出口或转运至另一国关境的关键环节。清关即结关,涉及进出口或转运货物出入一国关境时,必须按照各项法律法规和规定履行的手续。这些手续包括但不限于海关申报、查验、征税、放行等。

在清关过程中,货主或申报人需要提供准确无误的报关单,其中须详细填写收件人信息、发件人信息以及货物信息。这些信息对于海关和相关部门对货物进行监管、查询、正确分类和估价至关重要。海关将审核申报的货物,并根据相关法律法规进行查验、征税等操作,最终决定货物是否可以放行。

清关业务的顺利进行对于国际贸易至关重要。因此,寻找有资质、有能力的清关公司来协助处理相关事务尤为重要。这些清关公司通常具备专业的知识和经验,能够确保货物在清关过程中顺利过关,避免不必要的延误和损失。

需要注意的是,不同国家的海关政策和规定可能存在差异,因而在进行国际物流清关业务时,需要了解并遵守目的国的相关法律法规和政策。此外,还需要注意避免携带违禁品或敏感货物,以免导致货物被海关扣留或没收。

(六)国际物流保险业务

国际物流的保险业务是专为国际货物运输过程中可能发生的各种风险和损失提供保障的一种服务。其核心目的是补偿因自然灾害或意外事故导致的货物损失,从而减轻货主或运输企业的经济压力。物流保险的种类多种多样。

陆运险覆盖被保险货物在陆上运输过程中因自然灾害(如暴雨、雷电、地震、洪水等)或运输工具(如火车、汽车)遭受意外事故(如碰撞、倾覆、出轨等)造成的全部或部分损失。

陆运一切险除了陆运险的责任范围外,还覆盖货物在运输途中因外来原因造成的短少、偷窃、渗漏、碰损、破碎等全部或部分损失。

此外,还有户外货物保险、艘船家具保险、一般责任保险、逆向物流保险、额外费用保险以及天气风险保险等多种保险种类,以满足不同运输环节和货物类型的特殊需求。

当货物遭受损失时,国际货运保险的理赔流程通常包括:

(1)第一步,损失通知:被保险人应立即通知保险人,这是保险理赔的第一步;

(2)第二步,查勘检验:保险人或其代理人会对损失进行查勘检验;

(3)第三步,核实保险案情:对事故原因和损失情况进行详细核实;

(4)第四步,分析理赔案情,确定责任:根据保险条款和实际情况,确定赔偿责任;

(5)第五步,计算赔偿金额,支付保险赔偿:计算应支付的赔偿金额,并及时支付给被保险人。

四、国际物流的发展趋势

（一）运力供需矛盾依然存在

运力供需矛盾是国际物流业一直存在的问题，二十世纪以来，随着国际贸易的不断兴起，这一矛盾不断加深。全球经济的低迷更是成了运力矛盾激化、供需紧张加剧的助燃剂，使得国际物流的集散、运输、仓储等环节无法及时、高效地进行连接。各国先后实施的经济政策以及通胀压力的加大使得各国经济恢复程度不同，造成全球运力集中在部分线路与港口，船只、人员难以满足市场需求，缺箱、缺舱、缺人、运价飙升、拥堵等成为令物流业头疼的难题。

对物流业来说，自管控政策有所放松，供应链结构加快调整，运价飙升、拥堵等难题得到一定缓解。多国采取的一系列经济恢复措施更是缓解了国际物流压力。但运力配置与现实需求之间的结构性错位导致的运力供需矛盾，因为运力错配的纠正短期内无法完成，这一矛盾还将继续存在。

（二）行业并购整合风起云涌

20世纪90年代开始，国际物流行业内的并购整合大大加快。小型企业间不断整合，大型企业和巨头则择机收购，如Easysent集团并购Goblin物流集团、马士基收购葡萄牙电商物流企业HUUB等，物流资源不断向头部靠拢。

国际物流企业间的并购提速，一方面，源于潜在的不确定性和现实压力，行业并购事件几乎成为必然；另一方面，源于部分企业积极准备上市，需要拓展产品线，优化服务能力，增强市场竞争力，提升物流服务的稳定性。与此同时，面对供需矛盾严重、全球物流失控，企业需要打造自主可控的供应链。2021年，航运企业盈利大幅增长，为企业并购增加了信心。

在经历并购大战后，国际物流行业并购会更加集中于垂直整合上下游以提升抗冲击能力。对国际物流行业而言，企业积极的意愿、充足的资本都将使并购整合成为物流行业发展的关键词。

（三）新型技术投入持续增长

受到国际经济大环境的影响，国际物流企业在业务开展、客户维护、人力成本、资金周转等方面的问题不断凸显。因此，部分中小微国际物流企业开始寻求改变，如借助数字化技术降低成本、实现转型，或与行业巨头、国际物流平台企业等合作，从而获得更好的业务赋能。电子商务、物联网、云计算、大数据、区块链、5G、人工智能等数字技术为克服这些困难提供了可能性。

国际物流数字化领域投融资热潮也不断涌现。经过近些年的发展，处于细分赛道头部的国际物流数字化企业受到追捧，行业大额融资不断涌现，资本逐渐向头部聚集，如诞生于美国硅谷的飞协博（Flexport）在不到五年时间里总融资额高达13亿美元。另外，由于国际物流业并购整合的速度加快,新兴技术的应用成为企业打造和维持核心竞争力的主要方式之一。因此,行业内新技术的应用或将持续增长。

（四）绿色物流快速发展

随着全球气候显著变化,极端天气频繁出现。自1950年以来,全球气候变化的原因主要是温室气体排放等人类活动,其中,二氧化碳排放的影响约占三分之二。为应对气候变化、保护环境,各国政府积极开展工作,形成了以《巴黎协定》为代表的一系列重要协议。

物流业作为国民经济发展的战略性、基础性、先导性产业,肩负着实现节能降碳的重要使命。根据罗兰贝格发布的报告,交通物流行业是全球二氧化碳排放的"大户",占全球二氧化碳排放量的21%。当前,绿色低碳转型加速已成为物流业共识,"双碳"目标也成行业热议话题。

全球主要经济体已围绕"双碳"战略,不断深化碳定价、碳技术、能源结构调整等重点措施,如奥地利政府计划在2040年实现碳中和净零排放;中国政府计划在2030年实现碳达峰,在2060年实现碳中和净零排放。基于各国在落实"双碳"目标方面做出的努力以及美国重返《巴黎协定》的积极态度,国际物流业近几年围绕"双碳"目标进行的适应性调整将延续,绿色物流成为市场竞争的新赛道,行业内减少碳排放、推动绿色物流发展的步伐也会持续加快。

> **知识链接**
>
> **中国"双碳"战略**
>
> 中国的"双碳"战略是碳达峰和碳中和的简称。这一战略旨在应对气候变化,促进生态文明建设和经济社会发展。首先,碳达峰指的是二氧化碳排放量在某一时点达到最大值,之后进入下降回落阶段。这是实现碳中和的前提条件,尽早实现碳达峰可以促进碳中和的早日实现。为了实现碳达峰的目标,中国已经采取了一系列措施,包括推动能源革命、加强产业结构调整和升级等。其次,碳中和是指通过植树造林、海洋吸收、工程封存等自然、人为手段,将一段时间内企业、团体或个人测算直接或间接产生的温室气体排放总量全部吸收和抵消掉,从而实现社会活动二氧化碳相对零排放。这也是全球应对气候变化的重要目标之一。在中国,政府已经出台了一系列政策,鼓励企业和个人积极参与碳中和工作,如推广清洁能源、发展循环经济等。
>
> 在"十四五"期间,中国坚定不移地走生态优先、绿色发展之路,统筹产业结构调整、污染治理、生态保护、应对气候变化,协同推进降碳、减污、扩绿、增长。为实现碳达峰、碳中和目标,中国将其纳入生态文明建设整体布局和经济社会发展全局,加强顶层设计,并构建实施了碳达峰、碳中和"1+N"政策体系。
>
> 此外,全国碳市场的正式开市也为实现碳达峰目标提供了有力支持。碳市场是利用市场机制控制和减少温室气体排放、推动绿色发展的一项重要制度创新,也是落实中国碳达峰、碳中和目标的核心政策工具。

第二节　国际物流争议解决

一、国际物流争议的概念

改革开放以来,随着中国加入世贸组织,特别是随着"一带一路"倡议的推进,中国国际物流日益频繁,国际物流交易额成倍增长,商业纠纷也日益增多,因而国际物流争议不断高频率发生。国际物流争议一般指国际物流合同订立和履行过程中发生的争议。这些争议可能源于合同条款的不明确性、物流过程中的错误或延误、运输方式的改变、货物损失或损坏等。

二、国际物流争议的特点

在全球产业链深度整合的大背景下,国际物流依旧是国际贸易和跨国合作的重要支柱。然而,由于国际物流涉及多个环节和多种运输方式,加上不同国家的法律规定和语言文化差异,使得国际物流争议成为一个复杂且具有挑战性的问题。

（一）长期性

国际物流争议往往需要经过长时间的调查、取证和审理。由于涉及多个环节和因素,争议解决过程很容易出现时间延误。此外,由于不同国家的法律程序和司法体系存在差异,案件审理周期可能较长。这种长期性给双方带来诸多不便,同时也增加了涉案企业的经营成本。

（二）复杂性

国际物流涉及的环节众多,包括包装、运输、仓储、清关等。不同环节之间可能存在复杂的依赖关系和相互影响,任何环节出现问题都可能导致整个物流过程的延误或失败。此外,国际物流还涉及多种运输方式,如海运、空运、陆运等,每种运输方式都有其特定的规则和限制。这种复杂性使得国际物流争议往往涉及多个利益相关方和法律领域,给争议解决带来了很大的难度。

（三）高成本

国际物流争议解决需要投入大量时间和资金。由于涉及多个国家,需要跨越语言和文化障碍进行沟通协调,所以需要耗费大量时间和精力。此外,由于不同国家的法律体系和诉讼制度存在差异,诉讼费用和律师费用也较高。这些因素都增加了国际物流争议解决的成本和难度。

（四）不确定性

国际物流争议中存在很多不确定性因素,如货物损失、延迟交付等。这些因素可能难以得到准确判断和证明,导致争议解决过程充满变数和不确定性。此外,不同国家的法律规定和司法实践也存在差异,可能导致判决结果存在不确定性。这种不确定性给争议方带来了较大的风险和不确定性,增加了争议解决的难度。

(五)多样性

国际物流涉及多个领域和专业,如国际贸易、海商法、航空运输等。这些领域和专业的术语往往具有各自特定的含义和规则,容易引发误解和争议。此外,不同国家的法律规定和司法实践也存在差异,使得同类型的争议在不同国家可能会有不同的判决结果。这种多样性给争议方带来了较大的挑战和风险,增加了争议解决的难度。

三、国际物流争议的解决方式及公约

(一)国际物流争议的解决方式

国际物流争议是指在国际货物运输过程中,由于各种原因导致的货物损失、延误、错发等问题的争议。为了解决这些争议,通常有以下四种解决方式。

1. 协商谈判

当发生争议时,双方首先可以通过协商谈判的方式来解决。这种方式较为灵活,可以根据具体情况调整解决方案,避免长时间的诉讼过程,保持良好的商业关系。协商谈判是国际物流争议解决中一种常见且重要的方式。当双方在国际物流过程中发生争议时,首先可以通过协商谈判寻求解决方案。如果通过谈判无法达成共识,可以考虑其他解决方式。

协商谈判的核心在于双方坦诚地交流意见和需求,并试图找到一个能够满足双方利益的解决方案。在谈判过程中,双方可以就争议的具体问题进行深入探讨,包括货物损失的原因、责任的归属以及赔偿的金额等。

协商谈判的优势在于其灵活性和高效性。与诉讼或仲裁相比,协商谈判不需要经过烦琐的法律程序,可以更快地达成解决方案。此外,通过协商谈判,双方可以维护良好的商业关系,避免长期的法律纠纷对双方业务造成的不利影响。

然而,协商谈判也可能面临一些挑战。例如,当双方分歧较大或信任基础薄弱时,可能难以达成共识。此外,如果一方缺乏谈判经验或技巧,可能会导致谈判结果不利于其利益。因此,在进行协商谈判时,双方需要充分准备,了解彼此的需求和底线,并聘请具有专业知识和经验的谈判代表。同时,保持开放和诚信的态度,积极寻求妥协以及解决方案,也是协商谈判成功的关键。

2. 调解

争议双方无法通过协商谈判达成一致时,可以寻求第三方调解员的协助,以促成争议的和平解决。

调解是一种由第三方协助双方达成一致的争议解决方式。调解员会与双方进行面对面的会谈,倾听双方的意见和需求,并提出一个双方都可以接受的解决方案。调解员作为中立的第三方,会听取争议双方的陈述和意见,了解双方的需求和关切点,然后提出可行的解决方案。调解员的目标是帮助双方找到一个公正、合理且双方都能接受的解决方案,从而避免长时间的争议和法律诉讼。在选择调解方式解决国际物流争议时,双方应确保选择经验丰富的调解员或调解机构,以保证调解过程的专业性和公正性。同时,双方应积极参与调解过程,坦诚地交流意见和需求,并尊重调解员的裁决。

调解的优势在于其灵活性、效率和成本效益。与诉讼相比,调解通常更快速,成本更低,且能够更好地保护商业关系。此外,调解结果通常是双方自愿达成的,因而更容易得到执行。

然而,需要注意的是,调解并非总是能够成功解决争议。在某些情况下,双方的分歧可能过大,无法通过调解达成共识。此时,双方可以考虑其他解决方式,如仲裁或诉讼。

3. 仲裁

仲裁是一种非诉讼的争议解决方式,由双方选择一个独立的仲裁员或仲裁团队来裁决争议。仲裁程序通常比较简便,效率较高,并且仲裁裁决具有强制执行力。对于国际物流争议,选择国际公认的仲裁机构,如国际商会国际仲裁院(ICC),是一个常见的做法。

4. 诉讼

当其他争议解决方式均无法解决争议时,双方可以选择将争议提交至法院进行诉讼。诉讼通常需要较长时间,并且成本较高,但可以提供具有法律效力的判决。在涉及国际物流争议时,可能需要选择国际法庭或相关国家的法院进行诉讼。

(二)国际物流争议解决的相关公约

国际物流争议解决涉及多个国际公约,这些公约旨在规范国际物流活动并提供争议解决的框架。

1.《联合国国际贸易运输港站经营人赔偿责任公约》(United Nations Convention on the Liability of Operators of Transport Terminals in International Trade,1991,UNCTT 1991)

(1)公约的目的与背景。

① 目的。公约旨在制定统一规则,以明确在国际贸易中,当货物由国际贸易运输港站经营人(以下简称"经营人")接管,且不受适用于各种运输方式的公约的运输法律管辖时,因货物灭失、损坏或交货迟延而产生的赔偿责任。

② 背景。随着国际贸易的发展,货物在运输过程中经常需要在不同的运输方式之间转换,而这些转换过程往往由运输港站经营人负责。然而,由于法律制度的不确定性,这些过程中的货物损失、损坏或迟延交货问题往往难以解决。因此,公约的制定旨在减少法律障碍,促进国际贸易的顺利进行。

(2)经营人的定义与范围。

① 定义。经营人是指在其业务过程中,于其控制下的某一区域内或在其有权出入或使用的某一区域内,负责接管国际运输的货物,以便对这些货物从事或安排从事与运输有关的服务的人。但根据适用于货运的法律规则身为承运人的人,不视为经营人。

② 范围。与运输有关的服务包括堆存、仓储、装货、卸货、积载、平舱、隔垫、绑扎等。

(3)适用范围。

公约适用于对国际运输的货物从事的与运输有关的服务,具体条件包括:从事与运输有关的服务的经营人的营业地位于一当事国内;或按照国际私法规则,与运输有关的服务受到一当事国法律的制约。

(4) 经营人的责任与义务。

① 责任期间。从经营人接管货物之时起,至其向有权提货的人交付货物或将货物交由该人处理之时止,经营人应对货物负责。

② 出具单据。经营人可以,且应客户要求时,必须在合理时间内出具列明货物的单据,以确认收到货物。

③ 赔偿责任。若货物在经营人责任期间内发生灭失、损坏或迟延,经营人应承担相应的赔偿责任,除非能证明已采取一切合理措施防止损失的发生。

(5) 赔偿责任限额。对于货物灭失或损坏的赔偿责任,公约规定了不同的限额标准。若货物系海运或内陆水运后立即交给经营人,或货物系由经营人交付或待交付给此类运输,则经营人的赔偿责任以灭失或损坏货物的毛重每千克不超过 2.75 特别提款权为限。对于其他情况,赔偿限额则为每千克 8.33 特别提款权。

对于交货迟延的赔偿责任,以相当于经营人就所迟交货物提供的服务所收费用两倍半的数额为限,但不得超过对包含该货物在内的整批货物所收费用的总和。

(6) 特别规则与担保权。

① 特别规则。对于危险货物,若未按照适用的法律或规章进行标志、贴标签、包装或提供单证,且经营人在接管时未得知其危险性,则经营人有权采取必要的预防措施,并有权向未履行义务的人收取费用。

② 担保权。经营人有权扣留货物以索取相关费用和索赔,但在提供足够担保或存入相应款项后,经营人无权扣留货物。此外,经营人还有权在法律允许范围内出售扣留的货物以满足其索偿需求。

(7) 生效与签署。公约于 1991 年 4 月 19 日由联合国大会通过并开放给各国签字、批准和加入。根据公约规定,自第五份批准书、接受书、核准书或加入书交存之日起满一年后的第一个月的第一天生效。然而,截至目前,该公约尚未生效。

2.《国际铁路货物联运协定》(Agreement Concerning International Carriage of Goods by Rail,CMIC,中文简称《国际货协》)

(1) 协定概述。

① 签订时间。1951 年 11 月,由苏联、捷克、罗马尼亚、东德等八个国家共同签订。

② 性质。关于国际铁路联运的多边条约。

(2) 主要内容结构。《国际货协》共包括 40 条规则和若干个附件,其主要内容如下。

第一章总则:规定了国际铁路货物联运协定的目的、适用范围、术语定义、运输方法、法律适用、合同预先商定、货物运送规则及相关附件等基本事项。

第二章运输合同:围绕运输合同的缔结、运单的填写与责任、货物价格声明、包装标记、装车承运交付、合同变更及阻碍处理等方面,明确了运输过程中各方在合同相关事务中的权利、义务和操作流程。

第三章作为运输工具的非承运人所属车辆的使用:阐述了非承运人所属车辆在运输过程中的适用法律、车辆运送要求、灭失或毁损责任、赔偿请求与诉讼等内容,着重规范了此类车辆参与联运时各方的行为和责任界定。

第四章附则：主要涉及协定办事细则的作用、事务办理机构、协定的修改补充程序、生效加入条件、文本语言及有效期间等，确保协定在执行过程中的管理、调整和持续有效性。

（3）附件内容。

《货物运送规则》（附件1号）：详细规定了货物承运、运单填写及使用、施封、特定货物运送条件、途中货物处理、运输合同变更、商务记录办理、货物交付及赔偿请求等涉及货物运输全过程的各项规则和操作办法。

《危险货物运送规则》（附件2号）：分三卷对危险货物在国际铁路货物联运中的分类、包装、标志、运输条件、装卸要求、安全措施以及应急处理等方面作出全面且严格的规定，以确保危险货物运输的安全。

《货物装载和加固技术条件》（附件3号）：主要针对货物在车辆上的装载和加固事宜，明确了不同轨距车辆的装载加固技术要求、标准和操作规范，保障货物在运输过程中的稳定性和安全性，防止货物发生位移、损坏等情况。

《作为运输工具的非承运人所属车辆的运送规则》（附件4号）：着重规范了非承运人所属车辆在运输过程中的相关事项，包括适用法律、车辆托运条件、运单办理特点、交付要求以及车辆破损或失却时承运人的处理办法等，确保此类车辆运输的有序进行。

《信息指导手册》（附件5号）：以电子版形式刊载于铁组网站，提供了在国际货协条件下开展国际铁路直达联运和国际铁路—轮渡直达联运所涉及的铁路基础设施、水运区段、承运人等多方面的信息，如铁路线路、车站、装载限界、承运人的联系方式及业务范围等，方便各方查询和参考。

《国际货约/国际货协运单指导手册》（附件6号）：详细说明了采用国际货约、国际货协运单办理货物运送时运单的样式、填写规则及使用方法，确保运单在国际联运中的准确应用，使运输过程中的信息记录和传递更加规范、准确。

《国际货协提单指导手册（草案）》（附件7号）：为国际货协提单的使用提供指导，可能涵盖提单的格式、内容、填写规范、使用场景以及在运输和贸易过程中的作用等方面，促进提单在国际铁路货物联运中的合理应用。

此外，还包括各种轨距铁路的装载限界、运单格式、表示牌和标记样式等。

（4）法律适用。在法律适用上，凡《国际货协》有规定而国内规章也有规定时，不论两者是否相同，应适用《国际货协》的规定。但在两邻国铁路间有特殊规定时，应按其规定的条件办理。《国际货协》中没有规定的事项，适用国内铁路规章。

（5）赔偿规定。《国际货协》详细规定了货物灭失、损坏或运到逾期的赔偿标准和程序。货物毁损时，铁路应支付相当于货物价格减低额的款额；货物运到逾期时，铁路应按造成逾期铁路的运费向收货人支付罚款。

3.《统一提单的若干法律规则的国际公约》(International Convention for the Unification of Certain Rules of Law Relating to Bills of Lading，简称《海牙规则》)

（1）公约背景与目的。

① 签订时间与地点。该公约于1924年8月25日在比利时首都布鲁塞尔签订，1931年6月2日起生效。

② 目的。《海牙规则》是为统一世界各国关于提单的不同法律规定并确定承运人与托运人在海上货物运输中的权利和义务而制定的国际协议。

(2) 公约内容。

① 适用范围。公约适用于在任何缔约方签发的一切提单,所适用的期间为"货物运输"期间,即自货物装上船舶时起至卸下船舶时止的一段时间。

② 承运人责任。公约在国际法层面最早确定了承运人的最低法定责任,即谨慎处理使船舶适航以及妥善谨慎管理货物的义务,降低承运人在这方面责任的约定无效。

赋予承运人17项免责事项,如因驾驶船舶的过失等,但承运人仍需要对货物的灭失、损坏负责。

③ 赔偿责任限额。公约规定了承运人对货物灭失或损害的赔偿限额,每件或每单位不超过100英镑(这一限额已随着时间变化而显得过低,后续规则如《维斯比规则》对此进行了调整)。

④ 运输合同条款的效力。公约对运输合同条款的效力作出规定,限制承运人通过合同条款减轻或免除其应负责任的范围。

⑤ 索赔通知与诉讼时效。公约规定了货方对承运人索赔的通知期限和诉讼时效,以确保货方及时行使权利。

⑥ 托运人义务与责任。公约明确了托运人在提供货物、包装货物、提供必要信息等方面的义务和责任。

(3) 后续发展。自《海牙规则》生效后,随着国际贸易和海上运输的发展,国际海事委员会于1968年通过了《修改统一提单的若干法律规则的国际公约的议订书》,即《维斯比规则》,对《海牙规则》进行了修订和补充。

1978年,联合国主持的海上货物运输大会又通过了《汉堡规则》,即《联合国海上货物运输公约》,进一步完善了海上货物运输规则。

(4) 中国立场。中国并未加入《海牙规则》,但在国际航运和贸易中,这些国际公约的原则和精神对中国的海上货物运输立法和实践仍具有重要影响。

4. 《修改统一提单的若干法律规则的国际公约的议定书》(Protocol to Amend the International Convention for the Unification of Certain Rules of Law Relating to Bills of Lading,简称《维斯比规则》)

(1) 公约背景与目的。

① 签订时间与地点。该议定书于1968年2月23日在比利时的布鲁塞尔召开的海洋法外交会议上通过,自1977年6月23日生效。

② 目的。作为对《海牙规则》的修改和补充,旨在调整承运人与托运人在海上货物运输中的权利义务关系,特别是提高了承运人的赔偿责任限额。

(2) 公约内容。

① 承运人责任与免责。延续了《海牙规则》中关于承运人责任的基本原则,包括谨慎处理使船舶适航以及妥善谨慎管理货物的义务。同样赋予了承运人因驾驶船舶的过失等免责事项,但对这些免责事项的解释和适用可能有所调整。

② 赔偿责任限额。显著提高了承运人对货物灭失或损害的赔偿限额。《维斯比规则》

将赔偿限额从《海牙规则》规定的每件或每单位 100 英镑提高到每件或每单位 10 000 金法郎（约等于 431 英镑），并增加了以受损货物毛重为标准的计算方法（每千克 30 金法郎），以两者中较高者为准。这一调整旨在更好地保护货方的利益。

③ 诉讼时效。保留了《海牙规则》中关于诉讼时效的规定，即货方对承运人的索赔应在一定期限内提出，否则将丧失胜诉权。

④ 适用范围。明确了议定书的适用范围，提单签发地、货物起运地或提单所证明的契约规定的法律适用地等情形下的提单均受议定书约束。

⑤ 其他条款。议定书还包含了一些其他条款，如关于公约与议定书一并阅读并解释的规定、退出议定书及公约的程序、仲裁和争端解决机制等。

(3) 影响与意义。《维斯比规则》作为对《海牙规则》的重要补充和修改，进一步完善了海上货物运输规则体系，为承运人和托运人提供了更为明确和合理的权利义务框架。

该议定书的生效和实施促进了国际贸易和海上运输的发展，提高了海上货物运输的效率和安全性。

(4) 中国立场。中国并未直接加入《维斯比规则》，但在国际航运和贸易中，这些国际公约的原则和精神对中国的海上货物运输立法和实践仍具有重要影响。中国海商法在制定过程中也参考了这些国际公约的相关规定。

5.《联合国海上货物运输公约》(United Nations Convention on the Carriage of Goods by Sea，简称《汉堡规则》)

(1) 公约背景与目的。

① 签订时间与地点。该公约于 1978 年 3 月 31 日在德国汉堡举行的联合国海上货物运输外交会议上通过。

② 目的。旨在统一各国海上货物运输法律，明确承运人和托运人的权利与义务，特别是通过废除《海牙规则》中关于承运人航行过失免责的规定，加重承运人的责任，保护货方的利益。

(2) 公约内容。

① 承运人责任。

责任基础：废除了《海牙规则》中承运人航行过失免责的规定，实行"完全过失责任制"，即承运人应对其本人、受雇人或代理人的过失造成的货物灭失、损坏或延迟交付负责。

责任期间：扩大了承运人的责任期间，包括货物在装货港、运输途中和卸货港处于承运人掌管之下的全部期间。

② 赔偿责任限额。提高了承运人对货物灭失或损坏的赔偿责任限额，具体为每件或每其他装运单位 835 特别提款权 (SDR)，或毛重每千克 2.5 SDR，以两者中较高者为准。对于延迟交付的赔偿责任，则以相当于该项延迟交付货物应付运费的 2.5 倍为限，但不超过海上运输契约中规定的应付运费总额。

③ 诉讼时效。延长了货方向承运人提起索赔的诉讼时效期间，从货物交付之日或应交付之日起算，最长可达两年。

④ 合同自由原则的限制。对承运人利用合同自由原则减轻或免除其法定义务的行为进行了限制，确保货方的利益得到合理保护。

⑤ 其他条款。公约还包含关于提单、运输合同、货物交付、承运人责任限制权利的丧失

等的条款,为海上货物运输提供了全面的法律规范。

(3) 影响与意义。《汉堡规则》的生效标志着国际海上货物运输法律制度的重大变革,它废除了对承运人过于偏袒的免责制度,加重了承运人的责任,有利于保护货方的利益。然而,该公约的生效条件较为苛刻(需要20个国家批准或加入),因而其生效过程较为漫长。

尽管《汉堡规则》目前尚未在全球范围内普遍生效,但其对国际海上货物运输法律的发展产生了深远影响,为后来的国际立法提供了重要参考。

(4) 中国立场。中国并未加入《汉堡规则》,但在国际航运和贸易中,这些国际公约的原则和精神对中国的海上货物运输立法和实践仍具有重要影响。中国海商法在制定过程中也参考了这些国际公约的相关规定。

国际商会国际仲裁院

国际商会国际仲裁院,简称ICC国际仲裁院,成立于1923年,总部设在法国巴黎,是国际商会下属的国际性常设机构。自成立以来,ICC国际仲裁院受理了超过24 000个案件,已经发展成为世界上最主要和最受欢迎的国际商事仲裁机构之一。

仲裁院设主席一名,副主席八名,在国际商会总部设有秘书处,秘书处由来自十多个国家的人员组成,设秘书长一名,秘书处的工作由秘书长主持。

ICC国际仲裁院的宗旨在于通过处理国际性商事争议,促进国家间的经济贸易合作与发展。为此,它制定了《国际商会仲裁规则》,迄今为止已先后出台1998年、2012年、2017年、2021年共计四个版本,全面指导ICC国际仲裁院各项工作,在国际商业活动规范和贸易投资争端解决领域有着举足轻重的引领和示范作用。

在仲裁过程中,仲裁庭会就证据交换、听证会等程序进行安排,对双方的证据和主张进行审理,并最终就争议问题作出裁决。裁决结果具有法律约束力,如果一方不履行裁决,另一方可以向有管辖权的法院申请强制执行。

总体来说,ICC国际仲裁院以其独立性、专业性和高效性,为国际商事争议提供了公正、公平的解决途径,为国际经济贸易的健康发展做出了重要贡献。

第三节 国际海上货物运输规则

一、国际海上货物运输合同

(一) 国际海上货物运输的地位和作用

与铁路运输、航空运输等其他运输方式相比,海上运输具有运量大、成本低等优点。在国际贸易货物总量中,约有三分之二的货物采取海运方式,主要用于石油、粮食、煤炭、矿石等大宗货物。但是,海上运输极易受自然条件的影响,航速慢,因而运输风险大,涉及的当事人多,调整的法律关系复杂。

(二)国际海上货物运输

国际海上货物运输是由承运人将货物从一国港口运到另一国港口,由货方支付运费的运输。依照对船舶使用方式的不同,海上运输又分为班轮运输和租船运输两种方式。

1. 班轮运输

班轮运输(liner transport)是由航运公司以固定的航线、固定的船期、固定的运费率、固定的停靠港口将托运人的件杂货运往目的地的运输。由于班轮运输的书面内容多以提单的形式体现,所以此种运输方式又称提单运输。

班轮运输具有三个特点。

(1)"四固定"。即固定的航线、固定的船期、固定的运费率和固定的停靠港口。

(2)当事人权利义务格式化。承运人与托运人有关班轮运输的权利义务均由提单的形式表现出来,提单的大部分内容由承运人提供的格式予以规定。

(3)班轮运输主要通过签发海运提单的方式使运输合同的权利义务自由转让。

基于上述特点,各国法律和国际公约对班轮运输设置了较多的强制性规定。

2. 租船运输

租船运输(carriage by charter)是没有固定的船期、航线、港口和航行日期,完全根据货源的情况决定船舶的去向的运输方式,运费或租金随市场行情而定。它主要适用于需要整船的大宗货物的运输。

按照不同的租赁方式,租船合同又可分为航次租船(voyage charter)、定期租船(time charter)和光船租船(bare boat charter)三种。

(三)国际海上货物运输合同

国际海上货物运输合同是实现海上货物运输的法律手段与形式。按照海上货物运输方式的不同,海上货物运输合同分为班轮运输合同和租船运输合同。按照不同的租赁方式订立的租船合同相应地分为航次租船合同、定期租船合同和光船租船合同。但光船租船合同实际上仅为财产租赁的一种,出租人并不承担运输义务,因而光船租船合同一般不能被视为海上运输合同。

国际海上货物运输合同是国际贸易中一种重要的合同形式,是涉及在海上运输过程中将货物从起运地点运至目的地点,并支付相应运费的协议。

1. 国际海上货物运输合同的内涵

国际海上货物运输合同是由托运人与运输人(船东或承运人)在平等、自愿的基础上订立的,约定以海上运输方式将货物从起运地点运至目的地点,并支付相应运费的合同。这种合同是国际贸易中货物运输的重要法律依据和风险分配的工具。

国际海上货物运输合同具有一系列特征,包括其国际合同性质、条件复杂性、补偿方式多样性和高风险性。由于海上运输涉及多个环节,如装卸、中转、保险等,合同需要充分考虑各种情况,并根据具体情况进行条款的约定。此外,海上运输风险大,因而合同中须约定适

当的风险转移条款,以确保在意外情况下双方利益得到保障。

2. 国际海上货物运输合同的种类

国际海上货物运输合同有多种类型,包括但不限于海上货物运输总合同、班轮运输合同和租船合同。这些合同类型适用于不同的运输需求和场景,例如,海上货物运输总合同适用于大宗货物的运输,而班轮运输合同则适用于多个托运人的货物按固定船期和航线进行运输。

3. 合同签订与执行流程

在签订国际海上货物运输合同时,货主需要提供货物的详细信息,如种类、数量、尺寸、重量、出发地和目的地等。货运代理人根据这些信息,结合路线和海运市场行情,为货主提供一个合理的报价。双方达成一致后签订运输合同,确保双方权益得到保护。合同内容通常包括运输期限、运输费用、责任承担、装箱方法和要求等。在货物装箱、报关和文件办理等环节,货主和货代需在密切配合,确保物流链路的通畅。

4. 注意事项与风险规避

在签订和执行国际海上货物运输合同时,双方需要注意一系列事项以规避风险。例如,不要委托不熟悉的货代,运输价格应尽可能文字确认,提单要仔细检查并与合同对应,配船要小心避免被甩货,租整船时应请专业人员参与,等等。此外,保险要及时购买,并根据货物的不同情况进行补充保险。

5. 合同争议解决

在国际海上货物运输过程中,如发生合同争议,双方应首先根据合同条款协商解决。如果协商无果,可以选择通过仲裁、诉讼等方式解决争议。在解决争议时,双方应充分了解并遵守国际法规和相关法律程序。

(四)海上货物运输立法

1. 提单的国内法调整

(1)调整提单的国内法。我国调整提单运输的法律规定主要集中在《中华人民共和国海商法》(以下简称《海商法》)第四章中。

德国调整提单的法律主要是根据《海牙规则》制定的《德国1937年海上货物运输法》和根据《维斯比规则》修订的《德国海商法》。

英国1855年制定了《提单法》,但随后被《英国1992年海上货物运输法》取代,后者主要涵盖了提单转让的效力、提单与运输合同的关系等内容。《英国1971年海上货物运输法》与前法名称相同,但调整的范围不同,主要关注承运人与托运人的权利和义务。

美国1893年制定了《哈特法》,该法适用于美国与外国之间的海上货物运输。《美国1916年联邦提单法》于1994年进行了修订,主要适用于美国签发的提单。此外,还有《美国1936年海上货物运输法》,当其与《哈特法》规定不一致时,该法优先。

(2)调整提单的国际公约。目前,国际上调整提单运输的公约有四个:《海牙规则》《维斯比规则》《汉堡规则》以及《联合国全程或部分海上国际货物运输合同公约》(即《鹿特丹规则》,如表4-1所示。1921年,国际法协会在海牙召开会议以制定《海牙规则》。1924年,布鲁塞尔会议对其作了一些修改,正式定名为《统一提单的若干法律规则的国际公约》,通称为1924年《海牙规则》,1931年生效,截至2024年,海牙公约适用于108个国家和地区。《海牙规则》侧重保护船东利益。1968年在布鲁塞尔制定了《修改统一提单的若干法律规则的国际公约的议定书》,简称《维斯比规则》,它对《海牙规则》进行了小修改,1977年生效,目前有20多个成员方,影响不大。由于发展中国家的斗争和要求,1978年联合国海上货物运输大会主持制定了《汉堡规则》,全称为《联合国海上货物运输公约》,1992年11月1日生效,目前已有25个缔约方。《汉堡规则》按照船方和货方合理分担风险的原则,适当加重了承运人的责任,使双方的权利义务趋于平等。我国《海商法》关于海上货物运输合同当事人的权利和义务的规定与《海牙规则》和《维斯比规则》的基本原则一致。

表4-1 有关提单运输的国际公约

	《海牙规则》	《维斯比规则》	《汉堡规则》
归责原则	不完全过失责任		推定过失责任
责任期间	钩至钩		港至港
延迟交货	无规定		承运人承担赔偿责任
管辖权	无规定		被告营业地、合同签订地、装卸港等地法院
责任限制	100英镑/件	1万金法郎/件或30法郎/千克,后改为666.67结算单位/件或2结算单位/千克,取高值	835结算单位/件或2.5结算单位/千克,取高值
运输对象	甲板货和活动物除外	与《海牙规则》相同,加上集装箱	包括甲板货和活动物
诉讼时效	1年	1年但可以协议延长	2年
适用范围	所有缔约方签发的提单	① 同《海牙规则》;② 在缔约方签发、从一个缔约方港口开始运输的提单;③ 当事人选择适用本规则的提单	① 在某一缔约方签发的提单;② 当事人选择适用本规则的提单;③ 装、卸港位于缔约方的提单

知识链接

《鹿特丹规则》

《鹿特丹规则》,正式名称为《联合国全程或部分海上国际货物运输合同公约》,是2008年通过的一项国际公约,旨在统一国际海上货物运输及包括海运在内的多式联运的法律制度。

一、基本信息

英文简称:The Rotterdam Rules

英文正式名称:United Nations Convention on Contracts for the International Carriage of Goods Wholly or Partly by Sea

通过时间:2008年12月11日

签署仪式：2009年9月23日在荷兰鹿特丹举行

二、主要内容

1. 适用范围

适用于全程或部分海上国际货物运输合同，包括多式联运。

承运人的责任期间从承运人或履约方为运输而接收货物时开始，至交付货物时终止，覆盖了装前卸后的陆运区段，即"门到门"运输。

2. 承运人责任

实行完全过错责任制，废除了承运人航海过失免责和火灾过失免责。

承运人谨慎处理使船舶适航的义务扩展至整个航次期间。

明确了承运人和货方之间的举证责任分配，加重了承运人的举证责任。

3. 赔偿责任限额

承运人单位赔偿责任限额为每件或每个其他货运单位875个特别提款权（SDR），或货物毛重每千克3个SDR，比《维斯比规则》和我国《海商法》规定的限额有所提高。

4. 电子运输单据

确认了电子运输记录的法律效力，并将其分为可转让与不可转让电子运输记录，适应了电子商务的发展。

5. 批量合同和控制权

引入了批量合同和控制权等新的内容，允许承托双方在批量合同中约定背离公约的权利、义务和赔偿责任。

6. 管辖权和仲裁

特别增设了管辖权和仲裁的内容，为争端的解决提供了法律框架。

三、签署与生效

截至当前时间（2024年），已有多个国家签署该公约，但尚未达到生效所需的20个国家批准或加入的条件。因此，该公约目前尚未生效。

四、意义与影响

《鹿特丹规则》被视为当前国际海上货物运输规则之集大成者，其目标是取代现有的三大国际公约（《海牙规则》《维斯比规则》和《汉堡规则》），以实现国际海上货物运输和多式联运法律制度的国际统一。

该公约的生效将对国际航运业产生深远影响，包括承运人责任的加重、举证责任的重新分配、赔偿责任限额的提高等。同时，该公约也将促进国际贸易和运输的便利化和发展。

五、中国立场

中国尚未签署或批准《鹿特丹规则》，但国内学者和专家对该公约的利弊进行了深入分析和讨论。

一些学者认为该公约的前景并不明朗，对船、货双方的利弊还需要进一步分析；另一些学者则认为该公约体现了"平衡利益、寻求统一、顺应时代、促进发展"的宗旨，我国应早日加入。

《鹿特丹规则》的适用范围相当广泛,涵盖了多种国际货物运输情境,包括:① 单一海上运输。当货物仅通过海上运输从一个国家运往另一个国家时,《鹿特丹规则》适用。这包括货物从装货港到卸货港的整个海上运输过程,无论这两个港口是否位于公约的缔约方境内。② 多式联运包含海上运输。当货物通过包括海上运输在内的多种运输方式进行国际运输时,《鹿特丹规则》同样适用。例如,货物可能先通过公路或铁路运至海港,然后通过船舶进行海上运输,最后再通过另一种运输方式送达目的地。只要其中海上运输段是合同的一部分,且符合公约的适用条件,《鹿特丹规则》就会涵盖整个运输过程。③ 跨国界的海上运输合同。只要运输合同中的收货地和交货地、装货港和卸货港位于不同国家,并且其中任何一地位于公约的缔约方境内,《鹿特丹规则》就会适用。这意味着,即使货物的起始地和目的地并不都是公约的缔约方,但只要其中涉及缔约方的港口,该规则就会生效。

主题讨论:中国没有加入《鹿特丹规则》的原因和影响有哪些?

2. 租船合同立法

与提单运输不同,目前国际上还没有租船合同方面的公约。大陆法国家在国内法即海商法中对租船合同作出规定。英美法国家没有制定租船合同的单行法。有些国家和地区的航运组织或协会团体为了缩短洽谈时间、促进租船交易的进行,制定了各种租船合同标准格式。标准合同格式由于长期使用,许多条款有判例说明,更具有确定性和稳定性。

(1) 航次租船合同标准格式。

① 金康合同(Uniform General Charter,GENCON)。国际上最常用的航次租船合同标准格式是波罗的海国际航运公会制定的统一杂货租船合同,简称"金康合同"。

② 油轮航次租船合同(Tanker Voyage Charter Party)。租约代号为 ASBATANKVOY,此格式由美国船舶经纪人和代理人协会于 1977 年制定,用于油轮运输。

此外,还有北美谷物租船合同用于谷物运输,波罗的海木材租船合同用于木材运输等。

(2) 定期租船合同格式。

① 波尔的姆定期租船合同格式(Baltic and International Maritime Conference Uniform Time Charter,BALTIME)。由波罗的海国际航运公会制定,经过多次修订,目前适用的是 1974 年 7 月格式。"波尔的姆"定期租船合同格式在很大程度上维护的是出租人的利益。

② 土产格式(Time Charter approved by the New York Produce Exchange,NYPE)。由纽约土产交易所于 1913 年制定,经过 1921 年、1931 年、1946 年修订,目前适用的是 1946 年修订的格式。1981 年 6 月,美国船舶经纪人和代理人协会对此格式再次修订,租约代号为"ASBATIME"。修订后的格式比较公平地维护了出租人和承租人双方的利益。目前在实践中,土产格式远比波尔的姆定期租船合同格式使用广泛。

③ 液体货物定期租船合同(Shell Time)。由英国伦敦壳牌石油公司制定。

④ "中租 1980"格式(SINOTIME,1980)。此格式由中国租船公司于 1980 年制定,较多地维护承租人利益。

(五)提单

在班轮运输中,班轮承运人将货物装船后向托运人出具提单。在租船运输中,有时承运人也会出具提单。因此,提单作为一种运输单据,在国际货物运输中具有非常重要的法律地位。

提单是用以证明海上货物运输合同和货物已由承运人接收或装船以及承运人保证在目的港按照提单所载明的条件交付货物的书面凭证。

1. 承运人的基本义务与责任

《海牙规则》《维斯比规则》和《汉堡规则》都对提单项下承运人的权利义务作出明确规定。我国《海商法》在有关提单运输的法律规定上以《海牙规则》为基础,同时吸收了《汉堡规则》的内容。

(1) 承运人的基本义务。

① 确保船舶适航的义务。船舶的适航性包括适船、适员和适货三方面。

适船,即船舶必须在设计、结构、条件、设备等方面经受得起航程中通常出现的或可能合理预见的一般风险。

适员,即配备合格、健康的船长和足够的合格船员,确保船舶航行所需的各种设备齐全,资料、淡水、食品等供应品必须充足,以保障船舶能安全地把货物运往目的地。

适货,即船舶适宜接收、保管和运输货物。货舱、载货处所设备完善,能满足所运货物的要求,包括货舱清洁、干燥、无味、无污水且通风良好,舱盖水密,装卸货机械和索具齐全并处于有效工作状态。如果承运人未能尽到应尽的责任,导致货物遭受损失,承运人应承担相应的赔偿责任。

承运人对船舶适航性的责任并非要求保证船舶绝对适航,而是相对适航,即只要承运人已经"谨慎处理"使船舶适航即可。如果承运人能够证明船舶不适航是由于虽然经过谨慎处理仍然不能发现的潜在缺陷所致,则承运人可以免责。但"谨慎处理"没有精确的定义,一般认为,它是指承运人在考虑已知或事前能合理预见到预定航次中包括货物性质在内的所有情况后所采取的合理措施。在海运业务中,承运人往往以船舶领有适航证书作为其已经履行提供适航船舶义务的依据。

谨慎处理使船舶适航的时间,《海牙规则》要求在船舶开航之前和开航之时。开航前是指开始装货之前,开航时则是指船舶离开锚地之时。只要船舶在货物装运港开航之前或开航当时适航,即使船舶在航行期间或中途停靠港口期间不适航,也不能视为承运人运送该批货物违反谨慎处理使船舶适航的义务。《汉堡规则》适航性的义务并不限于开航前和开航时,而是贯穿整个航程。

② 管货义务。承运人要适当、谨慎地对货物承担装载、搬运、积载、运送、保管、照料和卸载七个方面责任。如果由于其疏忽或过失,致使货物受到损坏,承运人应负赔偿责任。承运人的管货义务贯穿承运人掌管货物期间的全部过程,即贯穿货物从装船至卸船的整个过程。该项义务为承运人绝对性义务,如果承运人或其雇员没有妥善、谨慎地操作,致使货物灭失或坏损,承运人应负赔偿责任。但免责事项造成的损失除外。

③ 不得绕航的义务。承运人应以合理的速度,按照合理的航线或地理上、习惯上的航线把货物运到目的港交货,不得无故绕航。但为了海上拯救生命或救助财产,或有其他合理的理由(如为了避免船舶发生危险)所做的绕航,均不能认为是违反运输合同的行为,承运人对由此造成的损失概不负责。

④ 货物接收或装船后签发提单的义务。承运人或船长或者承运人的代理人在收受货

物归其照管后,经托运人的请求,应向托运人签发提单。货物装船后,如果托运人要求,则签发已装船提单。

(2) 承运人的责任。承运人的责任包括责任期间、责任限制、免责事项等内容。

① 承运人的责任期间。按照《海牙规则》的规定,承运人的货物运输责任期间为货物装上船起至卸下船止。对"装上船起至卸下船止"的一般理解为:如果使用船上吊杆装卸货物,则从货物挂上吊杆的吊钩时起到脱离吊钩时止,即"钩至钩";如果使用岸上吊杆装卸货物,则以货物越过船舷为界,即"舷至舷"。

《汉堡规则》采用"接到交"原则,规定自承运人接管货物时起到将货物交付时止为承运人对货物的责任期间。我国《海商法》第46条规定:"承运人对集装箱装运的货物的责任期间,是指从装货港接收货物时起至卸货港交付货物时止,货物处于承运人掌管之下的全部期间。承运人对非集装箱装运的货物的责任期间,是指从货物装上船时起到卸下船时止,货物处于承运人掌管之下的全部期间。"

② 责任限制。责任限制是指承运人不能免责的原因造成货物的灭失或坏损,将其赔偿责任限制在一定范围内。《海牙规则》规定,承运人对每件或每个货运单位的赔偿限额为100英镑,但托运人于装货前已申明该货物的性质和价值并在提单上注明者不在此限。《维斯比规则》规定,承运人对每件或每个货运单位的赔偿额不超过10 000金法郎或毛重每千克不超过30金法郎,以高者为准。《汉堡规则》规定,每件或每单位不超过835结算单位,或毛重每千克2.5特别提款权,以高者为准。我国《海商法》规定,每件或每个其他货运单位的赔偿限额为666.67计算单位,或者按照货物毛重计算,每千克为2为计算单位,以两者中赔偿限额较高的为准。货物用集装箱、货盘或类似装运器具集装的,提单中标明装在此类装运器具中的货物件数或者其他货运单位数,以标明为准,否则视为一件或一个货运单位。

③ 承运人免责。《海牙规则》列举了17项承运人的免责事由:船长、船员、引水员或承运人的雇佣人员,在驾驶船舶或管理船舶中的行为、疏忽或不履行义务;火灾,但由于承运人的实际过失或私谋所引起的除外;海上或其他可航水域的灾难、危险和意外事故;天灾;战争行为;公敌行为;君主、当权者或人民的扣留或管制,或依法扣押;检疫限制;托运人或货主、其代理人或代表的行为或不行为;无论由于任何原因所引起的局部或全面罢工、关厂停止或限制工作;暴动和骚乱;救助或企图救助海上人命或财产;由货物的固有缺点、性质或缺陷引起的体积或重量亏损,或任何其他灭失或损坏;包装不善;标志不清或不当;虽恪尽职责亦不能发现的潜在缺点;非由于承运人的实际过失或私谋,或者承运人的代理人或雇佣人员的过失或疏忽所引起的其他任何原因,但是要求引用这条免责利益的人负责举证,证明有关的灭失或损坏既非由于承运人的实际过失或私谋,也不是由于承运人的代理人或雇佣人员的过失或疏忽所造成。承运人可以放弃公约规定的权利和豁免,或加重其所应承担的责任和义务,但是这种放弃或增加须在提单上注明。

《汉堡规则》废除了《海牙规则》和《维斯比规则》中的免责规定,规定凡是在承运人掌管货物期间发生货损,除非承运人能证明承运人已为避免事故的发生及其后果采取了一切可能的措施,否则便推定损失系由承运人的过失造成,承运人应承担赔偿责任,很明显,《汉堡规则》扩大了承运人的责任。

第四章 国际物流争议解决理论与实务

国际商务争议解决

2. 托运人的基本义务与责任

托运人应按合同约定提供托运的货物,并对货物情况作正确陈述,即托运人应保证其提供的货物标志、件数、数量和重量均正确无误。如果这些项目不正确,给承运人造成损失,托运人应负赔偿责任。如果托运人在提单中故意谎报货物的性质或价值,则承运人对与货物有关的灭失或损害概不负责。托运人应及时向有关主管机关办理货物运输所必需的各项手续,将已办理完手续的单证及时送交承运人,并按合同规定及时交付运费和其他费用。《海牙规则》规定,托运人提起索赔的诉讼时效期间为一年,与《维斯比规则》及其他进一步规定的对比如表 4-2 所示。

表 4-2 各规则对比

项目	《海牙规则》	《维斯比规则》	《汉堡规则》	《鹿特丹规则》
公约适用范围	① 缔约方签发的提单;② 租船合同项下的提单	① 任何缔约方签发的提单;② 从缔约方港口起运;③ 提单中列有首要条款	① 任何缔约方签发的提单;② 当事人合意选择该公约;③ 装货港、卸货港、备选卸货港位于缔约方;④ 租船合同项下的提单	适用于全程或部分海上国际货物运输合同,包括多式联运。公约的适用范围广泛,涵盖了从货物装运港到卸货港之间的整个运输过程,以及可能涉及的陆上运输段
货物的适用范围	不适用于舱面货和活动物		依约定/惯例可装舱面货;活动物固有风险免责	包括所有类型的货物,无论是散装货、集装箱货还是其他形式的货物。公约对货物的定义是广泛的,涵盖了活动物、包装物等
承运人的基本义务	① 船舶适航的义务;② 管货的义务;③ 不做不合理绕航的义务	增加:管船义务		① 船舶适航的义务;② 管货的义务;③ 不做不合理绕航的义务
责任基础	不完全过失责任(航行过失免责)		完全过失责任、推定过失责任	完全过错责任制
承运人免责	包括承运人的驾船管船过失(17 项)		取消了航行过失免责	包括天灾、海上或其他可航水域的危险或意外事故、战争或武装冲突、政府或主管部门的行为等
责任期间	钩至钩		收到交	门到门
保函	未规定		善意有效,恶意无效	未规定
索赔时效	① 提货时发现,当时提出;② 损害不明显,3 日内提出		① 提货时发现,次日提出;② 损害不明显,15 日内提出;③ 延迟交付,应在收到货后连续 60 天内提出	公约规定了货物灭失、损坏或延迟交付的索赔时效,具体时效期限可能因不同情况而异。一般来说,索赔人应在合理时间内提出索赔,否则可能丧失索赔权利

续表

项目	《海牙规则》	《维斯比规则》	《汉堡规则》	《鹿特丹规则》
赔偿限额	每件或每单位不超过100金英镑	每件或每单位666.67特别提款权,或毛重每千克2特别提款权	每件或每千克835特别提款权,毛重每千克2.5特别提款权,高者为准	每件或每个其他货运单位875特别提款权,或货物毛重每千克3特别提款权。这一限额比《维斯比规则》和我国《海商法》规定的限额有所提高
诉讼时效	1年,自货物交付或应当交付之日起算	1年,双方协商可延长。对第三者的索赔期限还有3个月的宽限期	2年,双方协商可延长。对第三者索赔有92日宽限期	公约规定了针对承运人提起的诉讼的时效期限。具体期限可能因不同情况而异,但一般来说,诉讼时效是限制诉讼权利行使的重要制度

案例讨论：海上货物运输合同货损赔偿纠纷案

一、基本案情

原告：H公司

被告：P公司

2016年1月,H公司向案外人Z公司购买涉案货物,共计38包铜丝,总重为50 004千克,CIF总价为155 012.40美元。H公司于2016年2月通过信用证方式向Z公司支付了上述货款。涉案货物于2016年1月8日和1月10日装箱,H公司代表到场见证了集装箱装载情况并出具了检验声明书。根据声明书记载,涉案货物的供货商为Z公司,在装载集装箱过程中,允许H公司的代表在装载的不同阶段(如空箱,装载1/4、1/2、3/4时,以及装满时)进行拍照,照片清晰地显示了编号和封条。货物装2个20英尺集装箱：箱号为DPKU0113733(铅封号D7297205)的集装箱内装有19包铜丝,总重为25 420千克；箱号为DPKU0114391(铅封号D9390162)的集装箱内装有19包铜丝,总重为25 220千克。现场拍摄照片显示2个集装箱所施铅封均为蓝色。

2016年1月10日,涉案2个集装箱重箱运至实际承运人指定堆场。根据堆场陈述及重箱进场时所拍摄照片,涉案集装箱重箱进场时所施铅封为其所发放的黄色铅封。

2016年1月15日,货物在天津港装船。被告就涉案货物签发了提单,记载托运人为Z公司,收货人为凭H指示,通知人为H,起运港天津港,卸货港和交货地均为意大利热那亚,船名航次为CMA CGM VASCO DE GAMA038FLW。货物分装在2个20英尺集装箱内,箱号(铅封号)分别为DPKU0113733(D7297205)和DPKU0114391(D9390162)。其中：DPKU0113733号集装箱内装有19包铜丝,重量为25 420千克；DPKU0114391号集装箱内装有19包铜丝,重量为25 220千克。运输期间为"CY-CY"①。

---

① CY-CY：集装箱堆场到集装箱堆场(container yard to container yard)表示承运人接收货物的地点起运港的集装箱堆场、交付货物的地点为目的港的集装箱堆场。

三份提单在"货物描述"栏均批注"由托运人装载、点数并封箱",并批注有"S.T.C."(即"据称"字样)。同时,提单正面注明:"上述货物明细均由托运人提供,承运人不知货物重量、体积、状况、内容或价值。"涉案货物由实际承运人澳航公司承运,澳航公司海运单载明的货物信息与提单记载一致。

货物到达目的港热那亚卸货后,H公司对集装箱进行了称重,称重结果显示DPKU0114391号集装箱总重为9 520千克,DPKU0113733号集装箱总重为7 560千克。H公司于2016年3月2日提取了DPKU0114391号集装箱,同日对该集装箱及箱内货物在原告仓库进行了初步检验,参加的人员包括原告代表、热那亚海关工作人员及保险人的代表。H公司于3月4日提取了DPKU0113733号集装箱,3月11日对该集装箱及箱内货物进行了现场开箱检验,参加的人员包括原告、原告保险人、货物保险人以及实际承运人的代表,并进行了货物抽样。2次检验均显示2个集装箱黄色铅封完好,铅封号分别为D7297205和D9390162。2个集装箱内并无铜丝,均装满了装有碎石和粗砂的塑料袋。

H公司诉称,货物系在P公司承运期间被调包。即使该调包未发生在承运人责任期间,提单上载明的货物重量也构成了P公司对收货人的承诺,P公司未尽承运人的谨慎注意义务,未注意到集装箱的重量差异,从而未在提单上以批注等形式提醒收货人以避免收货人遭受欺诈损失,故应赔偿原告货物损失15 501 240美元及相应利息。

被告辩称,H公司诉称的损失并非发生在P公司的责任期间,涉案货物的运输责任期间是堆场到堆场,是托运人自行装箱报关并从承运人处提取空箱,待装箱完成后将重箱运至承运人指定堆场,铅封的颜色在重箱交付给堆场及目的港交付时均为黄色,且铅封完好。涉案货物是由托运人自行拖箱、装箱、封箱、报关及重箱回场给承运人指定的堆场,箱内货物的实际情况P公司客观上无法核实,并在其签发的提单上进行了批注,符合航运实践。

二、案件裁决

在H公司海上货物运输合同纠纷案中,案情裁决主要基于双方提供的证据、运输合同的条款以及国际海上货物运输的相关法律规定。

首先,H公司需要提供充分的证据来证明其因货损而遭受的损失,包括购买铜丝的发票、支付凭证、运输合同、提单、货物检验报告等。这些证据将有助于法院确认货物损失的数量和价值。

其次,P公司作为承运人,需要证明其已经按照运输合同的约定妥善履行了运输义务,或者证明货物的损失是由于不可抗力、货物本身的自然属性或合理损耗等原因造成的。如果承运人无法提供充分的证据来支持其抗辩理由,那么法院可能会认定承运人应对货物的损失承担赔偿责任。

在裁决过程中,法院还将考虑运输合同的条款,特别是关于承运人责任、免责事由以及赔偿限额等方面的规定。如果合同中有明确的责任划分和赔偿标准,法院将依据合同条款进行裁决。

最后,法院还将参考国际海上货物运输的相关法律规定,以确定承运人的责任范围和赔偿责任。根据这些法律规定,承运人通常应对货物的灭失、损坏或迟延交付承担赔偿责任,除非能够证明存在免责事由。

综合考虑以上因素,法院将作出裁决,确定P公司是否应对H公司的货物损失承担赔偿责任,以及赔偿的具体金额。这一裁决将对双方的权利和义务产生法律约束力,并可能为类似案件的审理提供重要的参考依据。

三、思考题

1. 在本案中,H公司应如何证明其因货损而遭受的损失?
2. P公司提出的抗辩理由是否成立?
3. 本案对国际海上货物运输合同中的承运人责任有哪些启示?

四、资料来源

最高人民法院发布的第41批指导性案例中的一个,案例号为指导性案例230号:新某航运有限公司诉中国机某国际合作股份有限公司海上货物运输合同纠纷案。

(六)租船合同

1. 租船合同的概念

租船合同是指船舶出租人与承租人之间关于租赁船舶所签订的海上运输合同。与提单运输相比,租船运输具有运费低的优势,因此,国际贸易中大宗货物运输适用租船合同方式。

租船合同在性质和作用上与提单不同。租船合同不仅是运输合同的证明,而且本身就是运输合同。租船合同具有运输合同的作用,这一点与提单相同,但不具有提单的货物收据和物权凭证的作用。

租船合同的内容由当事人自行商定,但对于加入《海牙规则》《汉堡规则》的国家来说,租船合同项下签发的提单应适用《海牙规则》《汉堡规则》的相关规定。

按照租赁方式划分,租船合同可分为航次租船合同、定期租船合同和光船租船合同。

2. 航次租船合同

(1) 航次租船合同的概念及主要特征。航次租船合同即航租合同,是指出租人将船舶租给承运人,按照约定的一个或几个航次运输货物,由承租人支付约定运费的运输合同。

航次租船合同的主要特征有以下五点。

① 出租人负责船舶营运并负担营运费用。船舶由出租人雇佣的船长或船员使用、占有,出租人负担船舶的营运费,主要包括船员的工资、伙食,以及船舶的维修、保养、保险、检验等费用。

② 出租人除对船舶负责外,还要对货物负责。出租人这方面的责任与义务和提单运输中承运人的责任与义务一样,要提供适航船舶、维持船舶的有效状态,对货物负有妥善保管的义务,不得无故绕航。

③ 出租人承担航次租船合同的时间损失。承租人支付的报酬不是租金而是运费。运费是根据完成的航次数目决定的,不是根据船舶完成运输的时间决定。不管一个航次完成的快慢,承租人支付的运费都是一样的。完成一个航次的时间越短,船舶营运的效率就越

高,出租人的利润也越高。

④ 规定装卸货物的时间和期限,计算滞期费(demurrage)和速遣费(dispatch money)。承租人如未能在合同规定的期限内完成装卸作业,则需要向出租人支付滞期费。反之,如果承租人提前完成装卸任务,出租人应向承租人支付速遣费。

滞期费和速遣费

滞期费和速遣费是外贸术语中的两个重要概念,它们都与船舶的装卸货物时间有关。

滞期费是指在规定的时间内未能将货物全部卸载完毕,致使船舶继续在港内停泊,使船东增加在港费用支出并遭受船期损失,由租船人向船东所支付的约定款项。滞期费发生的具体时间点可能有所不同,有的在货物起卸前产生,有的则在货物起卸后产生。对于起卸前产生的滞期费,如果企业能够提供相关单证并有客观量化数据证明,那么这部分费用会计入进口货物的完税价格;否则,全部滞期费都将计入完税价格。

速遣费是指在航次租船合同中,承租人(货主)实际使用的装卸时间比合同规定允许使用的装卸时间短,节省了船舶在港时间,使得船舶能够迅速投入新的航次,船东(船主)因船舶提前完成装卸任务而节约费用开支,从速遣时间中获得收益,按合同规定付给承租人的奖金。速遣费的支付通常受到合同中相关条款的约束,包括速遣时间的计算方式、速遣费的支付条件和费率等。因此,在实际操作中,承租人和船东需要仔细审查合同条款,确保双方对速遣费的支付条件和金额有明确的约定。

按照一般惯例,速遣费为滞期费的一半。这是因为速遣费被视为对迅速行动的奖励,以鼓励人们在紧急情况下快速行动,而滞期费则是对延误的惩罚。此外,滞期费和速遣费是船舶租赁和货物运输中重要的经济因素,对于船东和租船人来说,理解并妥善管理这些费用是确保业务顺利进行的关键。

⑤ 承租人可以租用整船或整舱运货,不论是否装满都要按约定的包干费或约定的吨位付费。

(2) 航次租船合同的主要内容。航次租船合同使用的标准格式的内容各不相同,但通常包括船舶说明条款、预备航次、货物条款、出租人的责任、运费的支付、装卸条款、滞期费和速遣费、合同的解除条款、留置权条款、承租人责任终止条款、互有责任碰撞条款、共同海损条款、提单、罢工条款、战争条款、冰冻条款、仲裁条款、佣金条款等。

① 船舶说明。出租人对所提供的船舶的船名、船籍、船级、船舶载重量与容积、船舶动态等内容如实陈述,从而使船舶特定化,这是承租人是否租用该船的重要依据,也是合同的主要条款。如果所陈述内容与事实不符,出租人要承担相应的法律责任。该条款中,船名、船籍、载重量与容积最为重要。一旦船舶被确定后,未经承租人同意,出租人无权更换船舶。在战争期间,出租人对船籍的谎报或误报会影响承租人对货物的保险,因而承租人有权解除

合同并要求赔偿。船舶的实际载重量与合同约定载重量不符,承租人有权索赔因重量差异所造成的损失。

② 预备航次。预备航次是指船舶从租船合同指定的装货港口的前一个港口驶向装货港的一段航程。出租人有义务将船舶在预备航次中速遣,否则出租人承担因延迟给承租人造成损失的赔偿。此外,预备航次还涉及受载日和解约日两项内容。受载日是指租船人可以接受船舶并进行装货的最早日期,解约日是指合同中规定的船舶应到达装货港的最晚日期。船舶如晚于解约日到达装货港,承租人享有对合同解除的选择权。

③ 货物条款。承租人应准确提供合同约定的运输货物,保证所装运货物是合法货物(根据装运港法律、目的港法律、沿途停靠港法律均属合法);承租人应交付"满舱满载"货物,如果承租人提供的货物少于应提供的数量,应向出租人提供亏舱费。如果船舶能实际装载的货物达不到出租人保证的数量,出租人应向承租人赔偿短装损失;承租人交付货物应当及时,如果船舶到港后承租人不能提供货物装船,承租人应承担违约责任。

④ 装卸条款。包括港口的选择、装卸时间、租船合同项下的提单、运费支付、货物损害赔偿、留置权条款等方面。

(a) 港口的选择。承租人可以选择一个或一系列装货港或卸货港,或指明一个广泛的地区内的任一港口。承租人应在一定时间或合理时间内谨慎尽职地选择安全港口。港口的安全包括港口的自然条件能够使船舶安全进出,在停泊时保持漂浮状态,还包括政治上的安全,即不会发生扣押船舶或货物的危险。与国际贸易合同价格条件相对应,承租人应在合同中订明装卸费用的分担办法。

(b) 装卸时间。装卸时间是指航次租船合同订明的允许承租人完成卸货的时间。如果承租人在装货时间内提前完成装货任务,可以从出租人处得到若干金额的报酬,称为速遣费。如果在装货时间内未能完成装货任务,应向出租人支付违约费,称为滞期费。装卸时间的计算方式有两种:一是按港口习惯尽快装卸;二是规定一个固定的装卸时间。装卸时间的起算要满足三个条件:一是船舶到达装卸地点;二是船舶作好装卸准备;三是出租人向承租人递交了准备就绪通知书。一般装卸时间是按日规定,而"日"有多种用法:它可能是工作日,即不包括星期日和法定节假日的港口应进行工作的日子;也可能是连续工作日,从午夜到午夜的连续24小时,在此期间,星期日、法定节假日或不良天气不能进行装卸的时间都计入装卸时间内;也可能是晴天工作日,即天气良好可进行装卸的工作日;还可能是连续24小时晴天工作日,即除星期六、星期日、法定节假日和天气不良影响装卸的工作日外,以真正连续24小时工作为一日来表示装卸时间的方法,目前这种方法在航次租船合同中被使用最多。

(c) 租船合同项下的提单。在航次租船合同中,货物在装货港由船长接管或装船后签发提单,托运人、收货人拿到提单后也可以将提单再转让。这时货物运输出现了两个文件,即航次租船合同和提单,两者的作用不同。航次租船合同是运输合同,它调整出租人和承租人的权利义务关系。航次租船合同项下的提单在不同情况下作用也不同:当提单在承租人手中时,提单只具有货物收据和物权凭证的作用,不具有海上货物运输合同证明的作用,出租人和承租人之间的权利义务以航次租船合同为准;当提单在非承租人手中时,提单具有运输合同证明、货物收据、物权凭证的作用。提单是确定双方当事人权利义务的依据,受《海牙规则》等国际公约和国内法的约束。

(d) 运费支付。航次租船合同的运费计算方式有两种：运费率和整船包价。运费率是指规定一个运费率,再按照装运货物的数量计收。按照这种方法计算应明确货物的数量是在装货港还是卸货港称量的,避免由于运输途中因蒸发、泄漏等引起的数量差异。整船包价是指根据航次规定一个一揽子运费。这种计算方法与货物的具体数量无关,可避免因货物称重引起的问题,同时有助于货主在有责任交付"满舱满载"货物时避免承担亏舱费。

运费的支付有运费预付和运费到付两种。运费预付通常是指在签发提单或装货结束后若干个银行工作日内支付;运费到付可分为卸货前支付和交货时支付。运费通常是不可触动的,必须按时如数交给出租人。如果出租人和承租人之间有纠纷,承租人也应先支付运费再索赔,两者不能抵消,擅自从运费中扣减被视为违约行为。

(e) 货物损害赔偿。航次租船合同中的货物损害赔偿责任由合同双方当事人自行商定。按"金康合同"条款,船舶所有人应负货物灭失、残损或延迟交货的责任,但仅限于该灭失、残损或延迟是积载不当或疏忽造成的,或由于船舶所有人或其经营人本身未恪尽职责使船舶具有适航性并能保持适当的船员、设备和供应。否则,即使货物灭失、残损或延迟交付是由于船长、船员在管理货物中的过失所致,出租人仍可免责。

(f) 留置权条款。为确保出租人收取运费及其他费用,出租人对承运的货物享有留置的权利。"金康合同"条款规定,船舶所有人可以因未收取运费、亏舱费、滞期费而对货物行使留置权。出租人只有当货物为其占有时,才能行使这项权利。如果货物已按时交出,或出租人取得远期汇票后同意交货,留置权即告丧失。当货物在出租人占有之下,如承租人或货主既不清偿债务又不交付押金提货,出租人在依法等待一定期限后,可将留置物拍卖以收取应收费用。

课程实践

案例讨论：J 公司诉 D 公司航次租船合同违约纠纷：
定金返还与违约金赔付之争

一、基本案情

原告：J 公司(以下简称原告)

被告：D 公司(以下简称被告)

2010 年 3 月 15 日,原告作为承租方与被告作为出租方签订了一份航次租船合同,约定：由"ZH"号船承运 10 400 吨矽钢片从锦州港至台州港,运价 55 元/吨,受载日期为 2010 年 3 月 20 日±1 天;合同签订后 24 h 内,承租人先行支付出租人定金 100 000元;船舶、货物落空,违约方赔偿对方总运费的 30%。合同签订后,原告及时支付被告定金 100 000 元并组织货源。因为第三方原因,合同约定的"ZH"号船未能按期到港,致使船舶落空,给原告造成经济和信誉损失。

庭审中,被告对于已经收取原告 100 000 元定金和船舶落空的事实没有异议。被告认为,原告依照合同约定主张总运费 30%的违约金数额过高。

原告认为,原告按照合同约定及时组织了货源,并依约支付了定金 100 000 元,而被告的"ZH"号船至起诉之日也没有到达锦州港。被告违约给原告的信誉和经济造成重大损失,经原告多次催促,被告拒不承担违约责任。故原告请求法院判令被告支付违约金171 600元,返还定金100 000元,并承担本案一切诉讼费用。

二、案件裁决

法院认为:原告与被告经平等协商签订的航次租船合同系双方当事人的真实意思表示,符合相关法律规定,是合法有效合同,双方签字盖章后即具有法律约束力。关于双方在航次租船合同中约定"船舶、货物落空,违约方赔偿对方总运费的30%"是否适当、能否得到法律保护的问题,因为合同属于民事法律范畴,在不违背法律的强制性规定,又不违反公序良俗的情况下,当事人享有完全意思自治权。海上货物运输合同的双方不仅追求经济利益,船方和货方的良好信誉对于其业务开展也具有重要的价值,故双方按照业内习惯约定的30%违约金是意思自治的结果,同时也不违背法律的强制性规定,本院予以支持。原告依照合同约定支付100 000元定金后积极组织货源,先行履行了合同义务;被告未按合同约定安排"ZH"号船到港致使船舶落空,给原告造成经济和信誉损失,致使合同目的不能实现,合同予以解除,被告依法应返还原告支付的定金和依约赔偿总运费的30%给原告,即 $10\,400 \times 55 \times 30\% = 171\,600$(元)。综上,依照《中华人民共和国合同法》第107条、第114条第1款、第116条;《中华人民共和国海商法》第92条、第97条第1款,判决:① 被告于本判决生效后7日内返还原告定金人民币100 000元;② 被告于本判决生效后7日内给付原告违约金人民币171 600元。

三、思考题

1. 航次租船合同的基本定义是什么?
2. 航次租船合同的主要特点有哪些?
3. 在航次租船合同中,出租人和承租人的主要权利和义务是什么?

四、资料来源

根据华律网"广州××公司,洋××公司航次租船合同纠纷二审民事判决书"案例编写。

3. 定期租船合同

(1) 定期租船合同的概念。定期租船合同是指船舶出租人向承租人提供约定的由出租人配备船员的船舶,由承租人在约定的时间内按照约定的用途使用并支付租金的合同。与航次租船合同相比,定期租船合同具有以下四个特征。

① 双方分享对船舶的管理。出租人负责船舶的本身,包括机械、补给人员等的配备和安全航行。承租人负责船舶商业使用,包括船舶营运安排,以及货物的提供、装卸、保管、处理等。

② 由双方分担船舶营运的费用。出租人负担船舶每日的营运成本,包括船舶建造成本、船员工资,以及船舶保险费、保养及维修费用等。承租人负责航程使用费,包括燃油费、港口使用费、货物装卸费、运河费、运费税等。

③ 租金按船舶使用时间的长短来计算,承租人负担租期内的时间损失。

④ 出租人负责租期内的航行风险。

航次租船合同与定期租船合同的区别如表 4-3 所示。

表 4-3　航次租船合同与定期租船合同的区别

	航次租船合同	定期租船合同
营运管理及费用	出租人负责	承租人负责
出租人责任	适用提单运输中承运人的责任	按约定提供适航船舶
租金的计算方式	按航程计算	按时间计算
承租人性质	货主或托运人	租船从事海运业务的运输公司

（2）定期租船合同的主要内容。定期租船合同的内容与航次租船合同没有太大区别，包括但不限于船舶说明，航舱状态，租船期间，交船与还船时间、地点及条件，租金的支付、停租和转租，出租人责任与免责，共同海损，互有责任撞碰条款，新杰逊条款，战争条款，仲裁条款等。

① 船舶说明。关于船名、船籍、载重量与容积，在介绍航次租船合同时已详述。在此仅介绍航速与燃料消耗。定期租船合同中，承租人按船舶使用的时间支付租金，因此，船速直接关系到承租人在租期内使用船舶的效益；同时，承租人负责提供燃油并支付费用，船舶燃油消耗直接影响承租人使用船舶成本的大小。因此，出租人有义务提供航速与燃油消耗符合合同规定的船舶。如果船舶的实际航速没有达到合同规定的要求，承租人有权向出租人提出索赔。如果实际燃油消耗超过合同的规定，承租人有权向出租人索赔超过部分的损失。

② 船舶状态。出租人提供约定的适航船舶，使船舶在租期内保持"有效状态"。船舶还应适于约定的用途。在租期内，船舶一旦不能达到有效状态，出租人应采取合理措施维修船舶，并负担修理费。如果因修船影响承租人使用，承租人有权停租。如果在合理时间内船舶不能修复投入营运，承租人有权解除合同并要求赔偿。

③ 交船时间。定期租船合同一般规定"合同解除日"条款，出租人按合同约定的时间交付船舶，如未能按期将船舶交付给承租人，承租人有权解除合同，并要求赔偿损失。出租人预计将晚于"合同解除日"到达交货港时，应把船舶延迟情况和预期抵达的日期通知承租人，承租人应在接到通知 48 小时内将是否解除合同的决定通知出租人。

④ 航行区。定期租船合同一般列明承租人可以指示船舶前往的区域，有的还订明不能前往的区域，如战争区、冰冻区等。如果承租人指示船舶前往除外区域或港口，出租人有权拒绝；如果承租人坚持要去，出租人可撤销合同并提出索赔。

承租人应当保证船舶在安全港口或地区之间从事约定的海上运输，违反此规定，出租人有权解除合同，并有权要求赔偿因此遭受的损失。安全港口不仅要求地理上安全，包括航道深浅、助航设施等，还要求政治上安全，即船舶不会遭遇战争、敌对行为、恐怖活动等风险。

⑤ 租金支付。承租人应当按合同约定的时间和方式支付租金。承租人未按合同规定支付租金的，出租人有权解除合同、撤船，并有权请求赔偿因此遭受的损失，而不管承租人是否有过失。定期租船合同通常规定租金应用现金支付，并且按月或按日预付。在整个租船期间，不论承租人是否实际使用了船舶，都应支付租金。如果在最后一笔租金支付以前已经

发现会提前还船,租金仍然应全额支付,但承租人可以随后向出租人要回多付的租金。

⑥ 停租条款。由于发生海损事故(如碰撞、搁浅、船体或机器设备故障等不是承租人的过失)而妨碍了承租人使用船舶的时间,均可作为停租期间,承租人有权在该期间停付租金。承租人在停租期间内不用支付租金,但仍然计入租期,不能从租期内扣减。

⑦ 还船条款。包括还船状态和还船时间。

(a) 还船状态。租期结束后,除船舶本身正常的自然磨损外。承租人所还船舶应具有与出租人交船时相同的良好状态,否则,承租人应负责修复或赔偿。

(b) 还船时间。租船合同虽然规定了租期,但很难做到在租期届满时还船,常出现提前或超期还船。提前还船,出租人不能拒绝接受船舶,但有权要求承租人按合同规定租期支付租金或赔偿租金差价损失。超期还船的情况不同,处理方式也不同。如果因承租人无法控制的原因造成超期还船,承租人对于超期的时间,应按当时的市场租金率支付租金;如遇市场租金下跌,承租人则应按原合同约定的租金率支付租金。如果超期还船是由出租人的原因所致,承租人不承担责任。如果因承租人的原因造成超期还船,则承租人负赔偿责任。

4. 光船租船合同

光船租船是一种较特殊的租船方式,也是按一定期限租船,但与定期租船不同的是,船东不提供船员,一条光船交租船人使用,由租船人自行配备船员,负责船舶的经营管理和航行各项事宜。在租赁期间,租船人实际上对船舶有着支配权和占有权。

第四节 其他国际货物运输方式的法律规则

一、国际铁路货物运输规则

国际铁路货物运输是指使用统一的国际铁路联运单据,由铁路部门经过两个或两个以上国家的铁路进行运输。我国与周边国家的进出口货物以及欧洲各国之间的货物运输多数采用铁路货物运输方式。为了简化国际铁路货运手续、加速货物流转、降低运费和杂费、保障运输顺利进行,各国间通过双边或多边铁路联运协定,规定铁路联运的规章制度。目前有关国际铁路运输的国际协定主要有两个,即《国际铁路货物运输公约》和《国际铁路货物联运协定》。

(一) 国际铁路运输的国际公约

1.《国际铁路货物运输公约》

《国际铁路货物运输公约》(International Convention Concerning the Carriage of Goods by Rail),简称《国际货约》。1961 年在伯尔尼订立,1975 年 1 月 1 日生效。其成员包括主要的欧洲国家,如法国、德国、比利时、意大利、瑞典、瑞士、西班牙及东欧各国,此外,还有西亚的伊朗、伊拉克、叙利亚,西北非的阿尔及利亚、摩洛哥、突尼斯等,共 49 个。公约共 7 章 45 条,包含 7 个附件。其中,附件 2《国际铁路货物运输合同统一规则》(Uniform Rules concerning the Contract of International Carriage of Goods by Rail)是有关货物运输的规定,分别规定

了适用范围、运输合同、承运人责任、法律诉讼等内容。其适用于至少两个缔约方之间的铁路联运。铁路的运输单据称为运单，内容包括接货地点、日期和交货地点，以及货物质量情况、件数、标记等，是运输合同成立、运输合同内容和承运人接收货物的初步证据。承运人对货物的灭失、损坏或延误负责，但由于索赔人的错误行为、货物的内在缺陷或承运人所不能避免的原因造成的除外。承运人的责任限制为每千克17特别提款权，但如果承运人故意或者明知可能造成灭失或损坏而不顾后果地作为或不作为，则承运人不享有责任限额利益。对承运人的诉讼时效为1年。涉及承运人欺诈或有意错误行为的案件，诉讼时效为2年。

2.《国际铁路货物联运协定》

《国际铁路货物联运协定》简称《国际货协》，1951年在华沙订立。我国于1953年加入。1974年7月1日生效的修订本，其成员主要有苏联、东欧国家、中国、蒙古、朝鲜、越南共计12国。《国际货协》的东欧国家成员又是《国际货约》的成员国，这样《国际货协》成员国的进出口货物可以通过铁路转运到《国际货约》成员国，凡经由铁路运输的进出口货物均按《国际货协》的规定办理。

（二）运输合同和运输单据

1. 运输合同的形式

运输合同的形式是铁路始发站签发的运单。运单是发货人、收货人与铁路方之间订立的运输合同证明，对三者都具有法律约束力。运单是铁路方收取货物、承运货物的凭证，它随同货物由始发站到目的站的运送全程，最后交给收货人。与提单不同，铁路运单是运输合同的证明和接收货物的收据，但它不具有物权凭证的作用，不能转让。

2. 运输合同的订立

根据《国际货协》的规定，发货人在托运货物时，应对每批货物按规定的格式填写运单和运单副本并签字，然后铁路方在铁路记载事项上填写。当发货人就运单中所列的全部货物按照发送国国内规定付清费用后，铁路方就在运单上加盖戳记，此时运输合同成立。发货站为合同成立地，戳记日期为合同成立日期。运输合同订立后，运单副本应退还发货人。运单副本虽不具有运单的效力，但可作为卖方通过银行向买方结算的单据，也可作为向铁路方索赔的依据。

3. 运输合同当事人的基本责任

（1）铁路方的基本责任。铁路方的责任主要有四个方面：① 把运单项下的货物运到目的站，交付给收货人。《国际货协》规定，所有承运货物的铁路方对货物负有连带的运输责任。② 执行托运人按规章提出的变更合同的要求。由于铁路方的过失造成有关要求未被执行，铁路方应对此后果负责。③ 妥善保管发货人在运单内所记载并添附的文件。由于铁路方的过失造成遗失，铁路方应对此后果负责。④ 铁路方要对按规定条件承运的货物在责任期间发生的全部或部分灭失或毁损以及逾期运到所造成的损失负赔偿责任。铁路方的责任期间是从签发运单时起到交付货物时止的一段时间。

赔偿标准的计算规则如下：① 如果货物灭失或短少，则铁路方的赔款额根据货物价格确定。② 当货物重量不足时，如果是由货物自身的自然特性导致的重量减少，铁路方仅对超过下列标准的货物重量不足部分负责——液体或生鲜（潮湿）货物重量的2%，干燥货物重量的1%。如果是堆装、散装或罐装货物,每换装一次,上述标准再增加0.3%。如果货物本身的自然特性未导致减量,承运人仅对超过0.2%的货物重量不足部分负责。③ 货物损坏时,承运人应支付相当于货物价格减低额的款额。货物价格减低额中的"减低额"指的是货物由于某种原因(如损坏、质量问题、市场变化等)导致其实际价值或销售价格相对于原始价值或预期价值有所降低的金额。这个"减低额"是货物价值减少的具体量化表现,反映了货物在受损或市场变动后的经济价值的减少程度。④ 货物运到逾期时,承运人应向收货人支付赔偿。逾期不超过总运到期限十分之一时,为运费的6%;逾期超过总运到期限十分之一,但不超过十分之三时,为运费的18%;逾期超过总运到期限十分之三时,为运费的30%。

(2) 托运人的基本责任。托运人的责任主要包括三个方面:① 发货人应对其在运单内所填报的声明事项的正确性负责。如果记载和声明事项有错误或遗漏,由此产生的后果均由发货人负责。② 发货人必须递交货物在运送途中为履行海关或其他规定所需要的添附文件。铁路方没有义务检查发货人在运单上所附的文件是否正确和齐全。③ 交付运费。发送国铁路的运费,由发货人向发送站支付;终到国铁路的运费,由收货人向收货站支付;过境铁路的运费,由发货人向发送站支付或由收货人向收货站支付。如果有几个过境国,而发货人未支付运费,则收货人应按《国际货协》统一过境运价规程的规定,向收货站支付全程运输费用。如果货物到达目的地后收货人拒绝收货,则发货人应向发送站支付一切运费与罚金。

(三) 索赔与诉讼

《国际货协》规定,发货人和收货人有权根据运输合同提出赔偿请求,赔偿请求可以以书面方式由发货人向发送站提出,或由收货人向收货站提出,并附上相关的证明文件。这些证明文件通常用于支持赔偿请求,并说明货物损失、损坏或未按时到达的具体情况。

根据规定,赔偿请求应在一定的时间限制内提出,这个时间限制通常是货物到达后的一段时间内。因此,发货人或收货人应尽快采取行动,以确保其权益得到保障。

1. 索赔

(1) 运单项下货物全部灭失时,首先由发货人提出索赔要求,发货人应尽快与承运人或相关责任方取得联系,通知其货物已经灭失的情况,并明确表示提出索赔的意愿。同时,发货人需要收集并整理与索赔相关的证据和文件。

其次,发货人应准备详细的索赔申请书,明确陈述货物灭失的情况、原因、索赔金额等。索赔申请书应详细列出货物的数量、规格、价值等信息,并提供相关证明文件,如运单、发票、装箱单等。这些文件将作为索赔请求的重要依据。

(2) 货物部分灭失、毁损或腐坏时,由发货人或收货人提出索赔请求,同时须提供运单及铁路在收货站交给收货人的商务记录。

(3) 逾期交货时,由收货人提出索赔请求,同时须提供运单。

(4) 多收运送费用时,由发货人按其已交付的款额提出索赔请求,同时必须提供运单副本或发送站国内规章的其他文件;或由收货人按其所交付的运费提出索赔请求,同时须提供运单。

2. 诉讼

铁路方自有关当事人向其提出索赔请求之日起,必须在收到赔款请求书的180天内进行审查,并予以答复。发货人或收货人在请求得不到答复或满足时,有权向受理赔偿请求的铁路方所属国家的法院提起诉讼。适用法院地的诉讼程序规定。

当事人依运输合同向铁路方提出的赔偿请求和诉讼,以及铁路方对发货人、收货人有关支付运费、罚款和赔偿损失的要求和诉讼,应在 9 个月内提出;有关货物逾期的赔偿请求和诉讼,应在 2 个月内提出。其具体诉讼时效起算日如下:① 关于货物毁损或部分灭失以及运到逾期的赔偿,自货物交付之日起算。② 关于货物全部灭失的赔偿,自货物运到期限届满后 30 天起算。③ 关于补充运费、杂费、罚款的要求,或关于退还此项款额的赔偿请求,或纠正错算运费的要求,应自付款之日起算;如未付款,应自交货之日起算。④ 关于支付变卖货物的余款的要求,自变卖货物之日算起。⑤ 在其他所有情况下,自确定赔偿请求成立之日起算。时效期间已过的赔偿请求和要求,不得以诉讼方式提出。

二、国际航空货物运输规则

航空运输具有速度快、安全性高、破损率低、不受地面条件限制等优点,许多贵重物品、鲜货商品适于航空运输。国际航空运输方式主要有班机运输和包机运输两种。班机运输是指由客、货班机,定时、定点、定线进行运输,它适用于运量少的货物。包机运输是指包租整机运输货物,它适用于数量大、有急需或特殊要求的货物。采取哪种运输方式应根据货运需要而定。随着航空运输技术的发展,飞机的速度、运载能力及适航性能不断提高,航空运输已在国际货物运输中显示出越来越重要的地位。

(一)国际航空货物运输的国际公约

有关航空运输的国内立法比较简单,国际航空货物运输合同除受承运人本国法律调整外,在很大程度上受国际公约的制约。有些国家直接把国际公约引入国内法。目前,调整国际航空货物运输关系的国际公约主要有四个:《华沙公约》《海牙议定书》《瓜达拉哈拉公约》和《蒙特利尔附加议定书》

1.《华沙公约》

《统一国际航空运输某些规则的公约》,简称《华沙公约》(Warsaw Convention),1929 年在华沙签订,1933 年 2 月 13 日生效。我国 1958 年加入该公约。公约中详细规定了航空公司的责任,包括安全保障、旅客基本需求的满足以及提供额外服务以提升旅客舒适度等方面。此外,公约还规定了关于国际航空货物运输的具体规则,包括赔偿责任、运输条件等。《华沙公约》适用于运输合同中规定的启运地和目的地都属于该公约成员方的航空运输,也适用于启运地和目的地都在一个成员方境内,但飞机停留地在其他国家的航空运输。

2.《海牙议定书》

《修改 1929 年 10 月 12 日在华沙签订的统一国际航空运输某些规则的公约的议定书》,简称《海牙议定书》(Hague Protocol),订于 1955 年 9 月,1963 年 8 月 1 日生效。我国 1975 年加入该议定书。《海牙议定书》的适用范围比《华沙公约》更广泛,无论是否是连续运输,无论有无转运,适用于启运地和目的地在两个成员方的领域内,或者在一个成员方领域内而在另一个成员方或非成员方的领域内有一定的经停地点的任何运输。

3.《瓜达拉哈拉公约》

《统一非缔约承运人所办国际航空运输某些规则以补充华沙公约的公约》，简称《瓜达拉哈拉公约》(Guadalajara Convention)，订于1961年，1964年5月1日生效。我国未加入该公约。该公约主要是为补充《华沙公约》而订立，它把《华沙公约》中有关承运人的各项规定扩及非合同承运人，即根据与托运人订立航空运输合同的承运人的授权来办理全部或部分国际航空运输的实际承运人。

4. 蒙特利尔附加议定书

1975年国际民航组织在蒙特利尔召开会议，签订了四个蒙特利尔附加议定书。它们把原来《华沙公约》规定的主观归责原则改为客观归责原则，进一步简化了运输凭证，并将特别提款权规定为赔偿限额的计算方式。

上述国际公约都是相互独立的。《华沙公约》是最基本的公约，它奠定了国际航空运输的基本法律框架。随后制定的《海牙议定书》《瓜达拉哈拉公约》以及蒙特利尔附加议定书都是对《华沙公约》的补充或修改。

具体来说，《海牙议定书》简化了运输凭证，对《华沙公约》中的部分内容进行了修改和补充。《瓜达拉哈拉公约》则是为了统一非缔约承运人所办国际航空运输的某些规则，以补充《华沙公约》的不足。蒙特利尔附加议定书则是对《华沙公约》的进一步细化和完善，以适应航空运输业的发展和变化。这些议定书都在不同程度上对《华沙公约》进行了补充和修订，以适应航空运输业的发展和变化。但都没有改变《华沙公约》的基本原则。

（二）航空货物运输单据

航空货物运输单据是订立合同，接受货物，运输条件，货物的重量、尺码、包装和件数的初步证明。《海牙议定书》将其称为空运单(airway bill)。与提单不同，空运单不是物权凭证，一般不能转让。货到目的地后，收货人凭承运人的到货通知及有关证明提货，不要求收货人凭空运单提货。但《海牙议定书》规定，可以填发流通的航空货运单。

空运单一式三份：第一份经托运人签字后交承运人；第二份附在货物上，由托运人和承运人签字后交收货人；第三份由承运人在收货后签字交托运人。《海牙议定书》规定，承运人在货物装机以前签字。空运单的主要内容包括启运地和目的地，约定的停经地点，发货人和收货人的名称、地址，货物的性质，货物的数件和包装，货物的重量或数量及体积或尺码，声称该项运输受《华沙公约》所规定的责任制度的约束，等等。

如果承运人接运了没有填写空运单的货物，或托运单上没有包括上述具体内容，则承运人无权引用《华沙公约》中关于免除或限制承运人责任的规定，但不影响该合同的效力或《华沙公约》的适用。

（三）航空货物运输合同当事人的责任

1. 承运人的责任

（1）承运人的基本责任。按照《华沙公约》的规定，承运人对货物在空运期间发生的毁灭、遗失或损坏承担责任。承运人对货物在空运过程中因延迟而造成的损失承担责任。

（2）承运人的免责事项。按照《华沙公约》的规定，承运人在下列情况下免除或减轻责任:① 如果承运人能证明自己或其代理人为避免损失的发生,已经采取一切必要措施,或不可能采取这种措施;② 如果承运人能证明损失的发生是由于驾驶上、航空器的操作上的过失,承运人及其代理人已经采取一切必要的措施以避免损失(但《海牙议定书》删除了这一免责规定);③ 如果承运人能证明损失完全由自然原因引起,承运人可免责,除非这种损失能够确定是由于承运人的疏忽或有意过失造成的;④ 由于遵守法律、法规、法令或超出承运人的管辖以外的原因,造成任何直接或间接的损失,承运人可以免责;⑤ 如果承运人能证明损失是受损人的过失造成的,可视情况免除或减轻承运人的责任。

(3) 承运人的责任限制。承运人对货物的灭失、损坏或迟延交付承担的最高赔偿额为每千克250金法郎。如果托运人在交运货物时已声明货物的价值高于每千克250金法郎,并支付了附加费,则可不在此限制内。但是,承运人并不是在所有条件下都可以享有《华沙公约》规定的责任限制。《华沙公约》规定,如果损失的发生是由于承运人或其代理人的"有意不良行为"或过失,承运人无权引用《华沙公约》中关于免除或限制承运人责任的规定。

2. 托运人的基本责任

(1) 托运人应正确填写空运单上关于货物的各项说明和声明。如因这些说明和声明不合规定或不完备,使承运人或任何其他人遭受损失,托运人应负赔偿责任。

(2) 托运人应提供货物或与货物有关的必要资料。因这种资料或证件的不足或不合规定所造成的一切损失,都应由托运人对承运人负责。

(3) 支付规定的各项费用。

(4) 承担承运人因执行其指示所造成的损失。

(四) 索赔与诉讼

1. 索赔

《华沙公约》规定:当货物发生损坏时,发货人或收货人应立即向承运人提出异议,或最迟应在收到货物后7天内提出;如果是迟延交货,最迟应在货物交给收货人后14天提出。异议必须以书面形式提出。《海牙议定书》对异议的期限作了延长:如果是货物损坏,异议期限由收到货物后7天延长到14天;如果是迟延交付,异议期限由自由处置货物后14天延长到21天。如果货物毁灭或遗失,一般应自空运单填开之日起120天内提出异议。

2. 诉讼

发货人如果在规定时间内没有对货物的灭失、短少、损坏或延迟提出异议,就不能向承运人起诉。诉讼时效为2年,从航空器到达目的地之日起或应该到达之日起计算。发货人可以根据自己的意愿选择以下缔约方之一的法院提出诉讼请求:承运人住所地;承运人的总管理处所在地,签订合同的机构所在地;目的地。诉讼程序依法院地的法律规定。

三、国际货物多式联合运输规则

国际货物多式联运是在集装箱运输的基础上发展起来的,它以集装箱为媒介,将海上运输、铁路运输、公路运输、航空运输、内河运输等传统运输方式结合在一起,形成一体化的门到门运输,即将货物从卖方工厂或仓库直接运送到买方工厂或仓库。这种运输具有以下优点：提高装卸效率,扩大港口吞吐能力,加速船舶周转,降低经营成本;减少货损货差,提高货运质量;节省包装材料,减少运杂费用,便利运输,简化手续。国际货物多式联运为国际贸易提供了一种更安全、经济、便利、畅通的运输方式。

（一）国际货物多式联运国际公约及惯例

1.《联合国国际货物多式联运公约》

国际多式联运的发展产生了一系列新的法律问题,为此,许多国际组织和国际商会制定了一些草案、规则。在此基础上,联合国贸易与发展会议起草了《联合国国际货物多式联运公约》,于1980年获得通过,我国在该公约上签了字。该公约明确了国际多式联运的概念,规定了国际多式联运单据、联运经营人的赔偿责任、发货人的赔偿责任、索赔与诉讼等。由于具体实施该公约非常困难,该公约目前尚未生效。尽管如此,该公约已具有相当的影响力,有的国际多式联运合同当事人在订立合同时开始参照该公约的规定。

2.《多式联运单证规则》

全称是《1991年联合国贸易和发展会议国际商会多式联运单证规则》。联合国贸易与发展会议吸取了《联合国国际货物多式联运公约》的教训,于1991年与国际商会共同制定具有指导性的规则《多式联运单据规则》,于1992年公布实施。该规则没有普遍约束力,当事人可以自由选择。

（二）国际多式联运的概念

按照《联合国国际货物多式联运公约》的规定,国际货物多式联运是指按照多式联运合同,以至少两种不同的运输方式,由多式联运经营人将货物从一国境内接管货物的地点运到另一国境内指定交付货物的地点的运输方式。多式联运合同是指多式联运经营人凭以收取运费、负责完成或组织完成国际多式联运的合同。多式联运合同由多式联运经营人与发货人订立。多式联运经营人是指其本人或通过其代表订立多式联运合同的任何人,其本人就是合同当事人,负有履行整个多式联运合同的责任,并以"本人"的身份对联运全程负责。

（三）国际多式联运单据

根据《联合国国际货物多式联运公约》的规定,多式联运人在接管货物时应向发货人签发一项多式联运单据,以证明多式联运合同和联运人接收货物并负责按合同条款交付货物。依交货人的选择,既可签发可转让多式联运单据,也可签发不可转让多式联运单据。可转让多式联运单据应列明按指示或向持票人支付。不可转让多式联运单据应指明收货人。多式联运单据的作用与提单相似,既是接收货物的收据,也是运输合同的证明。可转让多式联运单据还具有物权凭证的作用,提货时需要提交此单据。

（四）多式联运当事人的主要责任

1. 多式联运经营人的主要责任

（1）责任期间。《联合国国际货物多式联运公约》规定,实行联运经营人的全程统一负责制,即自其接管货物之日起到交付货物时为止的整个期间承担责任。当收货人无理拒收货物时,则按照合同或交货地点适用的法律或特定行业惯例,将货物置于收货人支配之下,或交给依交货地点适用的法律或规章必须向其交付的当局或其他第三人。

(2) 责任基础。《联合国国际货物多式联运公约》规定,联运经营人的责任基础采用完全过失责任制。联运经营人对货物灭失、损坏和迟延交付所引起的损失应负赔偿责任。除非多式联运经营人能证明本人、受雇人或代理人等为避免事故的发生及其后果,已采取了一切合理要求的措施。

(3) 责任限制。《联合国国际货物多式联运公约》规定,多式联运经营人的赔偿责任限额有两种。一种是包括海运或内河运输的,每件或每个其他货运单位的责任限额为 920 特别提款权,或按货物毛重每千克 2.75 特别提款权,以高者为准。第二种是不包括海上运输或内河运输,则按货物毛重每千克 8.33 特别提款权。因迟延货所负的赔偿责任限额为迟延交付运费的 2.5 倍,但不得超过多式联运合同规定的应付运费的总额。在确知发生货损的区段时,如该区段适用的公约或国家法律规定的赔偿责任限额高于本公约规定,则适用该公约或国家法律的规定。

《多式联运单据规则》规定,多式联运经营人的责任限额为每件或每个其他货运单位 666.67 特别提款权,或按货物毛重每千克 2 特别提款权,以高者为准,单据中声明价值除外。该限额可能因强制性的国际公约或国际法实施的不同限额而改变。

2. 发货人的主要责任

(1) 过失责任。如果多式联运经营人遭受的损失是由于发货人或者其受雇人或代理人在受雇范围内行事时的过失造成的,发货人应对这种损失负赔偿责任。

(2) 运送危险品责任。如果是危险货物,发货人将其交付给多式联运经营人或其代理人时,应告知货物的危险特性,必要时告知应采取的预防措施。如果发货人未告知而联运人又无从得知货物的危险特性,则发货人对由于运载危险品而遭受的一切损失负赔偿责任。

(五) 索赔与诉讼

1. 索赔

无论是收货人还是联运人提出索赔,都应在规定的时间内就遭受的损失向对方发出书面通知。收货人应在收货后下一个工作日内发出;货物灭失或损坏不明显的,应在收货后 6 日内发出;对于迟延交货的索赔,应在交货后 60 天内提出;对于发货人或者其受雇人或代理人的过失或疏忽给联运人造成损失的索赔,联运人应在损失事故发生后 90 天内向发货人发出书面通知。

2. 诉讼

国际多式联运的诉讼时效为 2 年,自联运人交付货物或应交付货物之日的下一日算起。但自货物交付之日或应交付之日起 6 个月内未提出书面索赔通知的,在此期限届满后诉讼时效即告结束。

《联合国国际货物多式联运公约》规定,国际多式联运的诉讼可以在下列有管辖权的法院进行:被告主营业地法院;多式联运合同订立地法院;接收或交付货物地法院;多式联运合同或单据载明地法院。纠纷发生后,当事人还可约定其他地点法院。

案例讨论：A公司与B公司国内沿海集装箱货物运输合同纠纷案

一、基本案情

2019年11月18日，A公司与B公司签订国内沿海集装箱货物承运协议，约定：A公司负责将B公司的货物由B公司工厂运输至福建C公司和福建D公司的车间，运输方式为门到门。协议第2条约定，B公司应提前20日通知A公司安排船舶抵达发运港装货。第3条约定，A公司按照B公司需求量按时送货。第6条约定，在B公司客户过磅签署过磅单后物权转移给B公司客户。第10条约定："由于不可抗力事故，致使直接影响合同的履行或者不能按约定的条件履行时，遇有不可抗力事故一方，应立即将事故情况以书面形式通知对方，并应在十天内提供事故详情及合同不能履行或者部分不能履行或者需要延期履行的理由的有效证明文件。此证明文件应由事故发生地区的有权机构出具。按照事故对履行合同影响程度，由双方协调是否解除合同或者部分免除履行合同的责任，或者延期履行合同。"第11条约定："运输风险及港口交付费用由A公司承担。集装箱货物到达青拓码头堆场后重箱用箱期为60天，如超出用箱期B公司应按每天100元/箱的滞箱费标准支付A公司。"第14条约定："本协议自双方授权的代表签字和盖章之日起生效，自2019年11月18日至2020年12月31日，合同期限为1年。"

2019年12月24日，前述协议下第一批次货物（202个20英尺集装箱货物）运抵目的港福建宁德港，海运航次为吉祥通18/1 734。A公司委托E公司负责将前述货物自宁德港运输至收货人福建C公司指定的收货地点。2020年2月19日开始，至2020年4月8日，前129个集装箱完成收货拆箱。至2020年7月12日，全部202个集装箱收货拆箱完毕，73个集装箱在到达目的港后超过60日未还箱，共计产生滞箱费85.57万元。

2019年12月21日—2020年3月3日，前述协议下第二批次货物（199个20英尺集装箱货物）自B公司工厂运抵发货港日照港，集港待运。B公司工厂至日照港内陆区段的运输，系A公司委托F公司完成的，共计产生运费318 400元。前述199个集装箱货物截至一审判决作出日仍存放于日照港。

2020年6月9日，A公司向B公司发函，要求B公司在接到函件后2个工作日内支付前述两批货物发生的运费、滞箱费等费用。6月10日，B公司回函称，不应承担前述费用，并告知日照港199个集装箱货物暂停发往福建C公司，具体出运时间另行通知；同时函告，宁德港货物滞港系受新冠肺炎疫情影响，客户石灰块使用量骤减导致的。6月15日，因未收到B公司的付款，A公司向B公司发函称，对仍滞留于两港的货物行使留置权。6月28日，B公司函告A公司，将日照港的199箱货物尽快发往福建C公司。6月29日，A公司回函表示，在未付清相关费用的情况下，拒绝出运。

另查明，2020年1月，案涉货物价格为每吨624.78元，平均每集装箱装载约27.15吨货物，每集装箱货物价值约为17 000元。一个新的20英尺集装箱在2021年3月的价格区间为 25 590～29 500 元。人民网 2020 年 5 月 12 日消息载明：2020 年 1 月 24 日，福建省启动重大突发公共卫生事件一级响应；2020 年 2 月 26 日，福建省中风险地区调整为二级响应，福建省低风险地区调整为三级响应。《福建日报》2020 年 2 月 18 日消息载明：福建省于 2020 年 2 月 13 日印发了《福建省分区分级差异化疫情防控和有序复工复产工作导则》，按照科学防治、精准施策原则，以县域为单元，分区分级制定差异化防控策略，将全省各县（市、区）划分为低风险、中风险、高风险地区，采取针对性策略和措施。低风险地区，实施"外防输入"策略，全面恢复正常生产生活秩序；中风险地区，按照"外防输入、内防扩散"策略，落实阻断传播、追踪管理、严防扩散、阻断输出等防控措施，尽快有序恢复正常生产生活秩序；高风险地区，实施"外防输入、内防扩散、严格管控"策略，根据疫情态势逐步恢复生产生活秩序。《福建日报》2020 年 3 月 13 日刊登的消息及福建省卫生健康委员会官方网站 2020 年 3 月 13 日发布的"福建省新型冠状病毒肺炎疫情分区分布情况"消息均载明：福建全域均降为低风险地区。

A 公司于 2020 年 11 月 12 日向大连海事法院起诉，请求：① 解除双方于 2019 年 11 月 18 日签订的国内沿海集装箱货物承运协议；② 判令 B 公司支付吉祥通 18/1734 航次目的港滞箱费 85.57 万元；③ 判令 B 公司支付工厂至日照港拖车费 31.84 万元；④ 判令 B 公司支付日照港滞箱费 304.81 万元（暂计至 2020 年 8 月 18 日），自 2020 年 8 月 19 日起按每日 19 900 元支付至返还全部集装箱为止；⑤ 判令 B 公司以 42 222 万元为基数，从起诉之日起按照全国银行间同业拆借中心公布的贷款市场报价利率，计算至全部款项付清之日止利息。

二、案件裁决

法院判决：解除原告 A 公司与被告 B 公司于 2019 年 11 月 18 日签订的国内沿海集装箱货物承运协议；被告 B 公司于本判决生效之日起十日内向原告 A 公司支付滞箱费共计人民币 85.57 万元（关于日照港的滞箱费，具体金额根据实际天数和合同约定另行计算）；被告 B 公司于本判决生效之日起十日内向原告 A 公司支付拖车费人民币 31.84 万元；被告 B 公司以实际欠付的运费、滞箱费等费用为基数，从起诉之日起按照全国银行间同业拆借中心公布的贷款市场报价利率计算利息至全部款项付清之日止；驳回原告 A 公司的其他诉讼请求。如果被告 B 公司未按本判决指定的期间履行给付金钱义务，应当依照我国《民事诉讼法》的相关规定，加倍支付迟延履行期间的债务利息。案件受理费由原告 A 公司、被告 B 公司按照各自败诉部分比例负担（具体金额根据实际情况计算）。

三、思考题

1. A 公司是否有权对滞留于两港的货物行使留置权？
2. B 公司是否应当支付滞箱费和拖车费？
3. 如果合同解除，双方应如何承担违约责任？

四、资料来源

根据大连海事法院微信公众号 https://mp.weixin.qq.com/s/vguTLDIOK01Otp-sxAcmiA 案例编写。

学习重点与难点

- 国际物流争议的概念及特点
- 各类国际物流争议与解决
- 国际物流争议解决的意义

练习与思考

（一）名词解释

国际物流争议　国际海上货物运输　国际货物多式联运

（二）填空题

1. 《海牙规则》规定：托运人对货物灭失或损坏的诉讼时效为____年，从货物交付之日或应交付之日起。《汉堡规则》规定：有关运输合同的诉讼时效为____年，自承运人交付全部货物或部分货物之日算起，如果未交货物，则自货物应该交付的最后一日算起。

2. 目前有关国际铁路运输的国际协定主要有两个：_____、_____。

（三）单选题

1. 有关提单运输的国际公约不包括（　　）

　　A.《海牙规则》　　　　　　　　　B.《维斯比规则》
　　C.《汉堡规则》　　　　　　　　　D.《国际货协》

2. 《华沙公约》规定：当货物发生损坏时，发货人或收货人应立即向承运人提出异议，或最迟应在收到货物后____天内提出；如果是迟延交货，最迟应在货物交给收货人后____天提出。（　　）

　　A. 7、14　　　　B. 14、7　　　　C. 7、7　　　　D. 14、14

（四）多选题

1. 国际货物多式联运国际公约及惯例包括（　　）

　　A.《联合国国际货物多式联运公约》　B.《多式联运单据规则》
　　C.《维斯比规则》　　　　　　　　　D.《华沙公约》

2. 国际海上货物运输承运人的基本义务包括（　　）

　　A. 办理必要的手续　　　　　　　　B. 使船舶适航
　　C. 管货　　　　　　　　　　　　　D. 不得绕航

（五）简答题

1. 请简述国际物流争议的特点。
2. 请简述解决国际物流争议的方式。
3. 请简述预防国际物流争议的措施。

（六）讨论题

中国可以采取哪些路径实现在海运公约领域的话语权？

实践活动：案例分析与讨论

一、基本案情

原告（反诉被告、上诉人）：上海 S 公司

被告（反诉原告、被上诉人）：宁波 X 公司

1998 年 3 月 10 日，被告宁波 X 公司（以下简称"X 公司"）与德国中间商 NBL 公司签订约定价格条款 CIF 巴西，付款方式电汇，贸易金额 15 800 美元，出运日期 1998 年 6 月 30 日前。同年 6 月 1 日，因最终用户急需货物，NBL 公司与被告双方将出运日期提前至 6 月 25 日前，价格条款改为 CIF 巴西圣保罗海空联运，运费总价 10 750 美元由被告垫付，待货收到后 NBL 公司再将运费返还被告。

根据涉案货物销售合同，同年 6 月中下旬，被告电话委托原告上海 S 公司（以下简称"S 货运"）宁波办事处以海空联运方式出运涉案货物。货物重量 2 477 千克，海空联运运费为 10 750 美元。原告接受委托后，签发了空运单。该空运单载明，一程海运由"新东轮"029 航次承运，二程空运航班为 KE061，航班日期为 7 月 2 日，托运人为被告，收货人为涉案贸易另一巴西中间商 KETER，运费预付，费率按约定。原告将缮制完毕的涉案空运单正面条款传真给被告，背面条款未向被告传真。空运单正面无原告声明代理的印章，被告收到传真件后未提出异议。随后，原告以自己名义将货物委托中菲行空运（香港）有限公司（以下简称"中菲行公司"）进行多式联运。中菲行公司向原告签发编号为 SHA103932 的空运单，载明托运人为原告，收货为原告在巴西的代理人，运费预付，按约定费率，货物重量 2 477 千克。中菲行公司遂又将货物委托新东轮船公司完成由上海至釜山的一程海运。该海运提单载明，托运人为中菲行公司上海办事处，收货人为大韩航空公司，运费预付，货物重量 2 473 千克。二程空运由大韩航空公司负责承运。该公司空运单载明，托运人为中菲行公司上海办事处，收货人为原告在巴西的代理人，运费根据安排，货物重量 2 477 千克。涉案货物于同年 7 月 8 日完成多式联运，抵达巴西圣保罗机场。但由于货物数量更改未加盖更正章、运费未显示具体金额、货物包装箱上标签号与空运单号码不同，致使货物在巴西海关清关时受阻，收货人也因此直至同年 9 月 23 日才提到货物。为此，收货人在 8 月下旬即发函给原告在巴西的代理人提出异议，要求赔偿。9 月 18 日，涉案贸易合同买家 NBL 公司发传真致被告及案外人波太铜制品有限公司，称整个运输时间比普通海运时间还长，采用海空联运已毫无意义，因而表示拒付涉案运费 10 750 美元，并要求两家公司赔偿其损失 3.5 万美元。

1998 年 7 月上旬，涉案货物出运后，原告宁波办事处曾向被告提示过付款，被告以货物迟延交付为由拒付。原告为此扣押了涉案货物的核销单、报关单退税联，造成本案出口货物虽结汇成功但仍无法办理退税手续，产生退税损失人民币 10 655.31 元。

案情梳理如图 4-1 所示。

二、案件裁决

一审法院经审理认为：本案系国际多式联运合同纠纷。原告接受被告委托，向被告发出含有海空多式联运内容的空运单传真件，双方对空运单记载内容均未表示异议。原告涉讼后提供了盖有承运人代理印章的空运单，主张其为被告货运代理人，与事实不符，法院不予认可。庭审查明的事实显示，被告当时收到原告空运单传真件上无声明其为承运人代理

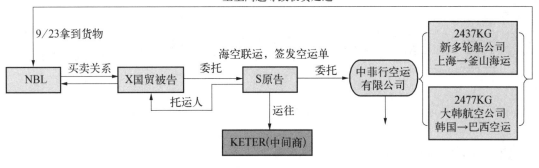

图 4-1　案情梳理

人的印章。原告提示被告付款项目为海空联运费而非代理费和代垫运费。原告以自己的名义委托中菲行公司实际承运,因而应认定原、被告双方建立的是国际多式联运合同关系,而非货运代理关系。原告与中菲行公司以及中菲行公司与新东轮船公司、大韩航空公司建立的实际承托法律关系,与被告无涉。依照法律规定,原告作为多式联运合同经营人,对多式联运的货物应当承担自接受货物时起至交付货物时止的全部责任。涉案货物于 1998 年 7 月 8 日抵达目的地巴西圣保罗。由于原告的过错,货物数量更改未加盖更正章、运费未写明金额、货物包装箱上标签号与空运单号码不同,造成货物清关受阻,收货人直至 9 月 23 日才提到货物。与被告订有贸易合同的 NBL 公司据此拒绝按约定返还运费。对此,原告应当承担过错责任。按照国际多式联运合同约定,被告应当向原告支付海空联运费。但因原告在合同履行过程中的过错,将会造成被告向原告支付后无法从 NBL 公司收回相应费用的后果。被告所提出的有关运费的请求,其性质应为通过反诉抵销其向原告支付海空联运费的义务。被告的请求依法有据,应予确认。原告扣押被告退税单证缺乏法律依据,对因此而造成的被告退税损失,应承担法律责任。综上,法院依照《中华人民共和国海商法》第 103 条、第 104 条,《中华人民共和国民法通则》第 112 条第 1 款的规定,判决被告宁波 X 公司向原告上海 S 国际货运有限公司支付的海空联运费人民币 88 463.42 元与原告上海 S 公司应当赔偿被告宁波 X 公司的损失人民币 88 463.42 元相互抵销;原告上海 S 公司赔偿被告宁波 X 公司的退税损失人民币 10 652.11 元。原告不服一审判决,提起上诉。双方当事人在二审法院主持下达成调解协议,被上诉人宁波 X 公司自愿支付上诉人上海 S 公司人民币 24 870 元。本案最终调解结案。

三、思考题

1. 在上述案情中,原告和被告之间的争议主要集中在货物运输过程中的责任和损失分配上。如果你是法官,你会如何评判该案件中双方的责任和赔偿问题?

2. 多式联运经营人和国际货运代理人的区别与联系是什么?

第五章 国际投资争议解决理论与实务

■ 知识目标 ■

1. 国际投资争议的概念
2. 解决国际投资争议的方法
3. 中国应对国际投资争议的原则

■ 能力目标 ■

1. 分析在不同案例下，应选择何种国际投资争议的解决方法
2. 掌握国际投资争议的仲裁流程
3. 结合学习的知识点进行案例分析讨论

■ 思政目标 ■

1. 国际投资争议解决本质就是法治经济，引导学生要遵纪守法
2. 国际投资争议中的东道国的国家主权、义务和责任和投资者的权利、义务和责任
3. 促进学生了解中国重要的"一带一路"倡议，增进爱国精神

■ 基本概念 ■

国际投资争议　东道国当地救济　外交保护　ICSID 机制

第一节 国际投资争议

一、国际投资的含义

国际投资又称对外投资或海外投资，是指各类投资主体，包括跨国公司、跨国金融机构、官方与半官方机构和居民个人等，以营利为目的，将其拥有的货币资本或产业资本，经跨越国界和地区流动与配置形成实物资产、无形资产或金融资产，并通过跨国运营实现价值增值的经济行为。国际投资是国际资金流动的一种基本形式，也是国际经济合作的重要组成

部分。

国际投资是与国内投资相对而言的,是国际资本流动的一种重要形式。在国际投资关系中,允许、吸收外国资本在本国进行投资和接受外国资本贷款的国家称为资本输入国或东道国;向别国投资的国家称为资本输出国、对外投资国或投资者母国。

国际投资有广义和狭义之分。一种观点认为,广义的国际投资包括国际直接投资、国际证券投资、国际借贷和部分国际援助,而狭义的国际投资仅指国际直接投资。另一种观点认为,广义的国际投资包括国际直接投资、国际间接投资和国际灵活投资,而狭义的国际投资包括国际直接投资和国际证券投资。本章重点关注国际直接投资。

国际直接投资

国际直接投资又称对外直接投资,指的是一国国际直接投资的流出,即投资者直接在外国创办并经营企业而进行的投资。一般表现为投资者输出资本,直接在国外开办工厂、设立分店,或收购当地原有企业,或与当地政府、团体、私人企业合作,从而取得各种直接经营企业的权利。国际直接投资有利于被投资国解决资金困难、引进先进技术、扩展出口贸易、增加就业机会,因而被广为接受。

国际投资的内涵主要包括以下三个方面。

首先,参与国际投资活动的资本形式是多样化的。既有以实物资本形式表现的资本,如机器设备、商品等,也有以无形资产形式表现的资本,如商标、专利、管理技术、情报信息、生产诀窍等,还有以金融资产形式表现的资本,如债券、股票、衍生证券等。

其次,参与国际投资活动的主体是多元化的。投资主体是指独立行使国际投资活动决策权力并承担相应责任的法人或自然人,包括官方和非官方机构、跨国公司、跨国金融机构及居民个人投资者,而跨国公司和跨国银行是其中的主体。

最后,国际投资的根本目的是实现价值增值。投资的目的是获得预期回报,国际投资预期回报的内涵可理解为多重价值目标,它既可能是一般意义上的经济价值,也可能是政治价值、社会价值、公益价值等。但不管国际投资直接目标多么复杂,其最终的根本目的都将是实现价值增值。

总之,国际投资是投资者为获得一定经济效益而将其资本投向国外的一种跨国经济活动,是由国家间经济发展的不平衡引起的,是国家之间资金流动的一种重要形式,其根本目的是实现资产增值。它可能是一种债权债务关系,也可能是一种所有权关系。但国际投资有时并不完全等同于资本输出,后者是指以获取高额利润为目的的对外资本投放,具有目的单一性的特征,而前者并非全都是以获取高额利润为目的的对外资本投放,因而具有目的多元化的特征。

二、国际投资的特征

国际投资除了具备流向生产成本低、人员素质高、政治较稳定的国家或地区的普通特征外,还具有其自身最基本、最显著的特征,即跨国性。跨国性作为国际投资的显著特征,也是与国内投资相对而言的。由于在投资主体、投资对象、投资环境等诸多方面与国内投资不同,国际投资在实际运作中目标更加多元化了,关系更加复杂化了,风险也更大了。

(一)国际投资目的的多样性

国内投资主要目的在于促进本国国民经济的发展,而国际投资的目的则比较复杂。在实现资本保值、增值的总体目标前提下,一些国际投资着眼于建立和改善双边或多边经济关系,有的则带有明显的经济、外交、政治目的,如维护和扩大垄断优势、获得国外自然资源、利用东道国廉价劳动力和转移污染等。

(二)国际投资主体的多元性

在国际投资领域,西方发达国家处于垄断地位而发展中国家处于东道国地位的局面已被打破。当今世界,不仅有发达国家,也有发展中国家以及国际金融机构进行国际投资。当然,一个国家国际投资的规模取决于其经济实力。西方国家至今仍在国际投资领域占主导地位,发展中国家的国际投资额仍然较小,但国际投资主体单一的局面已被打破。另外,第二次世界大战后成立的各种国际金融机构(如世界银行)和地区性金融机构(如亚洲开发银行)也是国际投资的主体之一。

(三)国际投资资金来源的多渠道性

国际投资资金来源越来越广泛,形式也变得多种多样。资金来源不仅包括公司企业的自有资金、折旧基金、国外利润、库存现金,而且包括国家政府、公司企业、银行吸收东道国的政府、公司企业、私人的投资和信贷资金,以及向当地市场和国家金融市场筹集的资金。

(四)国际投资方式的多样性

目前,各国通行的国际投资方式包括国际投资和引进外资两大部分,既可以划分为三种类型(国际直接投资、国际间接投资和国际灵活投资),也可以划分为六种小类型(国际直接投资、国际债券、国际信贷、国际经济技术合作、国际技术转让和其他)。

(五)国际投资流动的多向性

资本流动具有多向性,既包括发达国家向发展中国家的流动,也包括发展中国家向发达国家的流动,还包括发展水平相近的国家间的流动。当然,一些发达国家仍然占据着国际直接投资的垄断地位,发达国家之间的相互投资是目前国际投资的主流,约占三分之二。在发达国家之间的国际直接投资格局中,美国的霸主地位逐渐丧失,欧盟、日本地位不断上升,形成了美、欧、日三足鼎立的格局。

(六)国际投资范围的广泛性

随着投资重点的转移,发达国家的国际投资中,服务业、银行和金融业所占比例逐步上升。各国国际投资的部门结构都呈现出同样的发展趋势,现实表明国际投资部门分布日益广泛,国际分工与生产国际化进一步深化和发展。

（七）国际投资领域的不完全竞争性

各主权国家受政治、经济、自然、文化、社会等多因素的影响,将世界分割成多个市场。尽管国际投资是因双方利益的一致性而产生的,但无法排除双方利益的矛盾或冲突。因此,主权国家作为社会权利的代表,必须对国际投资进行适度的干预与协调,以维护自身的利益。从这个角度来看,国际投资领域具有不完全竞争性。

（八）国际投资运行的复杂性

国际投资的运行与国内投资相比要曲折复杂许多,主要表现在两个方面。一方面,前期准备工作繁杂,耗时较长。投资者在进行国际投资之前,面临的是全新的投资环境,需要进行全面细致的调查研究。与东道国合作伙伴的商业谈判、对东道国投资政策的研究和投资项目报批等都需要花费较长的时间。另一方面,生产要素的流动受到诸多限制。国际投资具体表现为生产要素的跨国流动,而这种生产要素在国家间的流动往往受到诸多自然的或人为的限制。

（九）国际投资的风险性

由于各国在政治、经济、自然、文化、社会等多方面投资环境迥异,国际投资将遭遇政策风险、政治风险、经济风险、技术风险、汇率风险等诸多风险。比如,各国的政治经济制度有别;各国经济发展水平不同,有发达国家、中等收入发展中国家、低收入发展中国家之分;各国的法律及社会文化等方面的差异更为明显。因此,除了考虑安全性、收益性和变现性以外,国际投资者还必须考虑以上提到的诸多风险。

三、国际投资争议的含义和特点

（一）国际投资争议的含义

国际投资争议是指外国私人直接投资关系中的争议,即外国私人投资者（个人或公司）与东道国政府（或其机构）、企业或个人因外国私人直接投资问题而发生的争议。

（二）国际投资争议的特点

1. 国际投资争议的主体法律地位特殊

国际投资争议双方主体在某些情况下法律地位是不平等的,如一方主体是主权国家（东道国）而另一方主体是私人投资者（企业或个人）的情况。处理这种具有不同法律地位的主体之间的争议,会遇到许多独特而复杂的问题,如应采用何种方法、适用何种法律,外国私人投资者在国际法庭有无诉权,以及如何执行国际法庭裁判国家败诉的决定等。

2. 国际投资争议涉及的问题广泛而特殊

国际投资争议既涉及投资者位于东道国境内的财产权、对企业的控制权、汇出外汇权等

既得权利,又涉及东道国对本国境内的外国投资的管理权和征收权,有时还涉及对自然资源的控制权等主权权利和国民经济利益,同时也可能涉及东道国保护外国投资者的国际义务。可见,国际投资争议涉及的问题既有契约性问题,也有非契约性问题,既有国内法问题,也有国际法问题,而且通常关系到双方的重大或根本利益。

3. 国际投资争议引起的后果特殊

国际投资争议虽然发生在东道国国家与外国私人投资者之间,但却常常把外国投资者所属国卷入进来。历史上,资本输出国经常借口行使外交保护权而介入国际投资争议,对东道国或进行外交干预,或提出国际请求,或利用本国国内法制度实行单方面经济制裁,甚至动用武力,经常导致投资者与东道国之间的投资争议上升为国家与国家之间的争议,引起国家间的矛盾与冲突,使投资争议政治化、复杂化。

四、国际投资争议的分类

从主体上看,投资争议可以分为(东道国)国内和国外私人投资者之间的争议和外国投资者与东道国政府之间的争议。私人投资者之间的争议是指外国投资者与东道国企业在举办合营企业或进行合作开发自然资源方面发生的争议,其特点是:双方的法律地位平等,都是国内法上的主体;争议所涉及的一般都是投资契约问题。外国投资者与东道国政府之间争议的特点是:双方的法律地位不平等,一方是私人主体,另一方是主权国家;争议涉及的可能是投资契约问题,也可能是非契约问题。

从争议起因上看,投资争议可以分为基于契约所引起的争议和非直接基于契约所引起的争议。

(一)基于契约所引起的争议

外国私人投资者通过与东道国国内私人或东道国政府机构订立契约,在东道国进行投资,并确定双方的权利义务。在履行契约的过程中,双方可能会因对契约的解释、履行,或因东道国单方面修改、废除契约而发生争议。它可以是国内外私人投资者之间的争议,也可以是外国投资者与东道国政府之间的争议,即所谓的国家契约或特许协议争议。

(二)非直接基于契约所引起的争议

在东道国政府或其机构同外国投资者之间不存在投资契约关系的情况下,或在投资契约关系之外,双方也可能因其他原因发生争议。

(1)国有化引起的争议。东道国对外国投资者实行国有化或征收时,可能因国有化的合法性或补偿的数额问题引起争议。

(2)东道国管理行为引起的争议。东道国在管理外国投资和投资者的过程中,可能会因某些措施影响投资者利益而发生争议,如实行外汇管制、增加税收、干预外国投资者的经营活动等。

(3)东道国国内的政治动乱引起的争议。东道国发生战争、内乱等事件导致投资者损失时,关于东道国补偿投资者损失的问题,有可能在双方之间发生争议。这类争议涉及的主要是东道国法律和有关国际条约中的权利义务问题。

第二节　国际投资争议的解决

国际投资与国内投资相比,其在争议主体、涉及问题和产生后果方面都具有特殊性,如果解决得不好常常上升为国家间的争议,正确处理投资争议是维护国际投资环境、鼓励国际投资的保证,而熟悉和掌握国际投资争议解决机制是正确处理国际投资争议的前提。国际投资争议的解决办法除了本书第一章介绍的协商、调解、仲裁、诉讼外,还有东道国当地救济、外交保护两种补充解决办法。

一、东道国当地救济

(一) 东道国当地救济的含义

东道国当地救济是指在东道国的司法机构或行政机构中依照东道国的程序法和实体法解决投资争议,简称当地救济(local remedy)。东道国当地救济具体包括司法救济和行政救济。

(二) 东道国当地救济的适用范围

东道国当地救济既适用于东道国政府与外国私人投资者之间的争议解决,也适用于东道国企业与外国投资者之间的争议解决。但是在国际法上,东道国当地救济专指适用于解决东道国与外国投资者之间争议的一种救济方式。就中国而言,司法救济包括两种情况:一是法院的涉外民事诉讼程序,主要解决中国企业同外国投资者之间的投资争议;二是法院的行政诉讼程序,可以解决外国投资者同中国政府及其主管部门之间的争议。中国的行政救济主要是行政复议,可适用于外国投资者对中国政府以及主管部门的行政决定不服而引起的争议。

(三) 东道国当地救济优先适用的基本原则

东道国对在本国境内发生的投资争议享有当然的优先管辖权,有权要求争议当事人通过当地救济寻求解决,即东道国当地救济优先适用是一项基本原则。除非东道国法律另有规定或其政府明确表示同意,外国投资者不可以将其同东道国政府之间的争议直接提交到国际层面解决,如外交保护、外国法院诉讼、国际仲裁等。

(四) 东道国当地救济的国际法依据

东道国对在本国境内发生的投资争议享有当然的优先管辖权,在国际法上主要有以下原则作为依据。

1. 国家属地管辖权原则

属地管辖权原则是国家主权原则的一个重要内容,也是东道国对国际投资争议享有优先管辖权最基本的法律依据,其他一些依据均由此派生出来。国际投资的一个显著特点就是外国资本、技术或劳务流入东道国,此时,投资者的各种活动都在东道国境内。根据属地管辖权原则,外国投资者必须首先服从东道国的管辖,该管辖包括立法管辖、行政管辖和司法管辖。因此,外国投资者与东道国政府或私人主体发生的争议应当首先接受东道国的管辖,依照东道国的法律处理。

2. 自然资源永久主权原则

自然资源永久主权原则简称永久主权原则,是现代国际法为东道国对国际投资争议行使管辖权提供的一个法律依据。该原则主要体现在《各国经济权利和义务宪章》等联合国大会通过的一系列决议中。根据这些决议,每个国家对其全部财富、自然资源和经济活动享有充分的永久主权,包括拥有权、使用权和处置权在内,并得自由行使此项主权,以及由这一基本权利派生的国家管理外国投资的权利和监管跨国公司的权利、对外国人财产实行国有化的权利和按照本国法律在本国法院处理投资争议的权利。

3. 用尽当地救济原则

用尽当地救济(exhaustion of local remedies)原则是国际法上一项古老且重要的原则。根据国际法原则,一个国家不能代表在外国的本国国民,向外国提出权利请求,除非本国国民已经依据外国国内法的规定,用尽可以利用的当地救济手段,这被统称为用尽国内救济原则或用尽当地救济原则。这一原则的主要理由是尊重国家双方公共利益和友好关系,避免国际冲突。

用尽当地救济原则是指当外国人与东道国政府、企业、个人发生争议时,应将争议提交东道国的行政或司法机关按照东道国的程序法和实体法予以解决。在未用尽东道国法律规定的所有救济手段之前,不得寻求国际程序解决,该外国人的本国政府也不能行使外交保护权,追究东道国的法律责任。

永久主权原则与用尽当地救济原则和卡尔沃主义(Calvo Doctrine)在强调东道国属地管辖权优先方面是一致的,但也有不同之处。与用尽当地救济原则相比,永久主权原则所确认的当地救济主旨在于强调和维护国家对自然资源永久主权的充分自由的行使;用尽当地救济原则只是对国家责任和外交保护的一种限制,运用这一原则实际上就是承认外国投资者本国有行使外交保护的权利。与卡尔沃主义相比,永久主权原则基本上体现了卡尔沃主义的精神,但卡尔沃主义完全排除国际仲裁或其他超国家的争议解决程序,而永久主权原则承认东道国有权根据"自由选择方法原则"利用国际仲裁等国际争议解决程序解决投资争议。

二、外交保护

(一) 外交保护的含义与特点

外交保护(diplomatic protection)是指本国国民在国外遭受损害,依据该外国的国内法程序得不到救济时,国民的本国可以通过外交手段向该外国要求适当救济。外交保护是解决外国私人投资者与东道国之间投资争议的传统方法之一。

当外国投资者未能通过当地救济解决争议，又无其他方法可利用时，投资者就可能寻求本国的帮助，希望本国政府接受其对东道国的请求，并通过外交途径解决。外交保护方法的主要特点是，将投资者与东道国之间的争议上升为国家（即投资者本国与东道国）之间的争议，在国际法层面上加以解决。由于这种方法更多取决于投资者本国对外政策的考虑，而不是法律因素，故又被称为政治解决方法。

但是，外交保护制度本身不尽合理，发达国家常出于政治目的而滥用外交保护权。现今，通过外交保护解决投资争议的方法已经不合时宜。特别是随着现代国际法的发展，个人和公司有越来越多的机会直接利用国际程序如国际仲裁等解决国际求偿争议，外交保护作为解决争议的手段被利用得越来越少。但是，外交保护这一制度尚未被彻底废除，现实的做法是：一方面，要采用其他合理有效的法律解决方法取而代之；另一方面，要借助外交保护的规则对外交保护的行使加以严格限制。

（二）外交保护的性质

国家对于在国外的本国国民行使外交保护，是国家基于属人管辖权而产生的一种权力，是国家的主权权力，因此，外交保护也就是国家行使主权的行为。国家一经接受本国国民的案件行使外交保护，就是作为国际法的主体行使国际法上的权利。于是，原来的私人请求就转化为公的请求，原来私人与东道国之间的争议也就上升为投资者本国与东道国之间的争议，进入国际法领域，私人脱离案件，而其本国则成为案件中的唯一请求人。

（三）外交保护的效果

由于外交保护具有主权行为的性质，国家一旦行使外交保护，便会产生以下效果：① 国家可以随时停止保护权的行使而放弃索赔；② 国家可以自由决定索赔的方式和时间；③ 国家可以就该案件作适当的妥协；④ 国家得到赔偿时，可以自由处分其赔偿。

（四）外交保护的限制条件

国家代表其国民向他国提出国际请求、行使外交保护权要受一定条件的限制，如果不符合这些条件，他国便可以通过"预先异议"方式拒绝承认该国有权行使外交保护。各国所公认的限制条件有两个规则，即国籍继续规则和用尽当地救济规则。国籍继续规则是指请求外交保护的投资者必须连续不断地具有保护国的国籍。用尽当地救济规则是指受到东道国侵害的外国人在请求其本国外交保护前，必须首先用尽当地法律对其可以适用的所有救济。

三、用尽当地救济原则

（一）用尽当地救济原则的法律依据

在国际法委员会编纂的《外交保护条款草案》提到，用尽当地救济原则确保违法的国家有机会在其国内制度的框架内用本国办法进行补救。

（1）用尽当地救济原则中的外国人是指普通身份的自然人、法人，对于有特殊身份的外国人(如外交代表)则不适用这一规则。

(2)"用尽"一词的含义。一方面,必须使用完当地所有可以适用的行政和司法救济程序,包括行政机关的终局复议决定和司法机关的终审裁决;另一方面,必须充分、正当地使用东道国国内法中所有可以适用的诉讼程序上的救济手段,包括传唤证人、提供证据等。如果不符合东道国诉讼程序所要求的必要条件,即属未用尽当地救济。

(3)对于"当地救济"的理解。一方面,当地救济是指从东道国的国内法院或行政机关得到的救济,不包括从国家间建立的区域性法院或组织得到的救济;另一方面,救济仅包括行政救济和司法救济。

(4)对用尽当地救济的理解。一方面,肯定当地救济的有效性,承认东道国的属地管辖权,承认可以使用东道国当地救济来解决争议;同时,外国人被认为在争议发生前已经了解并且应该了解东道国法律所规定的救济方法。另一方面,当地救济相对于外交保护具有优先适用性。用尽当地救济原则强调了东道国的属地管辖权,从相对于外交保护方法的角度肯定了当地救济的优先适用性。当争议发生时,外国人首先使用当地救济,并且用尽当地救济,是其国籍国将争议提交国际层面解决或行使外交保护的前提。

法律链接

《外交保护条款草案》

国际法委员会于1996年第48届会议确定"外交保护"专题为适于编纂和逐渐发展的三个专题之一。国际法委员会在1997年7月11日第2 501次会议上任命穆罕默德·本努纳(Mohamed Bennouna)先生为这一专题的特别报告员。联合国大会于第52/156号决议中赞同国际法委员会关于将"外交保护"专题列入其议程的决定。国际法委员会1998年第50届会议收到特别报告员的初步报告。国际法委员会1999年第51届会议鉴于本努纳先生当选为前南斯拉夫问题国际刑事法庭法官,任命约翰·杜加尔德(John Dugard)先生为本专题的特别报告员。特别报告员先后提交七次报告。国际法委员会第56届会议(2004年)一读通过了外交保护条款草案及其评注。国际法委员会在2006年5月30日举行的第2 881次会议上二读通过了关于外交保护的整套条款草案。

课程实践

案例讨论:美国政府冻结和没收瑞士籍的通用苯胺胶片公司股份案

一、基本案情

1942年,美国政府根据其《对敌贸易法》,把在美国的一个瑞士籍的通用苯胺胶片公司90%的股份作为敌产予以冻结和没收,理由是这些股份虽为在瑞士巴尔注册的国际工商业投资公司所有,实际上却属于德国法兰克福的I.G.法本化学工业公司。

1945年2月16日,瑞士与美、英、法三国缔结了一项关于冻结德侨在瑞士资产的临时协定,这就产生了国际工商业投资公司是属于瑞资还是德资的问题。瑞士赔偿处发现,国际工商业投资公司早在1940年就断绝了与I.G.法本化学工业公司的联系。1948年1月,瑞士撤销了对国际工商业投资公司在瑞士资产的冻结令,随后,要求美国政府解冻该公司在美国的资产,但遭到美国拒绝。

1948年10月21日,国际工商业投资公司在美国哥伦比亚地区法院提起诉讼,要求返还其财产,但案情一直没有进展。1957年,美国上诉法院以程序性理由驳回该公司的请求。经过数年的诉讼,瑞士求偿无望,于1957年10月初向国际法院提起诉讼。10月11日,美国政府对国际法院的管辖权提出初步反对主张。10月14日,美国最高法院同意复审其上诉法院的判决,允许国际工商业投资公司重新参加美国的诉讼。1958年6月16日,美国最高法院撤销了上诉法院的判决,将此案发回哥伦比亚地区法院重审。这样,瑞士在国际法院进行诉讼的同时,国际工商业投资公司在美国的诉讼也在进行。

二、案件裁决

1959年3月21日,国际法院以九票对六票的结果,确认了美国政府提出的四项初步反对主张中的第三项,即确认国际工商业投资公司在美国法院没有用尽当地救济。对其他三项初步反对主张予以驳回或认为无须判决。国际法院认为,美国的第三项初步反对主张直接针对瑞士向国际法院提出的请求书的接受问题。瑞士政府的请求不能被国际法院允许,因为国际工商业投资公司在美国法院中没有用尽当地救济手段。具体说来,美国最高法院于1957年10月14日作出决定,允许国际工商业投资公司重新参加诉讼。1958年6月16日,最高法院又作出裁决,撤销了上诉法院的判决,命令哥伦比亚地区法院重新审理此案。因此,瑞士公司可以再次在美国法院寻求合适的补救。国际法院进一步明确,提起国际诉讼前必须用尽当地救济已成为国际习惯法的确定规则,在实践中也得到了普遍遵守。在诉诸国际法院前,国际不法行为发生地国应有机会通过自己的手段予以补救。在国内诉讼尚未结束的情况下,更应遵守这一规则。瑞士政府对用尽当地救济规则本身并不表示异议,但争辩说,本案属于这一规则赋予的一种例外情况。但国际法院认为,事实上,美国法律已为纠正国家的国际不法行为提供了足够的补救措施,且国际工商业投资公司在美国法院的诉讼正在取得进展。国际法院最终支持了美国的第三项初步反对意见,并判定拒绝瑞士的请求书。同时,在美国哥伦比亚地区法院的诉讼仍在进行。后来,瑞、美双方协议解决了这一争端,双方把通用苯胺胶片公司的股份卖给了美国民众并平分收益。

三、争议的焦点

1. 国际工商业投资公司的所有权归属

美国政府认为,尽管这些股份在瑞士注册,但实际控制人为德国法兰克福的I.G.法本化学工业公司,因而应视为敌产进行冻结和没收。瑞士及国际工商业投资公司则坚称,早在1940年该公司已断绝与I.G.法本的联系,其资产应被视为瑞士所有。

2. 用尽当地救济原则的应用

瑞士政府在国际法院提起诉讼,要求美国返还被冻结和没收的财产。然而,美国政府提出初步反对主张,认为瑞士及其公司在美国法院尚未用尽当地救济手段,因而国际法院不应受理此案。瑞士则争辩称本案存在用尽当地救济原则的例外情况。

3. 国际法院的管辖权

美国政府质疑国际法院对本案的管辖权,特别是在当事人未在美国法院完全用尽救济手段之前。

四、思考题

在涉及跨国财产争议时,为何国际习惯法中的用尽当地救济原则如此重要?请结合本案例分析其意义。

五、案例来源

根据 https://zhidao.baidu.com/question/275280182624814765.html 案例编写。

(二) 用尽当地救济原则的理论依据与理论价值

在国际实践中,位于国外的具有本国国籍的自然人或法人的合法权益受到所在国的不法侵害,受害人国籍国基于属人管辖权可以行使外交保护。但是,国家行使外交保护权的前提是受害人必须用尽所在国的当地救济途径并仍然得不到补偿。

1. 理论依据

用尽当地救济原则在国际法上所依据的主要原则是国家的属地管辖原则、国家主权原则、国家对自然资源永久主权原则等。用尽当地救济原则所依据的具体理由,主要包括五个方面。

(1) 在国外的公民被认为已了解并且应该了解当地法律所规定的救济方法。

(2) 主权和独立是所在国有权要求其法院不受干涉并确认其司法能力的根据。

(3) 侵害国政府必须获得机会按照自己通常的方法对被侵害人予以公正救济从而避免任何产生国际争执的可能性。

(4) 若侵害是个人或官员造成的,必须用当地救济以确定不法行为或拒绝司法(denial of justice)是国家的有意行为。拒绝司法可以概括为四种情况:司法机关拒绝对外国人的审判,或不受理外国人的诉讼;审批程序不当;裁判明显不公;拒绝强制执行裁决。

(5) 若属于国家的故意行为,外国人也必须寻求当地法律救济,只有在未获补救而产生了拒绝司法时,外交干预才是正当的。

法律链接

拒 绝 司 法

拒绝司法广义上指一国违反其国际义务给外国投资者造成损害的任何立法、执法和司法行为;狭义上指一国司法机关以及行使司法权的任何其他机构违反正当程序原则,或者作出的实体判决违反国际最低待遇标准,给外国投资者造成损害的任何司法行为。

广义的定义将导致拒绝司法的范围扩展至一国违反国际义务的所有行为,因此,狭义的定义被国际法理论界和实务界广泛接受。构成拒绝司法的程序性行为包括:一国法院或其他行使司法权的机构拒绝受理关于救济外国人遭受损害的诉讼;诉讼受到不应有的迟延;司法程序存在严重缺陷;法院明显或有意地错误适用法律;法院判决得不到执行。构成拒绝司法的实体性不公正的情况包括：法院的判决不公正，以致违反了国际习惯法保护外国人的国际最低待遇标准。

国际投资协定和国际投资仲裁实践倾向于将违反正当程序的司法行为界定为拒绝司法，作为公平与公正待遇原则的具体适用标准。在诸多案件的仲裁过程中，仲裁庭皆认为正当程序的欠缺或程序上的重大缺陷是裁定被申请人违反公平与公正待遇的重要原因。至于司法领域的实体性不公正，国际投资协定将之认定为保护外国人国际最低待遇标准的内容。无论是违反正当程序的拒绝司法行为，还是司法领域的实体不公正，投资者的利益均可通过投资者与东道国争端解决方法寻求救济。

案例讨论：中国投资者诉芬兰投资仲裁案

一、基本案情

王先生是中华人民共和国国民，是芬兰公司 Nor Ltd 的股东和董事，该公司拥有并经营位于芬兰科沃拉的北欧中国中心。芬兰科沃拉市政府鼓励王先生并授权其在芬兰科沃拉建立该中心；王先生计划将科沃拉（位于西伯利亚大铁路终点站或附近）打造成批发分销和物流中心，促进欧洲、中国和俄罗斯之间的贸易，为此投资了 500 万～600 万欧元。为了容纳该中心，2006 年 6 月 1 日，王先生以 250 万欧元的价格收购了一个乳品厂，面积约为 12.8 万平方米，计划分三个阶段进行建设和装修。王先生花了大约 118 万欧元用于初期建设和装修工程。该中心于 2007 年 10 月 20 日正式启用，由王先生负责日常管理。2009 年 9 月，第二期工程大约 70% 完工，耗资约 150 万欧元。王先生主张，中国国家开发银行已经提供了 4 000 万欧元的贷款用以完成第三期工程，预计该中心的业务将在完成后随着铁路连接的改善而增长和扩大。

芬兰边防部门怀疑该中心存在移民犯罪行为，并于 2009 年 5 月 13 日启动了刑事调查。2009 年 6 月 9 日，税务机关也启动了税务欺诈犯罪调查，并于 2009 年 10 月 22 日向刑事调查机构提出报告。该报告是根据《芬兰税收征管法》第 18 条规定作出的：芬兰税务局有权向刑事调查机构报告，以调查与税款和付款有关的税务犯罪或其他与税务有关的犯罪。

2009 年 11 月 11 日，芬兰边防部门对北欧中国中心进行了大规模突击检查。王先生和北欧中国中心的其他中国人被拘留。王先生被告知被拘留的三个原因：严重的非法移民安排、严重的税务欺诈和严重的伪造。此后，王先生四次被拒绝保释（2009 年 11 月 13 日、11 月 27 日、12 月 11 日和 2010 年 1 月 15 日）。在每起案件中，检察机关都拒绝保释，地区法院均决定拒绝保释，理由是调查正在进行和证人可能潜逃，并下令限制王先生与监狱外的人联系（除了律师和中国大使馆）。王先生被拘留到 2010 年 2 月 1 日，在拘留期间还被单独监禁了一段时间。突击检查中从该中心查获的计算机、移动电话和文件在大约 10～12 个月期间内没有归还。非法移民刑事调查于 2010 年 2 月 1 日停止。税务调查则在 2011 年 3 月 31 日停止。但租户在突击检查后离开了中心，该中心的业务被破坏，随后停止了所有业务，中心房舍被公开拍卖或实际征用。

王先生认为，芬兰有关部门突袭、拘留的时间、性质和条件造成了北欧中国中心遭受损失，并在芬兰法院提起诉讼，要求芬兰政府赔偿4 428 762.22欧元，理由是其因刑事调查遭受经济损失。王先生主张，芬兰政府没有理由启动上述调查并在调查中采取强制措施，税务机关也没有理由提出报告，对他本人或中心的事务进行调查，所有这些步骤都是不合理的，而且不符合其对芬兰和科沃拉作为法治国家和地区的信任，造成业务的破坏和巨额损失。因此，根据《芬兰侵权责任法》第3章第2节要求损害赔偿。《芬兰侵权责任法》第3章第2节规定："(1)公共机构应对因行使公共权力时的错误或过失而造成的伤害或损害承担替代责任。同样的责任也应适用于根据法律、法令或法律授权执行公共任务的其他机构。(2)但是，只有在考虑到活动或任务的性质和目的，其执行情况没有达到为其规定的合理要求时，才会产生第(1)款中提到的公共机构的责任。"

赫尔辛基地区法院经审理作出书面判决，认为王先生的索赔请求不成立。王先生向赫尔辛基上诉法院提出上诉，上诉法院作出二审判决，驳回上诉。芬兰最高法院拒绝批准王先生对赫尔辛基上诉法院的判决提出上诉，赫尔辛基上诉法院判决最终生效。

王先生于2021年1月22日提出仲裁请求，启动仲裁。王先生在仲裁申请书中对争议的核心内容总结如下：① 2009年11月11日，芬兰边防部门对芬兰科沃拉市的中心进行了不必要的袭击，没有对申请人涉嫌犯罪进行任何合理的初步调查和证据评估；② 在芬兰科沃拉对中国人的歧视性待遇；③ 在没有任何合理依据的情况下，将申请人非法拘留了三个月之久；④ 芬兰法院不合理地禁止申请人在拘留期间与第三方联系，包括其近亲属和商业伙伴；⑤ 实际征用申请人的财产而不给予补偿。

2022年6月10日，由英国最高法院原大法官乔纳森·曼斯勋爵（首席仲裁员）、包致金（Kemal Bokhary，中国投资者指定）和凯·霍伯（芬兰指定）组成的仲裁庭就此案作出管辖权决定，驳回了芬兰政府根据《中华人民共和国和芬兰共和国政府关于保护投资的协定》第9条第3款提出的管辖权异议。

二、案件裁决

仲裁庭认为，拒绝司法请求的性质意味着其不能被传统的岔路口条款涵盖。只有在申请人首先求助当地法院或行政机关的情况下，才会出现拒绝司法的现象。假设王先生向赫尔辛基地区法院和芬兰上诉法院提出索赔要求，就适用了岔路口的规定，那么关于这些法院在岔路口选择之后如何处理他的请求，就不属于该规定所涵盖的事项，也不是王先生可以在这些法院寻求救济或求助的事项。

补充：王先生主张，其向芬兰法院提起的争端在性质上与现在提交仲裁庭的争端不同，因而不适用岔路口条款规定。岔路口条款规定在任何情况下都不适用于关于对赫尔辛基地区法院和芬兰上诉法院驳回其索赔的拒绝司法请求。该索赔请求的法律基础不同，事实基础也不同。

此外，在本案中，没有人认为王先生可以或应该在国内法院进一步处理问题。事实上，他被芬兰最高法庭拒绝上诉。中芬投资协定第9条第3款是一个传统岔路口条款，不涵盖王先生拒绝司法的请求。对王先生拒绝司法请求的任何裁决都会涉及许多基本问题，包括芬兰法律的性质和影响。王先生拒绝司法请求所依据的事实情况也与王先生在本次仲裁中其他请求所依据的事实情况交织在一起。如果仲裁庭在这个阶段就决定适用岔路口条款,显然会有不一致的风险。如果仲裁庭在审理本案时认为芬兰法律提供了与中芬投资协定相当的保护,但在考虑拒绝司法请求时却认为芬兰法院无法提供或实际上没有提供与协定保护相同的保护,则是"非常不可取的"。因此,仲裁庭认为,不应在现阶段进一步讨论岔路口条款对非拒绝司法请求的适用性,如果出现这个问题,则应将其推迟到与拒绝司法请求同时进行审议。

本案是中国投资者首次对芬兰提起投资仲裁,并初步取得管辖权阶段的胜利。

三、争议的焦点

本案的核心争议主要集中在中芬投资协定中岔路口条款的适用问题。

四、思考题

在跨国投资争端中,如何衡量岔路口条约?本次案件的法律依据和事实依据分别是什么?

2. 理论价值

上述论述虽然具有时代局限性,但其基本理论已得到各国公认。用尽当地救济原则是国家对内最高权、对外独立权的体现,是国际法上国家主权原则和属地管辖权的具体化。作为一项重要的国际习惯法原则,用尽当地救济原则平衡了外国投资者与东道国之间、东道国与外国投资者所在国之间、国际投资争议解决中的公平与效率等的关系。其理论价值包括两个方面。

(1) 作为对国家责任的限制和提起外交保护的前提条件。用尽当地救济原则是传统国家责任法律的一部分,强调了东道国属地管辖权的优先性,从外交保护的适用角度肯定了当地救济的优先适用性。依据这一原则,在国际投资法上如果由于东道国的侵害行为而使外国投资者的利益受到侵害,双方发生争议的时候,外国投资者在寻求本国外交保护前,必须求助并用尽当地救济,这既是其权利,也是其义务。另外,东道国也有权主张外国投资者应当根据东道国法律用尽对其仍然适用的各种救济,并可以此反对投资者所在国将争议提交国际法院。

(2) 为东道国当地救济提供理论依据。当适用该规则时,外国投资者必须适用东道国当地救济,而且要把当地救济用尽,才能在必要时寻求国际解决。因此,该原则在理论上为采用东道国当地救济解决国际争端提供了依据。

(三) 用尽当地救济原则与卡沃尔主义

1. 卡尔沃主义的基本内容

卡尔沃主义曾经是拉丁美洲国家在国际经济交往中奉行的一项重要原则。卡尔沃主义以及由此产生的卡尔沃条款(Calvo Clause)源自19世纪阿根廷外交家、历史学家和国际法学家卡罗·卡尔沃(Carlo Calvo)。卡尔沃在其1868年出版的《拉丁美洲国家的国际法理论》中,针对当时的一些资本输出国滥用外交保护的情况提出了若干观点,这些观点后来被拉美国家的学者概括为"卡尔沃主义"。

国际法学界对卡尔沃主义和卡尔沃条款的理解包括四个方面。首先,卡尔沃主义的核心是,在一个国家从事商业活动的外国人有权享有非歧视待遇,并根据该国国内法享有权利和请求救济。外国人享有同等的法律保护，不能取得比东道国国民更多的权利。其次，卡尔沃主义的目的是防止外交保护权的滥用，但并不阻止对违反外国人待遇这一国际义务的行为提出国际请求。因此，卡尔沃主义并没有要求本国人和外国人完全的绝对平等的地位。相反，拉丁美洲国家的宪法和法律以及拉丁美洲国家与外国投资者所签合同中的卡尔沃条款排除了外交保护权。再次，私人请求无论是基于侵权还是基于合同产生，都不应成为外交干涉的依据。除非遭受损害的外国人用尽当地救济并得不到审理，只有在这种情况下，外国人才可以向其国籍国寻求国家保护。即使用尽了所有救济措施并且遭受了拒绝司法，一个国家也不应该采取武力干涉手段以实现诉求，除非已经尝试其他措施并失败。最后，卡尔沃主义由两个主要原则构成：第一，自由和独立的主权国家在平等基础上享有不受其他国家任何形式的干涉的自主权；第二，外国人不能享有没有给予本国国民的权利和特权，只有在当地才能寻求对不公平待遇的救济。

卡尔沃主义的现实效果是通过卡尔沃条款体现出来的。在东道国政府与外国私人投资者签订的特许协议或契约中，大多规定了卡尔沃条款。卡尔沃条款直接触及了东道国的属地管辖权和外国投资者的属人管辖权，并明确规定了外国投资者放弃本国的外交保护。

2. 用尽当地救济原则与卡尔沃主义的关系

用尽当地救济原则与卡尔沃主义在精神上是一致的。两者均强调东道国的属地管辖权优先，以防止外交保护的滥用。但是，用尽当地救济原则和卡尔沃主义仍然存在着差异。

首先，两者的目的和解决的问题不同。用尽当地救济原则主要解决的是东道国侵害外国投资者的责任问题，强调对国家责任和外交保护的限制。卡尔沃主义主要针对外国投资者服从当地管辖的问题，从根本上反对外交保护干预和国家责任。

其次，两者对外交保护的态度不同。用尽当地救济原则只是强调东道国当地救济优先于外交保护的适用，并没有完全排斥外交保护，如果当地救济已经用尽且出现了拒绝司法的情况，还是可以使用外交保护的；卡尔沃主义则只承认当地救济，完全排斥国际仲裁和外交保护，在卡尔沃条款中明确规定了外国投资者要放弃本国的外交保护。

再次，两者的理论基础不同。用尽当地救济原则的理论基础是属地管辖权优先原则，而卡尔沃主义的理论基础是尊重属地管辖权优先原则和国民待遇原则。

最后，两者的影响不同。用尽当地救济原则作为一项古老的传统国际法原则，是在发达国家中发展起来的，现已成为公认的已为各国的理论和实践普遍接受的国际法准则；卡尔沃主义则一直为拉美国家和发展中国家所坚持，在西方发达国家遭到排斥和非难。

（四）用尽当地救济原则的法律适用

在国际法中，用尽当地救济原则的主要适用领域之一就是国际投资争议的解决，具体包括外国投资者与东道国政府或其机构、企业、个人之间因外国私人直接投资所产生争议的解决。

1. 用尽当地救济原则的适用范围

依据国际法委员会在2006年5月30日举行的第2 881次会议上二读通过的关于外交保护的整套条款草案的相关规定，用尽当地救济原则在国际法中的适用范围如下。

首先，用尽当地救济原则仅适用于一国国民在东道国内间接受到损害（主要是财产损害）的情况下所产生的国际争议。一个国家因另一国的不法行为而直接受到损害而引发的国际争议,不适用该原则,因为在这种情况下,受害国有明显的理由提出国际求偿。一国所受到的损害是"间接"的还是"直接"的,在国际实践中较难把握,国际上采用的是主要因素检验标准,主要因素包括争议的主题、要求的性质和所要求的补救方法。因此,在争议主题是外交官或国家财产的情况下,要求中提出的损害通常为直接损害,不适用用尽当地救济原则。如果国家代表其国民提出金钱赔偿,要求中提出的损害则为间接损害,必须用尽当地救济。

其次,一国就某国际条约的解释和适用所提出的要求是否适用用尽当地救济原则的判断方法是:如果国家要求就某一条约的解释和适用作出裁决,而不涉及对其受害国民的损害赔偿,则不必适用用尽当地救济原则;如果一国就加害国在非法对待其国民过程中违反某一条约的解释或适用作出裁决,则需要用尽当地救济。

最后,如果一国请求国际法院作出的宣告性裁决与涉及国民损害的要求相关或有附带关系,或者从案情各方面分析,其作出宣告性裁决的请求主要以国民遭受的损害为前提,则法院仍然会判定适用用尽当地救济原则。

综上所述,用尽当地救济原则在国际投资中适用的范围是:用尽当地救济主要适用于外国私人投资者与东道国政府或企业、个人之间因外国私人直接投资问题所产生的争议,具体涉及国有化争议、特许权协议争议、国家管理行为引起的争议、国际投资保险争议等。

2. 用尽当地救济原则的适用要求

在国际投资争议解决领域中,当决定用尽当地救济原则适用时,外国投资者有义务首先使用当地救济,并且要把当地救济"用尽",然后才能考虑在必要时求助于国际解决。因此,用尽当地救济原则的适用要求,实际上就是要解决怎样才算用尽了当地救济的问题,即关键的问题在于对"用尽"含义的理解。一般而言,"用尽"包括以下要求:必须使用全部当地可以使用的司法和行政的救济程序,包括上诉程序,直至最高法院或最高主管机关作出最终决定。

一方面,外国投资者必须依照当地法律诉诸有管辖权的救济机关。当地救济机关是行政、司法机关所组成的完整救济体系。在许多情况下,受害人有必要首先诉诸行政机关,除非行政机关决定具有终局性而需要先诉诸司法机关,或者在没有行政救济规定的情况下直接诉诸司法机关。

另一方面,外国投资者必须依照当地法律诉诸当地终审机关直至其作出最后决定。各国程序法上一般都有上诉的规定,目的在于纠正下级法院可能发生的错误以维护当事人的合法权益。因此,除非下级机关的决定为最后决定,外国投资者都有义务将争议按照当地的司法程序解决,包括上诉程序,直至最高法院或最高主管机关作出最后决定。外国投资者必须充分地和正确地适用国内法上所有可以适用的诉讼程序上的手段。外国投资者必须用尽当地法律所规定的一切必要的程序性解决方法,如传唤证人,提供必要的法律证明文件、有关证件等。外国投资者必须就执行对其有利的当地终审决定采取相应的措施,如在法定期限内申请强制执行。否则,也不能认定为用尽当地救济。

四、《关于解决国家和他国国民之间投资争端公约》

《关于解决国家和他国国民之间投资争端公约》(Convention on the Settlement of Investment Disputes between States and Nationals of Other States,简称《华盛顿公约》)。

国际商务争议解决

1965年3月18日由国际复兴开发银行在华盛顿提出并交世界银行成员方批准,公约经22个国家批准,于1966年10月14日正式生效。公约的目的在于促进国际经济合作和国际私人投资,创设国际仲裁机构,为解决国家与外国投资者的投资争议提供便利,促进相互信任的气氛以鼓励私人资本的国际流动。公约下设解决投资争端国际中心(International Center for the Settlement of Investment Dispute, ICSID),这是1945年以来国际范围内保护外国投资及处理投资争议各种方案中付诸实践最早的体制。世界各国签订的200多个双边投资保护协定中,一半以上都规定将东道国与外国投资者之间的投资争议提交ICSID解决。

（一）《华盛顿公约》与解决投资争端国际中心

解决投资争端国际中心是根据各国政府在华盛顿签署的《华盛顿公约》设立的。

解决投资争端国际中心是世界银行集团的成员。中国于1990年2月9日签署了《华盛顿公约》,1992年7月1日批准公约,1993年1月7日向ICSID交存批准书,该公约于1993年2月6日对中国正式生效。ICSID成立初期,受案的数量并不多。从1966年公约生效到1986年的20年中,ICSID总共处理了23个案件,而其中只有5个案件由ICSID作出实质性裁决。后来,提交ICSID受理的案件有所增加,截至2023年12月31日,经ICSID登记受理的国际投资争议案件共967起。随着越来越多的国家加入《华盛顿公约》和订立双边投资协定,ICSID受理的国家与他国国民之间的投资争议也有日益增加的趋势。

设立ICSID的主旨在于专为外国投资者与东道国政府之间的投资争议提供国际解决途径,即在东道国国内司法程序之外,另设国际调解和国际仲裁程序。公约用以解决国际投资争议的基本途径有两种,即调解程序和仲裁程序。争议当事人可以自行商定,择一选择。

（二）《华盛顿公约》的主要内容

公约包括序言和十章内容,共75条。

1. ICSID仲裁的性质

ICSID仲裁具有自治性和中立性。

(1) ICSID的法律地位。ICSID是根据《华盛顿公约》设立的国际机构,是国际法人,具有完全的国际法律人格。ICSID的法律行为能力包括：① 缔结合同的能力；② 取得和处理财产（包括动产和不动产）的能力；③ 法律诉讼能力。ICSID及其财产享有豁免权,即豁免于一切法律诉讼的权利。ICSID的官员及其雇员在履行公务的过程中,享有公约规定的特权与豁免。ICSID的档案无论存放何处,均不可侵犯。ICSID及其财产收入以及公约许可的业务活动和交易应豁免于一些捐税和关税。

(2) ICSID的组织机构。ICSID作为常设仲裁机构,设有行政理事会和秘书处,并分别设立调解人小组和仲裁人小组。行政理事会是ICSID的权力机构,由每个缔约方各派一名代表组成,世界银行行长是行政理事会的当然主席。秘书处是ICSID的执行机构,负责处理ICSID的日常行政事务。秘书处由秘书长、副秘书长和工作人员组成。秘书长是ICSID的法律代表和主要官员。

(3) ICSID的业务依据。在业务上,ICSID根据公约以及为实施公约而制定的一系列规则和程序进行仲裁,是独立于国内法体系运作的自治机构。因此,ICSID的仲裁不像国际商事仲裁那样受到国内法和国内法院的控制。

（4）ICSID解决争议规则的灵活性和强制性。公约尊重当事人的意思自治原则，在仲裁程序、仲裁地点、仲裁员的指定、适用的法律、仲裁事项或范围、仲裁使用的语言、费用的分担等方面，都允许当事人自由协商。ICSID备有调解员名册和仲裁员名册，供投资争议当事人选择。同时，ICSID有一整套程序规则，在当事人没有协议时使用，也有一些强制性规则保证仲裁得以顺利进行，如缺席仲裁等。

2. ICSID管辖的条件

（1）当事人的资格。凡是提交ICSID仲裁的投资争议的当事人，其中一方必须是《华盛顿公约》的缔约方或该缔约方的公共机构或实体，另一方则应是另一缔约方的国民（包括自然人、法人及其他经济实体）。这就是说，争议双方一般应当具有不同的国籍。但是在实践中，外国投资者往往在东道国设立当地的公司，而这些公司具有东道国的国籍，是在东道国登记注册的外资企业。对于这些在东道国设立的外资企业与东道国政府之间的争议，尽管这些企业与东道国的国籍相同，但是按照《华盛顿公约》第25条第2款第2项的规定，如果某法律实体与缔约方具有相同的国籍，但由于该法律实体直接受到另一缔约方利益的控制，如果双方同意，为了公约的目的，该法律实体也可被视为另一缔约方国民。

（2）当事人双方书面同意。即使一国是《华盛顿公约》的缔约国，也并不意味着该缔约国会将与该国有关的所有投资争议都提交ICSID解决。凡是提交ICSID解决的特定争议，双方当事人必须订立将该特定争议提交ICSID解决的书面同意协议，此项协议的存在是ICSID对该特定争议行使管辖权的必要条件。该书面同意可以在双方订立的投资保护协定中约定，可以事先或事后订立仲裁协议，也可以随时以简单的函件交换或通过政府批准投资申请书来表达。一旦双方当事人订立了将该特定争议提交ICSID解决的书面同意协议，任何一方当事人均不得单方面撤回其已经表示的同意。此外，某一缔约方的公共机构或实体表示的同意，必须经过该缔约方的批准，除非该缔约方通知ICSID不需要此项批准。

（3）投资争议的法律性质。依据《华盛顿公约》的规定，ICSID管辖权涉及缔约方及其公共机构或实体与另一缔约方国民之间直接因投资而产生的任何法律上的争议，ICSID对争议的受理和仲裁仅限于双方当事人直接产生于投资的法律争议，而不是其他方面的争议。

只有同时符合上述三个条件的争议，ICSID才享有管辖权。这三个条件是ICSID决定某一争议案件是否属其管辖范围的依据，也是调解委员会或仲裁庭决定自己是否对所提交的争议享有管辖权的依据。

3. ICSID仲裁适用的法律的基本原则

（1）当事人意思自治原则。投资争议当事人享有选择准据法的权利，仲裁庭必须尊重当事人的这种选择，有义务适用当事人所选择的法律。

（2）辅助和补充原则。在当事人未达成法律适用协议的情况下，ICSID可以直接适用东道国法律和可能适用的国际法规则。一般应首先适用东道国国内法，如果国内法没有相关规定，则可适用国际法规则。但是，当东道国国内法的规定与国际法规则冲突时，优先适用国际法规则。

（3）禁止拒绝裁判原则。仲裁庭对于提交仲裁的争议，即使在适用的法律欠缺相应的规范，或有关规定含糊不清的情况下，也必须作出实质性的裁决。

（4）公平正义原则。仲裁庭经双方当事人同意，可以不依照法律规定，而根据其他公平合理的标准作出有约束力的裁决。

4. ICSID 裁决的效力

（1）ICSID 的裁决是终局的，对双方当事人具有约束力，在任何缔约方均可得到执行。

（2）对当事投资者一方财产的执行与对当事东道国财产的执行不同。对当事投资者一方的财产可以随时执行，但针对当事东道国执行其财产，取决于该国的豁免原则。然而在实践中，尚未发生过东道国以国家豁免为由拒绝执行裁决的事例。实际上，东道国拒绝执行裁决有损其形象，况且投资者本国也可以行使外交保护权。

（3）ICSID 裁决的排他效力。公约规定，除非另有约定，双方同意提交 ICSID 管辖的案件，不得再提交其他任何机构解决，其他任何机构也不应受理。但是，争议缔约方可以要求以用尽当地救济作为其同意提交 ICSID 仲裁的首要条件。同时，公约特别排斥了投资者本国的外交保护。它规定，对双方已同意或已提交 ICSID 仲裁的争议，投资者本国不得再行使外交保护权或提出国际请求。

（三）ICSID 的仲裁程序

1. 仲裁申请

拟将争议提交 ICSID 解决的任何缔约方或缔约方国民，应当向 ICSID 秘书长提出书面仲裁申请，其内容包括争议的事实、双方当事人的身份，以及他们同意依照 ICSID 的调解和仲裁规则仲裁等。秘书长应将申请书的副本送交被申请人，并予以登记。如果秘书长根据申请书所包括的材料认定该争议不属于 ICSID 的管辖范围，则不予登记。同时，秘书长还应将登记或者不予登记的情况通知双方当事人。秘书长的拒绝登记对申请方来说是终局的，对此裁决不能上诉。

2. 仲裁庭的组成及权限范围

争议当事方可以从 ICSID 仲裁员名册中选择仲裁员，也可以选择名册外的人员作为仲裁员组成仲裁庭。仲裁庭可以由双方同意的独任仲裁员或三名仲裁员组成。在三名仲裁员组成合议庭的情况下，先由当事人双方各自指定一名仲裁员，首席仲裁员由当事人双方协商指定。所指定的仲裁员应当具备《华盛顿公约》所规定的仲裁员应当具备的品德和资格。如果在秘书长发出登记通知后 90 日内未能组成仲裁庭，则由 ICSID 主席任命仲裁庭的组成人员。被指定的仲裁员应当是仲裁小组的人员，但不得为争议一方所属的缔约方国民。

3. 仲裁审理

仲裁审理的程序应当按照公约的规定进行。除双方当事人另有约定外，应当按照双方同意提交仲裁之日时有效的仲裁规则进行仲裁。仲裁庭在解决争议的过程中，根据《华盛顿公约》第 42 条的规定，应当适用双方当事人共同选择的法律。如无此项选项，则应当适用争议一方的缔约方法律，包括该法律中有关的冲突规则，以及可以适用的国际法规则。按照许多东道国的国际投资法，在东道国投资，必须适用东道国的法律。在实践中，在东道国与外国投资者订立的国际投资合同中，无论是当事人选择的法律，还是仲裁庭决定适用的法律，通常情况下均为东道国法律。外国投资者为了维护自己的利益，避免东道国单方面修订其法律而损害投资者的利益，一般在谈判投资合同时列入"稳定条款"，即在投资合同履约期间,如果法律发生与合同规定相悖的变更,则合同中的规定应当优先适用。

4. 仲裁裁决

仲裁裁决应当依全体成员的多数票作出,并采用书面形式,由赞成此裁决的成员签署。裁决应当处理提交仲裁庭解决的所有问题,并说明裁决所依据的法律和理由。任何仲裁员都可以在裁决书上附具个人意见,无论此项意见是否为多数人的意见。未经双方当事人同意,裁决不得对外公布。ICSID 秘书长应迅速将裁决书副本送交双方当事人。

如果当事人对裁决的含义或范围持有异议,任何一方均可以向秘书长提出书面申请,要求仲裁庭对有异议的事项作出解释。

(四) ICSID 仲裁裁决的撤销

只有在下列情况下,当事人才可以向 ICSID 秘书长提出申请,要求撤销 ICSID 作出的仲裁裁决:① 仲裁庭的组成不当;② 仲裁庭明显超越其权限范围;③ 仲裁庭的成员有受贿行为;④ 仲裁有严重背离基本的程序规则的情况;⑤ 裁决未陈述其所依据的理由。

秘书长收到请求撤销裁决的申请后,应予以登记,并立即请 ICSID 行政理事会主席从仲裁人小组中任命三人组成专门委员会。委员会的成员不得为作出裁决的仲裁庭成员,且不得具有与上述任何成员相同的国籍,不得为争议一方的国家的国民,也不得为争议任何一方国家所指派参加仲裁小组的成员,或曾在该同一争议中担任调停人。委员会有权依公约规定的理由撤销裁决或裁决中的任何部分。

如果仲裁裁决的全部或部分被专门委员会撤销,任何一方当事人可以请求将此争议重新提交给一个新的仲裁庭审理。但是如果原裁决仅有部分内容被撤销,则新的仲裁庭不应对未曾撤销的任何部分进行重新审理。

(五) 仲裁裁决的承认与执行

(1) ICSID 的裁决对双方有约束力,双方当事人不得进行任何上诉或采取任何公约规定以外的补救办法。除公约规定予以停止执行的情况外,双方都应遵守和履行裁决的规定。

(2) 各缔约方应承认 ICSID 裁决的效力,在其领土范围内履行该裁决项下的义务,并把它视为本国法院最终判决加以承认与执行,而不得对裁决进行审查或拒绝承认与执行。

(六) 对公约和 ICSID 作用的评价

(1) 有助于淡化争议的政治色彩。在历史上,东道国与外国投资者的投资争议经常导致投资者所属国的外交保护,甚至伴随武力冲突。ICSID 的存在为这类争议的解决提供了便利,淡化了争议的政治色彩,缓和了国家之间的矛盾。

(2) 有助于增强东道国与外国投资者之间相互信任的气氛,以促进在合理条件下增加资源向发展中国家流动。因此,ICSID 应当被当作促进投资和经济发展的国际协作机构,而不仅是解决投资争议的机构。

(3) 公约各项规定的目的是在东道国、投资国、投资者相互之间维持一定的利益平衡。ICSID 行政理事会的安排和公约有许多灵活性规定,如当事人意思自治,但又有保障仲裁得以顺利进行的强制规则等。ICSID 管辖权的条件也反映了公约的弹性,在实践上对 ICSID

决定其管辖权并不构成什么限制。但是，ICSID的管辖权毕竟有法律的界定，因此，潜在争议的当事人应当准确表达同意ICSID管辖的意图，谨慎界定授权ICSID管辖的范围，以有利于争议的解决。

（4）缔约公约和设置ICSID的宗旨实际上就是切实保障资本输出国（大部分是发达国家）海外投资者的利益。《华盛顿公约》明显地体现了发达国家的基本立场，即尽可能把本来属于东道国（大部分是发展中国家）的对境内投资涉外行政诉讼的管辖权转移给国际组织。公约在相当程度上实现了发达国家这一目的。可以说，公约的签订为外国的"民"以申诉人身份到东道国境外指控东道国的"官"，提供了"国际立法"上的根据。

（5）许多发展中国家出于吸收外资的现实需要，在全面权衡利弊得失之后，原则上还是同意了对本国境内有关投资的涉外行政诉讼的管辖权和法律适用权作出局部的自我限制，在一定范围内和一定条件下将本国政府与外国投资者之间的投资争议交由ICSID管辖。同时，发展中国家又力争把本来就属于自己的管辖权和法律适用权尽可能保留在自己手中。公约的某些条款也都相当明显地体现了发展中国家的戒心和防范，在管辖权问题上为发展中国家保留了一定程度的主动权和自由裁量权。

（6）《华盛顿公约》是发达国家和发展中国家相互妥协的产物，在一定程度上体现了不同国家的主张和利益，同时它所规定的解决方法具有自愿性、灵活性和有效性等特点，因此，它在国际上得到了较为广泛的接受。一般说来，发达国家对公约多抱积极态度，尤其是在海外有大量投资的资本输出国都纷纷加入了公约，它们加入公约的主要目的是为本国海外投资者利益提供具有国际性的保护措施；发展中国家对公约则多持谨慎态度，它们加入公约的主要目的在于改善本国的投资环境，以利于吸引外资，促进本国经济发展。

第三节　中国与外国投资者争议的解决

一、中国应对国际投资争议的原则

根据中国国内立法、中外双边投资保护协定以及中国加入《华盛顿公约》的有关规定，中国在解决中国与外国投资者争议时，通常遵循以下四个基本原则。

（一）中国法院专属管辖

从实际情况来看，目前在中国境内可能发生的国际投资争议主要有两大类。

一类是外国私人投资者与中国政府之间的非契约争议，例如，因国家实行征收和国有化措施而产生的有关补偿的争议。中国在加入《华盛顿公约》的同时曾经通知ICSID，中国仅考虑将此类争议提交ICSID管辖。但是，根据《华盛顿公约》的规定，一国在加入时的这种通知并不构成争议双方将其争议提交ICSID管辖的书面同意，要想使得ICSID对某项国际投资争议行使管辖权，必须争议双方另行书面同意将该项争议提交ICSID管辖，即缔约方加入时的单方通知并不能代替以后争议双方的书面同意。这样，中国政府在与外国私人投资者就征收和国有化的补偿问题产生争议时就拥有了主动权和最终决定权，可以从坚定国家主权和维护国家根本利益出发,考虑是否与外国投资者达成提交 ICSID 管辖的书面协议。

另一类是外国私人投资者与中国合作者之间的契约争议。我国《民事诉讼法》第 279 条规定,因在中华人民共和国领域内履行中外合资经营企业合同、中外合作经营企业合同、中外合作勘探开发自然资源合同发生纠纷提起的诉讼,由人民法院专属管辖。由此可见,对于在中国境内发生的这第二类争议,只能提交中国法院管辖。否则,如果外国法院对此类争议强行行使管辖权,它所作出的判决将不会被中国法院承认和执行。

(二)平等保护

中国坚持内外资一视同仁,给予外国投资者与本国投资者同等的待遇和保护。《中华人民共和国外商投资法》第 4 条规定:"国家对外商投资实行准入前国民待遇加负面清单管理制度。"第 5 条规定:"国家依法保护外国投资者在中国境内的投资、收益和其他合法权益。"《中华人民共和国公司法》《中华人民共和国劳动合同法》等一般民事法律也适用于外商投资企业,确保其在合同订立、履行及争议解决等方面享有平等权利。

(三)积极寻求事前救济

对于东道国政府而言,如果能在投资争议发生之前及时解决投资者的不满和问题,既能维持双方的友好合作关系,又能减少因仲裁或诉讼而花费的高额投入,是更有利的选择。外商投诉机制是我国政府专门为外国投资者和外商投资企业设立的一种特别机制,旨在帮助外商解决在中国投资经营中遇到的相关问题和纠纷争议。该机制的设立体现了我国政府对外商投资的重视和对外国投资者权益的保护,旨在为外商提供一个更加便捷和直接的渠道,使其能够有效地表达关切、提出问题,并寻求解决方案。2020 年 10 月 1 日,《外商投资企业投诉工作办法》正式发布。根据外商投诉机制,外商可以向相关政府部门或机构投诉,这些部门或机构将负责调查、处理和解决投诉事项。投诉机制的运作通常有以下步骤:首先,外国投资者及外资企业向指定的投诉机构提交书面投诉材料,详细描述问题和要求;然后,投诉机构进行初步审查和调查,并与相关方面进行沟通和协商;最后,投诉机构根据调查结果和相关法律规定,提供解决方案或建议,并推动问题的解决。以上海为例,上海市专门设立投诉中心,并于 2021 年 7 月 1 日出台了配套的《上海市外商投资企业投诉工作办法》。截至 2024 年 1 月,上海市已经设立了 19 家投诉中心,包括 1 个上海市层面的"上海市外商投资企业投诉中心"、16 个上海市各区的外商投资企业投诉中心,以及 2 个重点先行先试试验区(上海临港新片区和虹桥商务区)的投诉中心。

(四)多元化解决

在外商投资争议解决领域,我国在积极探索多元化解决机制。目前,国际投资纠纷和跨国投资纠纷中多元化的解决机制包括磋商、谈判、跨国调解、国际仲裁、跨国诉讼、跨国执行等。从比例上来看,纠纷产生之后,几乎所有的企业都会选择先磋商谈判,且通过各式各样的磋商谈判能够解决大部分的纠纷。因此,在法律实务中,真正进入国际仲裁和跨国诉讼的案件数量和比例并不高。目前,尤为受到欢迎的是跨国调解制度。以北京融商"一带一路"国际商事调解中心为例,该中心是最高人民法院多元纠纷解决机制改革的子课题单位之一。

作为先行先试的子课题单位,该中心在国际商事调解的探索实践中有诸多创新,包括建立线上调解系统、首创"一带一路"国际商事调解规则等。截至2024年11月,该中心在全球范围内共聘请了685名专业调解员,在全球设立了110个线下调解室。该中心坚持不断完善和创新,包括引入国际上比较通行的出现纠纷之后的早期第三方中立机构的专业评估和估值、聘请专家进行事实调查、由中立专家作出相应的专家决定等有效的调解方式。从2017年至今,该中心办案总数已超过三万件,案件涉及40多个国家和地区的当事人。

案例讨论:华为诉瑞典国际投资仲裁案

一、基本案情

华为技术有限公司作为全球知名的信息与通信技术解决方案供应商,近年来在5G技术的研发和应用上取得了显著成就。然而,在拓展欧洲市场时,华为遭遇了瑞典政府的阻力。瑞典政府基于国家安全考量,对华为在瑞典的5G网络建设投资采取了限制措施,禁止华为参与其国内的5G网络基础设施建设。华为认为,瑞典政府的这一决定不仅违反了市场公平竞争的原则,也违反了中瑞两国于1982年签订的双边投资条约。根据该条约,瑞典政府应当给予华为公平公正的投资待遇,并不得对其采取歧视性措施。因此,华为决定依据该条约向世界银行解决投资争端国际中心(ICSID)提起投资仲裁,要求瑞典政府对其造成的损失进行赔偿。

在决定提起仲裁之前,华为按照ICSID机制的规定,首先向瑞典政府发出了争议通知,希望双方能够通过友好协商解决分歧。然而,经过多轮协商,双方未能就争议问题达成一致意见。瑞典政府坚持其基于国家安全的决策,而华为则坚持认为其受到了不公正待遇。在协商无果的情况下,华为正式向ICSID提起了投资仲裁申请。ICSID在收到申请后对案件进行了初步审查,并确认了其对本案的管辖权。随后,ICSID组成了专门的仲裁庭,负责审理本案。

在仲裁庭审理阶段,华为主张瑞典政府的禁令不仅违反了双边投资条约的规定,也损害了华为在瑞典的合法权益。华为还提供了大量证据,证明其在5G技术领域的领先地位以及其在瑞典投资的合理性和合法性。瑞典政府则辩称,其禁令是基于国家安全考虑而采取的合法措施,并未违反双边投资条约的规定。瑞典政府还指出,华为在投资过程中未充分遵守当地法律法规和程序要求,因而其权益不应受到保护。仲裁庭对案件进行了深入分析和审理。仲裁庭认为,本案的争议焦点在于瑞典政府的禁令是否违反了双边投资条约的规定以及华为的投资是否受到了不公正待遇。为此,仲裁庭需要仔细研究双方提供的证据和法律依据,并参考相关国际法律文件和案例进行裁决。

二、案件裁决

在经过深入的审理和细致的分析后,ICSID针对华为起诉瑞典的国际投资案例作出最终裁决。仲裁庭认为,瑞典政府基于国家安全考虑对华为实施的禁令,虽然在一定程度上有其合理性和必要性,但在实际操作中却对华为的投资权益造成了不公平的待遇。仲裁庭指出,根据中瑞双边投资条约的规定,瑞典政府应当给予华为公平公正的投资待遇,并不得对其采取歧视性措施。然而,瑞典政府的禁令显然违反了这一规定,对华为的投资造成了实质性的损害。因此,ICSID仲裁庭最终裁定,瑞典政府应当赔偿华为因禁令而遭受的经济损失。仲裁庭还指出,瑞典政府在今后的投资决策中应当充分考虑国际投资条约的规定和外国投资者的权益,避免再次出现类似的情况。

三、争议的焦点

本案的争议焦点主要集中在两个方面。

(1) 瑞典政府禁用华为5G设备的合法性及合理性。华为认为瑞典政府的禁令缺乏事实依据,且对华为造成了不公平的待遇。瑞典政府则坚称此举是为了保障国家安全。

(2) 华为在瑞典的投资是否受到不公正待遇。华为主张其投资受到了瑞典政府的不公正待遇,而瑞典政府则否认存在此类情况。

四、法律政策依据

首先,国际法是本案的重要法律依据。国际法作为调整国家间关系的法律规范,对于保护外国投资者权益具有重要意义。在本案中,华为作为外国投资者,其权益受到瑞典政府行为的影响,因而可以依据国际法寻求保护。特别是《关于解决国家和他国国民之间投资争端公约》(即《华盛顿公约》),为投资者提供了向ICSID申请仲裁解决投资争端的途径。

其次,双边投资条约也是本案的重要法律政策依据。1982年的《关于相互保护投资的协定》作为两国间关于投资问题的专门协议,对双方的投资活动具有重要的指导意义。该条约明确规定了双方在投资领域的权利和义务,包括公平公正待遇、最惠国待遇等。瑞典政府对华为实施的禁令显然违反了这些规定,对华为的投资权益造成了不公平的待遇。

最后,国内法也是本案不可忽视的法律政策依据。虽然本案主要涉及国际法和双边投资条约的适用,但国内法对于投资活动的规范和调整同样具有重要作用。华为在瑞典的投资活动也需要遵守当地的法律法规,确保合法合规经营。

五、思考题

1. 华为起诉瑞典的国际投资案例体现了哪些国际投资法律原则?
2. 从本案看,如何看待国家安全与外国投资者权益之间的关系?

六、案例来源

https://mp.weixin.qq.com/s?_biz=MzA5MDcxNjgxMQ==&mid=2651600406&idx=1sn=。

二、中国政府与外国投资者之间争议的解决方法

中国政府与外国投资者之间的争议解决方法体现在中国有关国内立法以及中国缔约和参加的双边或多边国际公约中。

自中国实行改革开放政策以来,中国颁布了一系列有关吸收外资的法律和法规,批准和加入了1965年的《关于解决国家和他国国民之间投资争端公约》和1985年的《多边投资担保机构公约》(Convention Establishing the Multilateral Investment Guarantee Agency, MIGA,简称《汉城公约》)。截至2024年4月,我国已经和29个国家和地区签署了22个自贸协定,占中国对外贸易总额的三分之一左右。中国关于解决国际投资争议方法的现行立

法主要遵循坚持国家主权原则、保证投资者享有诉讼权利原则、鼓励友好协商或调解解决原则、自由选择方法原则和国内解决方法与国际解决方法相结合原则等。

《多边投资担保机构公约》

《多边投资担保机构公约》共11章67条,主要内容有七个方面:① 宗旨,公约第3条明确规定促进资本流向发展中国家,对投资的非商业性风险予以担保;② 机构地位,享有国际法主体资格,同时具备私法意义上的法人资格;③ 机构的担保业务,只限于非商业性政治风险,具体分为货币汇兑险、征收险、违约险、战争和内乱险;④ 规定合格的投资、合格的投资者和东道国条件;⑤ 东道国主权控制的范围;⑥ 争端的解决,公约将争端分为三类,即有关公约的解释和施行而发生的争端、机构与成员方之间的争端和有关被保险人或再保险人的争端,对于不同的争端应适用不同的程序解决;⑦ 法律适用。

签署该公约与设立该机构的目的是鼓励成员方之间,尤其是向发展中国家成员方融通生产性投资,并致力于促进东道国和外国投资者间的相互了解和信任,为发达国家向发展中国家的海外私人投资提供担保,以加强国际合作。公约生效以后,通过多边投资担保机构对非商业性风险担保,对于补充国家及区域性和私人担保的不足,鼓励成员方之间(特别是向发展中国家成员方)融通生产性资金,起了一定作用。

根据中国近年来的立法与实践,中国政府与外国投资者之间的争议,除协商解决之外,主要有以下四种解决方法。

（一）当地救济方法

当地救济方法即通过中国国内行政管理机构或司法机关解决的方法。外国投资者与东道国之间发生了投资争议,投资者可以选择以下解决方法:① 向东道国的主管行政机构申诉并寻求救济;② 向东道国有管辖权的法院提起诉讼。

当地救济方法适用于所有在中国境内投资的外国投资者,无论投资者的所属国是否与中国订有双边投资保护协定。

（二）外交谈判方法

外交谈判主要是通过国家之间的友好协商解决争议。使用这种方法的前提条件是,在用尽当地救济方法之后,投资争议仍然没有能够得到解决。这种方法可适用于一切与投资争议有关的场合,无论外国投资者所属国是否与中国订有双边投资保护协定,也无论是否均为有关国际公约的缔约方。

（三）代位求偿方法

此种方法主要适用于与中国签订双边投资保护协定的外国投资者所属国,或者中国和投资国均为有关国际公约缔约国的情况。依据中国与其他国家订立的双边投资保护协定，如果投资者所属国对其国民在中国境内的投资提供了保险或担保，并据此向其在中国投资的国民支付了赔偿，中国政府承认该投资者的所属国对其国民享有权利的代位权，但此项代位权不得超过其国民应当享有的权利。根据中国参加的《多边投资担保机构公约》，该公约缔约方的国民可以向多边投资担保机构投保公约所规定的风险。依据《多边投资担保机构公约》第18条，如果多边投资担保机构对投保人支付或同意支付赔偿，投保人对东道国其他债务人所拥有的有关投保投资的权利或索赔权应由多边投资担保机构代位。所有缔约方都应承认多边投资担保机构的上述权利。此外，对于那些未与中国签订双边投资保护协定或尚未参加国际公约的国家，如果该国家对其国民在中国境内的投资提供了保险或担保，并据此向其在中国投资的国民支付了赔偿，也可以采用此种方法。

（四）国际仲裁方法

1. ICSID 项下的国际仲裁

中国政府与该公约缔约方国民之间的投资争议，在双方有书面仲裁协议的情况下，可以提交 ICSID 仲裁解决。在实践中，目前中国尚无在 ICSID 仲裁的先例。在可以向 ICSID 提交的争议中，除了《华盛顿公约》规定的投资争议之外，也包括中国与其他国家签订的双边投资保护协定中规定的提交 ICSID 解决的该双边投资协议项下的争议。

2. 一般国际仲裁

中国与一些国家订立的双边投资保护协定也有一些包括通过仲裁解决国家与对方投资者之间投资争议的规定，可以通过一般的仲裁方式解决。对于那些没有与中国订立双边投资保护协定或者尚未参加《华盛顿公约》的国家，如果这些国家的投资者与中国政府订立了解决投资争议的仲裁协议，也可以通过仲裁的方式解决此项投资争议。

课程实践

案例讨论：平安诉比利时政府仲裁案——中国内地投资者参与 ICSID 国际投资仲裁的第一案

一、基本案情

2007年11月—2008年7月，中国平安人寿保险股份有限公司、中国平安保险（集团）股份有限公司（以下合称"中国平安"）以累计超过20亿欧元的价格收购富通集团（Fortis Group）股份，持股比例达到4.18%。但是中国平安投资富通后不到一年的时间内，金融危机席卷全球，导致中国平安的资产大量缩水。比利时政府为挽救富通集团，实施了增资、收购股权、充足、拆解出售股权等一系列措施。但比利时在拆解出售富通银行的股权时并未得到股东大会的批准，后比利时政府建立了一个基金作为对富通集团股东的补偿，但这一补偿计划的范围仅局限于欧盟国家的机构股东，作为第一大股东的中国平安却被排除在外。

中国平安在与比利时政府协商无果后，于2012年9月向ICSID申请仲裁，主张比利时政府的行为构成对申请人财产的征收，且未对申请人给予公平的补偿。ICSID于2012年9月19日正式登记了该案件。后比利时政府对ICSID对该案的管辖权提出异议。

2015年4月30日,ICSID仲裁庭公开裁决,以缺乏管辖权为由驳回中国平安的所有指控。

本案的特殊之处在于,涉及中国与比利时在不同时间签订的新旧两个双边投资协定对同一投资争端的可适用性或属时管辖问题,即1986年《中华人民共和国政府和比利时与卢森堡经济联盟关于相互鼓励和保护投资协定》(以下简称"1986年协定")和2009年《中华人民共和国政府和比利时-卢森堡经济联盟关于相互促进和保护投资的协定》(以下简称"2009年协定")。具体而言,尽管中国平安与比利时之间的投资争端发生于2009年协定生效之前,但申请人选择以2009年协定为依据主张ICSID对本案有管辖权,同时以1986年协定为由提起若干项实体性诉求。比利时并未纠缠于本案的实体性问题,而是主张仲裁庭对本案无管辖权,提出了属时管辖、属事管辖、缺乏仲裁合意、不存在表面纠纷和本案影响第三方(荷兰)的权利与义务等五个管辖权异议。仲裁庭则只针对本案的属时管辖问题进行了审查,并最终支持被申请人比利时的主张,认为无论根据2009年协定的明文规定还是基于条约文本的推论,均不能证明该协定适用于本案。

二、案件裁决

经过中心的审理查明,仲裁庭支持了比利时政府主张的第一个也是起决定性作用的属时管辖权异议,理由主要有以下两点。

1. 条约解释原则

对条约进行解释时,应本着善意、结合条款上下文以及符合条约目的和宗旨的原则,不能随意扩大条约内容的范围。

2. 不溯及既往原则

根据《维也纳公约》的规定,除非出现不同的意图,条约生效之前产生的行为对缔约方没有约束力。在本案中,中比签订的双边投资协定只适用于其生效之后产生的争端。

仲裁庭于2015年4月30日作出最终裁决,中国平安的仲裁请求因中心仲裁庭对此案缺乏管辖权而被驳回,双方应该平等承担中心和仲裁庭成员的费用,双方应该负担各自法律成本,以此终结仲裁程序。

三、争议的焦点

该案争议的焦点集中在比利时政府的行为是否构成对中国平安财产的征收,其行为是否合法、公正,以及是否充分尊重并保护了外国投资者的权益。这一案件也引发了关于国际投资争端解决机制、东道国与投资者权益保护等问题的广泛讨论。

四、法律政策依据

双边投资协定是本案的重要法律依据。中国和比利时之间存在多个双边投资协定,这些协定规定了双方之间的投资保护、争端解决等事项。特别是这些协定中的征收和补偿条款对本案的争议焦点具有直接的指导意义。根据这些条款,如果一方对另一方的投资进行征收或国有化,必须给予公平和充分的补偿。因此,中国平安主张比利时政府的行为构成征收且未给予公平补偿,就必须依据这些条款进行论证。

解决投资争端国际中心(ICSID)的仲裁规则也是本案的重要依据。ICSID是专门处理国际投资争端的机构,其仲裁规则对于案件的管辖、程序、证据等方面都有详细的规定。在本案中,中国平安选择向ICSID申请仲裁,就必须遵循ICSID的仲裁规则,包括提交仲裁申请、提供证据、参加听证会等程序。

此外,相关国际法和国内法也可能对本案产生影响。例如,国际法中关于征收和补偿的一般原则、国内法中关于外资保护的规定等,都可能作为案件的参考依据。

五、思考题

中国平安在本案中的经验和教训对中国企业海外投资有何启示?中国企业在海外投资过程中应如何加强风险管理,避免类似纠纷的发生?

三、"一带一路"背景下的中国国际投资争议解决

(一)"一带一路"倡议的提出

"一带一路"是"丝绸之路经济带"和"21世纪海上丝绸之路"的简称。2013年9月和10月由中国国家主席习近平分别提出建设"新丝绸之路经济带"和"21世纪海上丝绸之路"的合作倡议。依靠中国与有关国家既有的双多边机制,借助既有的、行之有效的区域合作平台,"一带一路"倡议旨在借用古代丝绸之路的历史符号,高举和平发展的旗帜,积极发展与合作伙伴的经济合作关系,共同打造政治互信、经济融合、文化包容的利益共同体、命运共同体和责任共同体。

"一带一路"沿线各国在尊重主权、经济互补、共商共建共享的基础上,围绕政策沟通、设施联通、贸易畅通、资金融通、民心相通等方面展开重点合作,旨在打造人类命运共同体,为国家谋发展,为人民谋福祉,而社会公共利益无疑是衡量"一带一路"倡议下各个项目成功与否的重要标准。2018年1月23日,习近平主持召开中央全面深化改革领导小组会议,审议通过了《关于建立"一带一路"国际商事争端解决机制和机构的意见》,通过建立"一带一路"国际商事争端解决机制和机构,营造稳定、公平、透明、可预期的法治化营商环境。意见提出,最高人民法院设立国际商事法庭,牵头组建国际商事专家委员会,支持"一带一路"国际商事纠纷通过调解、仲裁等方式解决,推动建立诉讼与调解、仲裁有效衔接的多元化纠纷解决机制,形成便利、快捷、低成本的"一站式"争端解决中心,为"一带一路"建设参与国当事人提供优质高效的法律服务。2018年6月,《最高人民法院关于设立国际商事法庭若干问题的规定》出台,并于6月29日在深圳市和西安市分别设立了"第一国际商事法庭"和"第二国际商事法庭",成立国际商事专家委员会,建立诉讼与调解、仲裁有机衔接的"一站式"国际商事纠纷多元化解决机制。此规定在2023年进行了修正,但上述内容无变化。

课程实践

案例讨论:新加坡中华环保科技集团与大拇指环保科技集团(福建)有限公司股东出资纠纷案

一、基本案情

大拇指公司是新加坡环保公司在中国设立的外商独资企业,2008年6月30日,大拇指公司经批准注册资本增至3.8亿元人民币。大拇指公司于2012年4月27日以新加坡环保公司未足额缴纳出资为由提起诉讼,请求判令新加坡环保公司履行股东出资义务,缴付增资款4 500万元。

福建省高级人民法院一审认为,新加坡环保公司未履行股东足额缴纳出资的法定义务,侵害了大拇指公司的法人财产权,大拇指公司有权要求新加坡环保公司履行出资义务,补足出资。据此,判令新加坡环保公司向大拇指公司缴纳出资款4500万元。新加坡环保公司向最高人民法院提出上诉。

二、案件裁决

2014年6月11日,最高人民法院公开开庭审理该案并作出当庭宣判。最高人民法院二审审理认为,按照《中华人民共和国涉外民事关系法律适用法》第14条第1款的规定,我国外商投资企业与其外国投资者之间的出资义务等事项,应当适用我国法律;外国投资者的司法管理人和清盘人的民事权利能力及民事行为能力等事项,应当适用该外国投资者登记地的法律。根据新加坡公司法的规定,在司法管理期间,公司董事基于公司法及公司章程而获得的权力及职责均由司法管理人行使及履行。因此,新加坡环保公司司法管理人作出的变更大拇指公司董事及法定代表人的任免决议有效。由于大拇指公司董事会未执行唯一股东新加坡环保公司的决议,造成了工商登记的法定代表人与股东任命的法定代表人不一致的情形,进而引发了争议。根据《中华人民共和国公司法》的规定,工商登记的法定代表人对外具有公示效力,如涉及公司以外的第三人因公司代表权而产生的外部争议,应以工商登记为准;对于公司与股东之间因法定代表人任免产生的内部争议,则应以有效的股东会任免决议为准,并在公司内部产生法定代表人变更的法律效果。本案起诉不能代表大拇指公司的真实意思,裁定撤销原判,驳回大拇指公司的起诉。

三、争议的焦点

1. 出资义务的履行情况

大拇指公司主张新加坡环保公司作为唯一股东,未足额缴纳增资款4500万元,违反了其作为股东的出资义务。

2. 法定代表人的任免权

新加坡环保公司提出,在其司法管理期间,公司董事的权力及职责由司法管理人行使,因此,司法管理人作出的变更大拇指公司董事及法定代表人的任免决议是有效的。

四、思考题

在"一带一路"建设中,中外投资者合法权益如何得到有效保护?有何意义?构建争端解决机制中还存在什么问题?

五、案件总结与反思

本案是一起涉及外商投资企业与其外国投资者之间出资义务、法定代表人任免及诉讼主体适格性等复杂问题的典型案例。最高人民法院的判决体现了对外商投资企业管理的严格性,同时也强调了公司内部治理与外部公示效力的平衡。判决明确,在公司与股东之间的内部争议中,应以有效的股东会任免决议为准,并据此认定公司内部的法定代表人变更;在涉及外部第三人时,则以工商登记为准。这一裁决为类似纠纷提供了重要的法律指引。

本案暴露出外商投资企业在内部治理方面可能存在的问题,如股东会决议的执行不力、董事会与股东之间沟通不畅等。企业应建立健全内部治理机制,确保股东会、董事会等机构的决议得到有效执行,减少内部争议。企业应关注工商登记信息与内部决议的一致性,避免因信息不对称或沟通不畅导致的法律风险。在发生法定代表人变更等关键事项时,应及时办理工商变更登记手续,确保公司对外公示信息的准确性。另外,本案提醒外商投资企业及其股东应增强法律意识,熟悉并遵守中国相关法律法规,特别是涉及出资义务、公司治理等方面的规定。同时,应建立健全风险防范机制,对可能出现的法律风险进行预判和防范。

六、资料来源

中华人民共和国最高人民法院公报,https://gongbao.court.gov.cn/Detils/7f487bb61c8c587ca9dfd61c9f3c2c.html。

伴随"走出去"战略的实施和"一带一路"建设,中国海外投资规模正在迅速扩大,防范投资风险、化解投资纠纷,是当前我国面临的紧迫课题。争议预防符合中国的"和"文化概念,契合"一带一路"的"合作、开放和包容"精神。将中国传统文化的"和"概念引入投资关系,力争事先阻断争议的发生,对于推进"一带一路"建设具有至关重要的作用。中国可在投资便利化框架下突出争议的事前管理和预防机制建设,进而提出一整套有关国际投资规则体系改革的中国方案。

"一带一路"倡议是中国提出的经济全球化升级版,"合作、开放和包容"是其本质特征。"一带一路"沿线国家的总体投资环境并不稳定,投资风险差异较大且普遍偏高,对促进"一带一路"投资合作的健康长期发展而言,从制度层面进行风险管控和预防远比争议解决更为重要。以我国在沿线国家的前十大投资项目为例,投资企业均为中国大型国有企业,项目均具有很强的社会影响和政治影响,离不开母国与东道国政府的推动和支持。一旦发生投资争议,除了会损害这一投资者与该国之间基于项目本身的合作关系,还会对我国其他投资者进入该国产生不利影响,甚至可能上升为政治矛盾。争议预防符合中国的"和"文化概念,契合"一带一路"合作精神的内在要求。将中国传统文化的"和"概念引入投资关系,推进构建"一带一路"争议预防机制,力争事先阻断争议的发生,不仅有助于我国推进"一带一路"建设,同时也是投资者和东道国的共同需要。打造"一带一路"投资争议预防机制也符合我国转变政府职能的需要。政府的工作重点不仅在于监督管理,更应着力加大服务力度,在投资促进和保护,尤其是在建立专门的服务机制和合作渠道方面多下功夫,帮助这些企业解决"走出去"过程中所遇到的实际问题,为其构筑一个坚强的后盾。

(二)"一带一路"沿线国家间投资争议概况

"一带一路"沿线国家大多是发展中国家,自然环境恶劣,国民经济存在短板产业,部分地区甚至战火纷扰、社会动荡,核心产业发展缺乏稳定性,国家内部韧性与偿付能力薄弱,因而投资者开展投资活动具有不确定性。与此同时,沿线国家之间经济活动日益密切,国际投资争议数量也就处于高位,根据联合国贸易和发展会议(United Nations Conference on Trade and Development,UNCTAD)的官方数据,全球近四成的投资争端来自"一带一路"沿线国家。"一带一路"沿线国际投资争端涉及的领域较为集中,主要涵盖能源、交通、基础设施建设等领域。由于上述领域涉及国家利益、公共秩序安全,所以沿线国家对该领域投资活动的干预程度较高,也就容易引起投资争端。

(三)"一带一路"背景下现有投资争端解决机制的不适用

1. ICSID 机制

尽管 ICSID 具有其特有的优势,大多数国家在解决投资争端时都会使用,但由于其本身的缺陷以及"一带一路"投资争端的特殊性,其在"一带一路"投资争端的解决上存在许多不相匹配之处。首先,《华盛顿公约》框架下的成员方共有 160 余个,其中仅涵盖了三分之二的"一带一路"沿线国家,剩余三分之一并非其成员国,自然也就不能直接适用 ICSID 机制处理投资争端。还有些如阿富汗等国家,从未适用该机制,也就无法在适用上达成一致意见。从目前状况看,ICSID 投资争端解决机制在沿线国家中适用率并不是很高,其内容也不能完全适用于"一带一路"沿线全部国家。其次,沿线国家大部分为发展中国家,而 ICSID 的制定和建立由发达国家为主导,必然会在价值选择、仲裁裁决上忽视发展中国家的利益。况且,外国私人投资者多数来自拥有较强资本实力的发达国家,ICSID 仲裁裁决大多数情况下也是保护外国私人投资者利益。最后,ICSID 中关于征收的补偿规则的赔偿金额过大,大多数沿线国家难以接受,并放弃 ICSID 机制,为的是保护东道国的主权和利益。基于此种情况,仲裁裁决也可能难以执行。

2. WTO 机制

WTO 机制具有其特殊的优点,但在争端的解决上也存在许多问题。首先,主体适用上存在限制,争端双方均要求是 WTO 的成员。沿线国家中,是 WTO 成员的仅占总数的极少部分,所以 WTO 机制无法覆盖全部沿线国家。其次,私人投资者不能直接向争端解决机构提起申请,只有投资者母国为 WTO 成员的,才能由其政府向 WTO 争端解决机构提出申请。但大多数沿线国家的申诉制度还不健全,无法通过 WTO 机制处理争端。由此可见,WTO 机制在"一带一路"中的适用仍然是有限制的。

学习重点与难点

- 国际投资的含义和特征
- 国际投资争议的概念及其分类
- 东道国当地救济
- ICSID 机制

练习与思考

(一)名词解释

国际投资争议　东道国当地救济　外交保护

(二)填空题

1. 从起因上看,投资争议可以分为_____和_____。
2. 东道国对在本国境内发生的投资争议享有当然的管辖权,在国际法上主要有_____

_____和_____原则为依据。

(三) 单选题

1. 中国应对国际投资争议的原则不包括(　　)
   A. 中国法院专属管辖
   B. 鼓励双方友好协商或调解解决争议
   C. 或裁或审,仲裁优先
   D. 外国法院专属管辖

2. 设立解决投资争议国际中心的主旨,在于专为(　　)提供国际解决途径。
   A. 外国投资者与东道国政府之间的投资争议
   B. 外国政府与东道国政府之间的投资争议
   C. 外国政府与东道国投资者之间的投资争议
   D. 外国投资者与东道国投资者之间的投资争议

(四) 多选题

1. 国际投资争议特点包括(　　)
   A. 争议的主体特殊　　　　　　　　B. 争议涉及的问题特殊
   C. 争议解决的程序特殊　　　　　　D. 争议引起的后果特殊

2. 非直接基于契约所引起的争议主要包括(　　)
   A. 国有化引起的争议
   B. 东道国管理行为引起的争议
   C. 东道国国内的政治动乱引起的争议
   D. 东道国单方面修改、废除契约而发生争议

(五) 简答题

1. 简述东道国当地救济的适用范围。
2. 请简述中国加入《新加坡公约》的意义。

(六) 论述题

请论述一带一路背景下出台的《关于建立"一带一路"国际商事争端解决机制和机构的意见》对全球国际投资争议解决法律制度的完善有哪些影响和意见。

实践活动：主题讨论与模拟仲裁庭

一、主题讨论：根据"平安诉比利时政府仲裁案"讨论 WTO 争端解决机制与 ICSID 体制的区别

具体操作：

1. 自主学习和小组讨论

班级分成若干小组,各组成员分别收集并研究 WTO 争端解决机制与 ICSID 体制的详细资料。分析两个机制在适用范围(如 WTO 争端解决机制主要处理贸易争端,而 ICSID 处理国际投资争端)、程序规则(如提起申诉的条件、审理程序、证据规则等)、裁决效力(如 WTO 裁决的执行机制与 ICSID 裁决的承认与执行)等方面的主要差异。结合"平安诉比利时政府仲裁案",讨论 ICSID 体制在本案中的具体应用及其面临的挑战。

2. 班级汇报与讨论

每组选派代表，向全班汇报讨论成果，重点阐述两个机制的区别及在本案中的体现。邀请其他同学就汇报内容进行提问和补充，促进深入交流。探讨不同机制对投资者和东道国权益保护的影响，以及在国际投资争端解决中的选择策略。

3. 教师总结与点评

回顾WTO争端解决机制与ICSID体制的主要区别，强调其在国际经济关系中的重要性。对各小组的汇报和讨论进行点评，肯定亮点，指出不足，并提出改进建议。

4. 撰写报告

以小组为单位，撰写一份关于WTO争端解决机制与ICSID体制区别的研究报告，包括案例分析、比较分析、结论与建议等内容。

二、模拟仲裁庭：自由分组，以下述案例（也可选取其他案例）模拟仲裁庭的流程

（一）案件背景介绍

V国是全球创新中心，拥有众多科技公司、研究机构和初创公司。它在人工智能（AI）、生物技术和可再生能源等领域处于全球领先地位。V国政府为了保持本国在人工智能技术领域的领先地位，采取了许多支持人工智能研究和开发的举措。V国国防部也正在积极探索人工智能在国防和国家安全中的应用。

M国在多个技术领域取得了显著进展，特别是人工智能领域，拥有多家全球领先的科技企业如Mytele、TechWiz等。Mytele为国有企业，国有股占比70%；TechWiz是一家私营企业，但其各股东的持股比例并未披露。M国的电信公司，尤其是Mytele，为扩大其在欧洲、亚洲、非洲、拉丁美洲等国际市场的影响力做出了巨大努力。与此同时，M国政府通过各种举措和资助计划对人工智能研究和开发进行了大力支持，通过"下一代人工智能发展计划"大力推动人工智能研究与应用，促进人工智能在经济各领域的融合。M国成功创建了一个繁荣的人工智能初创企业生态系统，也因此吸引了大量国内外投资。

（二）案件关键点

1. 地缘政治冲突

M国在人工智能方面的进步引发了地缘政治问题，尤其是在数据隐私、监控和该国高科技公司的全球竞争力方面。M国作为全球制造中心，其技术进步之快导致V国担心对本国的工业、就业和国家安全产生影响。V国从各种角度将M国视为技术威胁，理由包括经济竞争、国家安全问题、传统和文化以及政治和社会制度的差异。V国认为M国的人工智能进步是对本国技术领导地位和创新能力的挑战，担心M国的电信设备和技术可能被用于间谍活动或网络攻击，对V国国家安全构成威胁。尽管M国的人工智能发展迅速，但其电信行业严重依赖V国公司提供的先进AI系统或服务。与此同时，M国研究人员经常与V国同行合作，许多M国的学生攻读与人工智能相关的学位，并在V国的大学进行研究。

2. V国的应对措施

为了限制M国人工智能能力的发展，V国自2015年以来对M国采取了广泛的出口管制措施，并对来自M国的外国投资实施了安全审查，以防止M国获得与人工智能相关的产品或技术。自2017年年初以来，V国开始考虑对其国民在M国的投资采取限制措施。2019年年初，V国政府提出了几项对抗M国在半导体和电信行业崛起的法案。V国政府一

直在努力塑造对外投资控制机制,在其2021年国家安全战略报告中特别提到"境外投资控制计划"是应对国家安全威胁的新方法,并透露该计划已获得政府和国会的支持。

2022年11月22日,V国国会通过了《敏感技术法案》(STA),旨在解决V国对相关国家某些国家安全产品和技术的投资问题。STA指示V国商务部发布命令,确定涉及对其构成特别严重国家安全威胁的产品和技术的交易类别,并禁止本国人员参与此类交易。STA仅将M国一个国家列为关注国家。V国总统在推特上发布消息:V国已经禁止或限制向M国出口许多产品和技术。这项新立法将阻止V国的投资帮助加速这些技术在M国的本土化,这会破坏我们现有的出口管制和入境投资审查计划的有效性,但这些计划也旨在保护V国的国家安全。

2022年11月30日,V国商务部发布了一份拟议命令通知,征求与STA实施相关的公众意见。对该通知的评论截止日期为2022年12月30日。同时,根据V国国家统计局的要求,V国商务部就禁止的产品和技术的范围与其他相关机构进行了磋商。2023年1月23日,V国商务部发布了第7号禁止令("PO7"),宣布禁止V国人士投资五类产品或技术,具体如下:量子计算机及其组件;量子传感器以及量子网络和通信系统,可实现破坏加密的功能;网络安全控制和军事通信;注入人工智能功能的硬件组件;电信领域的人工智能。

PO7自2023年2月1日起生效。V国商务部长在该命令随附的解释性说明中说:"根据STA的规定,该命令目前仅适用于在M国的投资。V国政府致力于通过适当的方式保护本国安全并捍卫国家安全,保护对下一代军事创新至关重要的技术。经大会批准,任何威胁本国工人权益和国家安全的国家都可以列入STA附件。"

3. M国的反应

由于M国的电信服务提供商无法再与V国科技公司在人工智能领域合作,其合法权益将受到严重侵犯,在国际市场上难以与其他国家的电信服务提供商竞争。V国商务部的禁止令遭到了M国政府的强烈反对。M国驻V国大使告诉媒体:"V国对M国的指控及其所谓的国家安全威胁没有事实依据。V国政府以'风险消除'为幌子,限制本国企业的海外投资,在投资领域搞'脱钩',严重背离V国一贯倡导的市场经济和公平竞争原则。PO7影响企业正常经营决策,破坏国际经贸秩序,严重扰乱全球产业链供应链安全。"

(三)WTO争端解决程序

2023年4月10日,M国政府要求根据《关于争端解决规则和程序的谅解》(DSU)第1条和第4条以及《服务贸易总协定》(GATS)第22条第1款,就V国对M国电信供应商的人工智能海外投资采取的禁止措施进行磋商。两个月后,磋商结束,没有达成双方都满意的解决办法。2023年6月13日,M国要求成立一个小组,该小组在2023年7月28日的争端解决机构会议上成立。M国称,《敏感技术法》(STA)和第7号禁止令(PO7)违反了《服务贸易总协定》第2条第1款和第6条第1款,因为M国受到V国的不公平对待。在答复M国小组的请求时,V国拒绝了M国提出的索赔请求,并要求小组全部驳回。

(四)思考题

1. 思考本案的争议焦点是什么。
2. 简述WTO中的安全例外条款的适用范围。
3. 本案中V国的做法是否符合条款使用范围?M国的申诉是否应被批准?(参照GATT)

（五）模拟仲裁庭流程

1. 分组

根据座位号或抽签结果分为四个小组，每组扮演不同的角色：原告M国、被告V国、仲裁庭成员，以及观察员或法律顾问。

2. 角色分配与准备

- 原告M国组：负责准备陈述M国的立场、法律依据及诉求，包括《关于争端解决规则和程序的谅解》《服务贸易总协定》相关条款的应用，以及V国措施对M国造成的具体影响。
- 被告V国组：准备V国的辩护词，阐述其采取出口管制和安全审查措施的合理性和必要性，引用WTO安全例外条款作为辩护依据。
- 仲裁庭成员组：模拟仲裁员角色，负责听取双方陈述、提出问题，并基于WTO规则和国际法原则进行裁决。
- 观察员/法律顾问组：负责记录庭审过程，提供法律咨询，帮助双方完善论点，确保辩论的公正性和专业性。

3. 案件陈述与辩论

- 原告陈述：M国组首先陈述案件背景、关键点及诉求，强调V国措施对M国电信行业及人工智能发展的不利影响，指出V国违反了WTO相关规则。
- 被告反驳：V国组随后进行反驳，阐述其措施是基于国家安全考虑的合理行为，引用WTO安全例外条款作为合法依据，并指出M国指控无事实基础。
- 交叉询问与辩论：仲裁庭成员组向双方提问，引导双方就争议焦点进行深入辩论，包括但不限于安全例外的适用范围、V国措施的必要性与比例性、M国受损的具体证据等。
- 观察员/法律顾问组可适时提供法律意见或建议，帮助双方完善论点。

4. 休庭与准备裁决

- 休庭（20分钟）：双方整理证据和论点，仲裁庭成员进行内部讨论，准备裁决。
- 准备裁决：仲裁庭成员组讨论案件，根据WTO规则和国际法原则，就争议焦点进行投票或协商，形成初步裁决意见。

5. 裁决宣布与总结

- 裁决宣布：仲裁庭成员组代表宣布裁决结果，包括是否支持M国的申诉、V国措施是否合法等。
- 总结与反思：老师总结模拟仲裁庭的过程，点评双方表现，强调WTO争端解决机制的重要性及安全例外条款的适用条件。鼓励学生思考国际贸易争端解决的复杂性和挑战性，以及如何在全球化背景下平衡国家安全与自由贸易的关系。

6. 课后作业

要求学生撰写一篇短文，分析本案裁决的合理性，探讨WTO安全例外条款的适用边界，并提出对未来类似争端解决的建议。鼓励学生关注当前国际贸易形势，收集并分析其他相关案例，加深对WTO规则和国际法原则的理解。

图书在版编目(CIP)数据

国际商务争议解决/孟琪主编. --上海：复旦大学出版社,2025.1.--(复旦博学).--ISBN 978-7-309-17820-3

Ⅰ.D996.1

中国国家版本馆 CIP 数据核字第 20240SY966 号

国际商务争议解决
孟　琪　主编
责任编辑/李　荃

复旦大学出版社有限公司出版发行
上海市国权路 579 号　邮编：200433
网址：fupnet@fudanpress.com　http://www.fudanpress.com
门市零售：86-21-65102580　　团体订购：86-21-65104505
出版部电话：86-21-65642845
浙江临安曙光印务有限公司

开本 787 毫米×1092 毫米　1/16　印张 12.75　字数 302 千字
2025 年 1 月第 1 版第 1 次印刷

ISBN 978-7-309-17820-3/D·1207
定价：46.00 元

如有印装质量问题,请向复旦大学出版社有限公司出版部调换。
版权所有　侵权必究